Horst Seidenfaden

Die Akte Tristan

Ein historischer Kriminalfall
aus der NS-Zeit

SIEBENHAAR VERLAG

Besuchen Sie uns im Internet:
www.siebenhaar-verlag.de

1. Auflage 2010
© B&S SIEBENHAAR VERLAG, Berlin/Kassel und beim Autor
Satz: B&S SIEBENHAAR VERLAG
Druck und Bindung: Offsetdruckerei Holga Wende
Umschlaggestaltung: Martina Eull
Abbildungen: Hessische/Niedersächsische Allgemeine Zeitung,
Landes- und Murhardsche Bibliothek der Stadt Kassel,
Stadtarchiv Kassel

ISBN 978-3-936962-80-2
Printed in Germany

Inhalt

Vorwort

Erstens. Kassel war eine der schönsten mittelalterlichen Städte Deutschlands, bis es in den Bombennächten des Zweiten Weltkrieges in Trümmer gelegt wurde. In den Dekaden des Wiederaufbaus schafften es die verantwortlichen Planer und Politiker, so ziemlich alles zu vernichten, was noch an das alte Stadtbild erinnerte. Es gibt heute nur noch wenige Bauten, die einen Eindruck von diesem alten Kassel vermitteln. Andere Städte wie Münster oder Freiburg haben da mehr Sensibilität im Umgang mit alter Bausubstanz bewiesen. Dieses Buch lässt das alte Kassel ein wenig wiederauferstehen – die Schönheit der Altstadt, aber auch die Probleme des engen Zusammenlebens.

Zweitens. Kassel war schon zu Beginn der nationalsozialistischen Herrschaft 1933 eine Vorzeigestadt der Nazis. Judenverfolgung, Bücherverbrennung, Gewalt, Terror – aus der Chronologie ist ersichtlich, mit welcher Wucht die Nazis diese Stadt übernahmen. Uns, die wir nach dem Krieg geboren wurden, beschäftigt eigentlich immer wieder und immer noch die Frage, wie es dazu kommen konnte. Was bewegte junge Menschen dazu, sich dieser Bewegung anzuschließen? Möglicherweise ist die Antwort auf diese Frage einfacher als man denkt. Dieses Buch stellt ein Einzelschicksal dar – ohne Anspruch auf Wahrheit, denn die Geschichte selbst ist natürlich frei erfunden – allerdings eingebettet in wahre Begebenheiten. Ob die Einweihung der Goetheanlage, die Eröffnung des Lagers Breitenau bei Guxhagen – oder gar die Bombenangriffe auf das schweizerische Schaffhausen: es ist damals alles so passiert.

Der Blick aus dem seit langem ungeputzten Fenster des Kasseler Polizeipräsidiums konnte einen depressiv stimmen. Wieder so ein Apriltag. Mal schien die Sonne, dann tauchten dicke Wolken die Stadt in ein dunkles, diffuses Licht. Oder der Wind pfiff durch die Straßenschluchten, dass sich die Bäume bogen und den Passanten die Regenschirme davonzufliegen drohten – und dann schneite es plötzlich dicke, feuchte Flocken. Diese Form sinnlosen Schnees, der Winter suggerierte und kurz nach dem Aufprall auf den Boden oder auf der Kleidung schmolz. Anke Dankelmann saß am PC und schrieb einen Bericht. Die Polizeihauptkommissarin und ihr Kollege Bernd Stengel ermittelten im Fall einer Straftat im Drogenmilieu. Ein Junkie hatte nachts im Stadtteil Wesertor einem anderen einen Knüppel über den Kopf gehauen, weil er Drogen brauchte, der andere hatte welche und wollte sie ihm weder einfach so geben noch verkaufen. Wobei das mit dem Verkaufen ohnehin so eine Sache gewesen wäre, denn Geld hatte der Tatverdächtige nicht zu bieten. In guter Kenntnis der Abläufe im Milieu ahnten die beiden Polizisten aber, worum es da gegangen wäre: Der eine Tatverdächtige war genauso schwul wie der andere – es ging also um Sex als Bezahlung. Und der andere hatte keinen Bock gehabt, ganz einfach. Nun lag er im Krankenhaus, und der andere saß in der Suchttherapie im Knast im Stadtteil Wehlheiden und würde erst aussagen können, wenn er seinen groben Entzug hinter sich hatte. Die Stadt war aber dennoch, was Gewaltverbrechen betraf, derzeit ungewöhnlich ruhig. Das K 11, das für diese Art der Schwerstkriminalität zuständig war, konnte sich um alte Fälle kümmern, um Ermittlungen, die wegen Überlastung, gerade zum Jahresanfang, liegengeblieben waren. Anke Dankelmann, die Action eigentlich mehr liebte als diesen nüchternen Papierkram, war auf den pragmatischen Teil ihres Hirns angewiesen, der ihr einredete, bei diesem Wetter machten Ermittlungen außerhalb der beheizten Räume sowieso keinen Spaß. Sie hatte sich angewöhnt, in solchen Fällen auf sich zu hören. Die Schneeflocken tanzten ein verwirrendes Ballett vor dem Fenster, einen Moment lang versuchte sie, die Flugkurven einzelner Flocken zu verfolgen. Nach Sekundenbruchteilen taten ihr die Augen weh, und sie schaute wieder auf den Bildschirm ihres PC. Die verquaste Ausdrucksweise der Ermittlersprache genau zu treffen, bedurfte immer wieder Höchstanstrengungen. In Zeiten, in denen Sprache immer mehr auf das Wesentlichste reduziert wurde, war die korrekte Ausdrucksweise, die Bestand hatte vor allen juristischen Betrachtungen, so etwas wie Shakespeare-Englisch im Vergleich zum Rapper-Slang. Sie hatte eine Idee. Sie rief einen Rap-Rhythmus in ihrem Kopf ab und versuchte, den gerade geschriebenen Text leicht abgewandelt passend zur Musik vorzutragen. Ging nicht. Sie wandelte es nochmal ab.

»Du bist der Tatverdächtige, der richtig Unvorsichtige, du hast keine Wahl, du hast zuviel Qual und erledigst dein Problem mit deinem dreckigen Schal. So fatal, nicht genial, und für deinen Freund, jetzt dein Ex-Freund, so erschreckend final.«

Sie lachte laut auf, Bernd Stengel blickte fragend von seiner Lektüre der Zeitung, sie wollte lachend antworten, als das Telefon klingelte. Auf dem Display erschien keine Nummer. »Kommissariat K 11, Sie sprechen mit KHK Dankelmann, was kann ich für Sie tun?« Ein Schnaufen am anderen Ende der Leitung. »Hallo?« sagte sie. »Entschuldigen Sie«, sagte die leise klingende Stimme eines offensichtlich sehr alten Menschen. »Ich bin im Augenblick etwas erkältet. Mein Name ist Karl Windisch, ich wohne im Seniorenwohnsitz Augustinum. Ich habe nichts Dringendes, aber ich muss Sie unbedingt sprechen, Frau Dankelmann.« »Worum geht es denn?« antwortete sie, schaute Richtung Stengel und verdrehte die Augen. Manchmal betrachteten einsame Senioren die Polizei als Seelsorge-Notrufnummer. »Und woher haben Sie überhaupt meine Durchwahl?« »Das tut nichts zur Sache, ich habe meine Verbindungen.« Am anderen Ende hustete ihr Gesprächspartner. »Ich bin 97 Jahre alt, und meine Kräfte schwinden zusehends. Gott sei Dank stimmen Gehör und Sehkraft, und mein Kopf funktioniert auch noch. Aber ich verbringe meine letzten

Tage im Rollstuhl. Ich muss Sie dringend sprechen. Es geht um ein schlimmes Verbrechen, das sehr, sehr lange her ist und nie aufgeklärt wurde.«»Können Sie mir nicht einen Anhaltspunkt geben?« Sie bemerkte, wie sich ihre eigene Stimme veränderte, wie sie, um das Alter des Gesprächspartners wissend, langsamer und betonter sprach. Stengel betrachtete sie über den Schreibtisch hinweg interessiert.

»Frau Dankelmann, ich lebe erst seit zwei Jahren wieder in Kassel. Ich betone: wieder.« Erneut ein leichtes Husten. »Ich habe immer Interesse an Polizeiarbeit gehabt und habe verfolgt, wie Sie den Dieb des Hildebrandsliedes gefasst haben. Da habe ich mir ihren Namen gemerkt. Entschuldigen Sie mich eine Sekunde.« Sie hörte, wie der alte Mann zu jemand anderem etwas sagte. Sie dachte an den Fall des Hildebrandsliedes, das brutalste Verbrechen nach dem Krieg in Kassel, ein Fall, der ihren Lebensgefährten beinahe das Leben gekostet hätte. »Verzeihung, ich musste meinem Helfer hier nur kurz Auf Wiedersehen sagen. Jetzt kann ich mich ganz auf Sie konzentrieren.« Kurze Pause. Anke Dankelmann hörte aufmerksam zu. »Ich habe vor dem Krieg schon einmal hier gelebt, und ich habe all die Dinge, die ich damals erlebt habe, lange Jahre verdrängt. Doch nun ist etwas vorgefallen, das mir keine Ruhe lässt. Ich muss mich jetzt endlich einmal mitteilen. Es stimmt doch, dass Mord nicht verjährt, oder?«»Das stimmt, Herr Windisch.« Sie hatte kurz auf der Schreibtischunterlage seinen Namen nachschauen müssen, den sie sich dort zum Glück notiert hatte. »Es geht also um Mord?«»Es geht um mehr als das. Mehr als einen Mord. Es geht um schauderhafte Verbrechen. Also mehrere.«»Wann war denn das?«»Bitte, Frau Dankelmann, kommen Sie vorbei. Es fällt mir leichter, die Geschichte in einem persönlichen Gespräch zu erzählen. Wann passt es Ihnen denn? Mein Terminkalender ist aus nachvollziehbaren Gründen nicht besonders bestückt.« Sie hatte längst den Lautsprecher angemacht, Bernd Stengel hörte mit. Sie schaute ihn fragend an, er nickte, als wolle er sie animieren, diesen Termin unbedingt auszumachen.

»Wie wäre es morgen Vormittag? Gegen 10 Uhr?« »Das passt hervorragend«, antwortete der alte Mann. »Augustinum. Sie wissen sicher, wo das ist.« »Ja, ist bekannt. Wenn Sie nichts dagegen haben, dann bringe ich meinen Kollegen Bernd Stengel mit, wir bearbeiten eigentlich alle Fälle gemeinsam.« »Das ist in Ordnung, habe ich mir schon gedacht. Bis morgen also. Guten Tag, Frau Dankelmann.« Der alte Mann legte auf, ohne eine Antwort abzuwarten. Stengel wählte schon die Nummer des Augustinums. Sie hatten eine Minute später die Bestätigung: Dort lebt ein alter Mann mit dem Namen Karl Windisch, seit zwei Jahren. »Ob Mord verjährt, wollte er wissen. Was hältst du von der Sache?« Die Kommissarin schaute aus dem Fenster. Das Schneetreiben war heftiger geworden. Stengel schien ebenfalls sehr nachdenklich zu sein. »Wir sollten es uns anhören. Was sagt denn dein berühmter Instinkt?« »Instinkt? Genau, wie das Wort schon sagt. Der sagt mir, irgendwas stinkt. Entweder ist der Informant ein Gaukler, oder aber der Fall, den er erzählen will, hat es in sich. Wir sollten Richard informieren.« Richard Plassek war der Leiter des K 11 und schaute einen Moment nachdenklich auf eine Landkarte an der Wand, als das Ermittler-Duo den Fall vorgetragen hatte. »Hört euch das mal an«, sagte er schließlich. »Bei diesen historischen Dingen weiß man ja nie.«

1

Am Abend war Anke Dankelmann mit Staatsanwalt Valentin Willimowski verabredet, ihrem Lebensgefährten. Er litt immer noch unter den Nachwirkungen jenes brutalen Überfalls, als ihm der Dieb des Hildebrandsliedes nachts mit einem dicken Knüppel schwerste Kopfverletzungen beigebracht hatte. Wochenlang hatte er im Koma gelegen, erst kurz vor Weihnachten war er wieder erwacht, es war eigentlich alles okay, nur hatte er gelegentliche sprachliche Aussetzer, die aber nur jemandem auffielen, der ihn schon lange kannte. Er war nachdenklicher, in sich gekehrter geworden, manchmal fehlte ihm ein wenig die Lebenslust, die Freude am spontanen Glück. Aber dazu hatte er ja Anke Dankelmann, die ihn immer wieder antrieb und dabei nicht müde wurde.

Die Zeit der Trennung – er im Koma, sie im Leben – hatte sie fester zusammenwachsen lassen. Aber gerade wegen der leichten Beeinträchtigungen seiner Persönlichkeit wusste sie es absolut zu schätzen, nicht mit Willimowski zusammen zu leben. So fand sie die Kraft, die man brauchte, sich ihm auch zu widmen. Sie hatten nie direkt darüber gesprochen – aber Willimowski wusste sicherlich, dass alles gut war, wie es war.

Sie hatten sich im griechischen Restaurant Mythos getroffen, ein gemütlicher Laden im Stadtteil Harleshausen mit einem umtriebigen Wirt, der eine fantastische Köchin zur Frau hat. Giorgios spendierte zum Abschluss des Essens einen Spitzen-Ouzo, sie richteten Komplimente an Anna, seine Frau, aus und blieben noch ein wenig plaudernd sitzen. Anke Dankelmann hatte Willimowski von dem Telefongespräch erzählt, und der schüttelte nun, beinahe abschließend, den Kopf. »Keine Ahnung, was das für Vorfälle sein können. Ich meine, wenn der Mann 97 Jahre alt ist, dann kann das einen Zeitraum von 80 Jahren abdecken. Quatsch, vermutlich viel weniger – aber irgendwie popt bei mir jetzt kein Gedanke hoch an so was wie mehrfachen ungeklärten Mord. Höchstens in der Nazi-Zeit, aber das ist jetzt zu weit weg.« Anke Dankelmann drehte das leere Ouzo-Glas in ihrer rechten Hand. »Könnte sein«, sagte sie, »könnte aber theoretisch noch früher angesiedelt sein. Weimarer Republik vielleicht. Ich lasse mich überraschen. Wollen wir los?« Sie zogen sich ihre Jacken an und kamen nicht bis zur Tür. »Anke?« Giorgios stand an der Theke und winkte ihr zu. Sie gingen beide hin. »Ich muss dir ein Geheimnis verraten.« Giorgios schaute sich um, als wolle er sichergehen, dass niemand zuhörte. »Heute ist der Tag, an dem ich Anna vor 20 Jahren zum ersten Mal ausgeführt habe. Schau mal, das habe ich ihr gekauft, bekommt sie heute Abend als Überraschung. Sie denkt nämlich, ich hätte den Tag vergessen.« Aus einer Papiertüte holte er eine wunderschöne Brosche hervor. Ein roter und ein blauer Stein, so elegant eingefasst, dass das Ganze aussah wie ein Schmetterling. »Ist vom Flohmarkt, aber schön, oder?« Anke Dankelmann besah sich das Stück und nickte. »Das wird ihr gefallen, ganz bestimmt. Und wenn nicht: Dann gib sie mir!« Sie winkte durch das Fenster Anna zu, die in der Küche hantierte. Giorgios lachte kurz und sagte: »Komm, noch einen Ouzo auf Anna und auf mich.« Er goss großzügig ein, hob sein Glas und sagte »Yamas!« Ungewöhnlich, dachte sich Anke Dankelmann, er trank sonst nie selbst Alkohol. Heute musste für ihn wirklich ein wichtiger Tag sein.

Willimowski fuhr, Anke Dankelmann machte sofort die Sitzheizung an. Im Kirchweg stieg sie aus, eigentlich wollte sie heute die Nacht nicht allein verbringen, aber Willimowski musste am nächsten Morgen den ersten Zug nach Frankfurt erwischen, die Nacht war also um 5 Uhr vorbei – und sie wollte um diese Zeit eigentlich noch fest schlafen. In ihrer Wohnung war es kuschelig warm. Sie startete den Laptop und versuchte, irgend etwas über ungelöste Verbrechen in Kassel zu googeln. Gegen 23.30 Uhr gab sie auf und ging ins Bett.

2

Das Wetter hatte es sich am nächsten Tag nicht anders überlegt. Ein April-Mittwoch halt, der Sonne traute man nicht über den Weg, es konnte in wenigen Minuten wieder regnen oder stürmen. Bernd Stengel war ein Fan von Wettervorhersagen – wenn im Radio das Wetter angesagt wurde, dann mussten alle einen Moment den Mund halten, ob im Büro oder im Auto. Anke Dankelmann waren die Prognosen der hoch bezahlten Lügner wurscht. Meteorologen konnten mit ungeheurer Überzeugung Wettervorhersagen abgeben – und hinterher präzise erklären, warum genau diese Prognose nicht eintreten konnte. Insofern unterschied sie nichts von Politikern. Halte ihnen ein Mikro hin, dachte sie, und sie erklären Dir, dass gerade die Sonne scheint, obwohl es aus Kübeln schüttet. Nein, sie schaute keine Wettersendungen. Und wählen ging sie schon lange nicht mehr.

Wenige Minuten vor 10 Uhr kamen sie am Augustinum an. Das sind drei Hochhausblöcke am Westhang des Habichtswaldes, praktisch von überall in der Stadt zu sehen. Wenn man auf der Nord-Süd-Autobahn an Kassel vorbeifuhr und Richtung Westen blickte, dann sah man das Wahrzeichen der Stadt, den Herkules, und die Wohntürme des Augustinums. Nachts führte die hell erleuchtete Druseltalstraße zum Seniorenheim – von weitem als gelbe Lichtschlange genau auszumachen.

Die Wettervorhersage im Radio hatte eben noch etwas von Temperaturen bis 17 Grad gemeldet – als sie ausstiegen, waren die Scheiben der parkenden Autos beinahe gefroren. Hier oben war es kälter als in der Stadt, und Anke Dankelmann fragte sich, warum diese exklusive Wohnanlage so gefragt war. Wer hier schlecht zu Fuß war, der war auf irgendwelche Verkehrsmittel angewiesen, oder er saß fest in der Wohnburg. Das Appartement von Karl Windisch lag im 9. Stock. Sie klingelten und traten einen Schritt zurück. Die Tür wurde geöffnet, und ein Mann um die 20 Jahre lächelte sie an. »Wir sind Anke Dankelmann und Bernd Stengel,

Kripo Kassel. Wir sind mit Herrn Windisch verabredet.« »Ich weiß, kommen Sie rein. Ich bin Zivildienstleistender, Robin Englisch. Herr Windisch ist gleich so weit.« Er streckte ihnen die Hand zur Begrüßung entgegen.

Englisch führte sie durch einen kleinen Flur, in dem außer einer Kommode und einem Garderobenständer keine Möbelstücke zu sehen waren, in ein Wohnzimmer, das lichtdurchflutet war. Mit alten Möbeln sparsam, aber erlesen und geschmackvoll eingerichtet. Auf dem Wohnzimmertisch lagen einige Bücher und Hefte. »Sagen Sie, gehört es zur Aufgabe von Zivis, einzelne Personen zu betreuen?« fragte Stengel. »Nein, nein.« Englisch lachte. »Ich habe heute frei, und alle Zivis hier verdienen sich ein paar Euro dazu, indem sie den Bewohnern gelegentlich helfen – mal eine Lampe anbringen, mal eine Ausfahrt unternehmen, solche Sachen halt. Und heute habe ich Herrn Windisch ein wenig geholfen, ich verschwinde gleich.« Anke Dankelmann schaute aus dem Fenster über die Stadt, im Augenblick sorgte die kalte Luft für klarste Sicht. Irgendwie roch es in diesem Zimmer nach altem Mensch. Ein wenig muffig, nicht abstoßend, aber anders. Irgendwie. Eigentlich hatte man als halbwegs junger Mensch keine Lust, irgendwann in einem solchen Wohnheim zu landen und zu enden. Aber was war die Alternative?

»Entschuldigen Sie bitte meine Verspätung, aber ich habe ein wenig gebraucht, um mich anzuziehen, hat Robin Ihnen etwas zu trinken angeboten?« Sie drehte sich überrascht um. Geräuschlos war der alte Mann in seinem Rollstuhl ins Wohnzimmer gefahren, beinahe unheimlich dieser Auftritt. Der 97-Jährige musste früher ein stattlicher Bursche gewesen sein. Im Rollstuhl saß er kerzengerade, trug ein zweireihiges, dunkelblaues Jackett mit vergoldeten Knöpfen, eine weiße Hose mit akkurater Bügelfalte und schwarze Stiefeletten. Unterm Jackett ein weißes Hemd, oben geöffnet, ein seidenes Halstuch in dunklem Rot ergänzte das Outfit. Er hatte weißes Haar, an manchen Stellen mit einem gelblichen Ton durchsetzt. Anke Dankelmann ging hin, gab ihm die Hand und stellte sich vor. Sie blickte in zwei Augen, die sie freundlich, aber mit durchaus stechendem Blick musterten. Karl Windisch, das wurde ihr klar, war eine Persönlichkeit. Immer noch.

Robin Englisch hatte Kaffee serviert, der alte Herr gönnte sich ein kleines Glas Sherry, medium dry. »Früher konnte er nicht trocken genug sein, aber im Alter braucht man die Dinge etwas süßer.« Er grinste und prostete ihnen zu.

Als der Zivildienstleistende gegangen war, räusperte sich Windisch und ergriff das Wort. »Was ich Ihnen erzählen werde, wird eine Weile in Anspruch nehmen, aber Sie werden es nicht bereuen. Möglicherweise werden Sie alles als etwas langatmig empfinden, aber für mich und meine Gedanken ist es einfacher, wenn ich Ihnen chronologisch von den Dingen berichte. Sie können dann im Übrigen auch gern das eine oder andere zwischendurch mal überprüfen. Ich weiß oder vermute, dass Sie ungeduldig und neugierig sind – aber haben Sie etwas Langmut mit mir.« Die beiden Kommissare nickten, und Stengel hoffte, dass sie es nicht mit irgendeinem Geschichtenerzähler zu tun hatten, der nur ihre Zeit verschwendete.

Anke Dankelmann beobachtete Windisch und seine Bewegungen. Seine Ausdrucksweise war präziser als bei den meisten Menschen, die sie kannte, sein Tonfall nüchtern – sie war sicher, dass er ihnen keine Story erzählte, sondern sie mitnahm auf eine Reise, deren Ziel sie noch nicht mal erahnte. Sie war gespannt.

»Zunächst einmal kurz zu mir. Ich wurde 1910 in Ostpreußen geboren, in Rastenburg, Sie wissen schon, da war dann im Krieg die Wolfsschanze, Hitlers Hauptquartier. Meine Eltern hatten dort ein großes Gut, nach dem Ersten Weltkrieg blieb das Ganze zum Glück zum Deutschen Reich gehörig, aber als ich neun Jahre alt war, kamen mein Vater und meine Mutter bei einem Autounglück im Korridor ums Leben. Sie wissen, das ist der Teil Polens, der Ostpreußen vom Restreich trennte. Die Umstände wurden nie geklärt, sie wurden auch nicht auf dem Gut oder einem Friedhof Rastenburgs beerdigt, sondern irgendwo in Polen. Ich habe ihr

Grab nie gefunden. Sie hatten sich das Auto gerade gekauft, hatten es in Berlin abgeholt und wollten es nach Hause bringen. Ach so, verzeihen Sie, mein richtiger Name ist auch nicht Karl Windisch. Geboren wurde ich als Thomas Heinrich Surmann. Und warum ich den Namen gewechselt habe, das erzähle ich Ihnen später.«

Seinen weiteren Werdegang referierte Windisch in wenigen Sätzen. Sein Onkel, der in Kassel lebte, hatte sich um ihn gekümmert, er wuchs aber im Wesentlichen in einem Internat in der Schweiz auf – das Gut war verkauft worden, der Onkel hatte das elterliche Vermögen in Immobilien angelegt und so durch die Weltwirtschaftskrise gebracht. Windisch alias Surmann hatte in Wien Musik studiert – das Ganze aber nicht so ernst genommen. In den Ferien war er gelegentlich im Haus seines Onkels gewesen, kannte als junger Mann Kassel also ein wenig. Anfang 1933 war der Onkel mit 71 Jahren gestorben, kinderlos, ohne nähere Verwandte. Surmann hatte das Haus geerbt und beschlossen, ein Leben als Bonvivant zu führen – finanziell ausgesorgt hatte er. Und dann war er nach Kassel gezogen. Wenige Wochen nach Hitlers Machtübernahme.

»Sehen Sie, die eigentliche Geschichte, um die es geht, beginnt im April 1933. Ich hatte in Kassel einen guten Bekannten oder Freund, immer wenn ich hier war, haben wir uns gesehen. Er war irgendwann zur Polizei gegangen, hatte dort erstaunlich schnell Karriere gemacht, und nachdem ich mich in dem Haus eingelebt hatte, sind wir dann abends mal um die Häuser gezogen.« »Welches Haus war das denn, gibt es das noch?« fragte Stengel. Der alte Mann nickte. »Löwenburgstraße 3, das war eines der ersten Häuser, die am Mulang gebaut wurden. Aber es gehört schon lange nicht mehr mir. Es war ein wunderschönes Zuhause.« Er trank einen letzten Schluck Sherry, Stengel wollte nachschenken, aber der Mann hob abwehrend die Hände. »Wir haben dann einen Abend richtig eine Sause gemacht, mein Gott, ich war 23 Jahre alt, hatte keine Verpflichtungen, Geld wie Heu – will man es einem verdenken? Und am nächsten Morgen nahm alles seinen Lauf.«

Windisch – oder Surmann, Anke Dankelmann beschloss, ihn jetzt Surmann zu nennen, schaute kurz aus dem Fenster, sein Blick verlor sich, als tauche er ein, in die Vergangenheit, in das Kapitel, das ihn über 70 Jahre nicht losgelassen hatte.

3

So viel Nebel im Hirn, merkwürdige, wellenartige Kopfschmerzen und dann aus der Ferne dieses Geräusch. Er drehte den Kopf so in das dicke Daunenkissen, dass er die Enden über die Ohren klappen und festhalten konnte. Aber dann konnte er den Duft des Kissenbezugs nicht mehr riechen, den er so liebte. Henriette stand einmal die Woche unten im Keller in der Waschküche und stopfte den Zuber aus Messing immer neu voll mit all der Wäsche, die in den Tagen zuvor angefallen war. Dieser Duft war etwas, was ihn an das Elternhaus erinnerte, an seine Mutter, an Nachmittage hinter dem Haus auf der Bleiche, wenn die weißen Bettlaken zum Trocknen aufgehängt wurden. Das Geräusch wurde lauter, allmählich bröckelte sein Widerstand, die Augen zu öffnen. Er hatte keine Chance. Das Klopfen wurde heftiger, dahinter hörte er eine immer schriller werdende Stimme. Er rappelte sich irgendwie dann doch aus dem Kissen hoch, strich sich mit dem Handrücken über die Augen und bereitete sich auf eine Reaktion vor. Was für ein Unsinn, dachte er sich, er musste doch nur laut »Ja« rufen, und dann hatte er seine Ruhe. Aber genau das gelang ihm nicht. Es war taghell im Zimmer, er blickte auf die Uhr an seinem linken Handgelenk: 11.30 Uhr. Das reichte allerdings, um sofort komplett aufzuwachen. Langsam wurden Erinnerungen wach. Aber erst einmal galt es, Henriette zu beruhigen. »Ja, ich bin wach« wollte er rufen, aber das Ganze geriet ihm zu einem Krächzen. Immerhin genug, um den Lärm vor der Tür zu beenden. »Das Frühstück oder Mittagessen, wie immer Sie das bezeichnen wollen, steht in der Küche.« Die Stimme entfernte sich. Er streckte sich noch einmal lang aus und dachte nach. Er hatte keine blasse Ahnung, wie er nach Hause gekommen war, geschweige denn, wann dies der Fall gewesen sein könnte. Er hatte sich am Abend mit seinem alten Kumpel Guntram Köhler getroffen, ein unendlich schöner Zufall, dass sie, nachdem sie sich in all den Jahren nur sporadisch gesehen hatten, sich zunehmend anfreundeten. Sie waren im Resi gewesen, dem Residenzcafé, hatten eimerweise Champagner getrunken, ein paar Damen betanzt und waren dann, als der Laden schloss, mit irgendwelchen Mädels weitergezogen. Er schüttelte sich. Ein solcher Abend war eigentlich gar nicht seine Sache – das heißt: ein Besuch im Resi schon. Aber dann so weiterziehen, Mädels im Arm, vermutlich lärmend in der Altstadt ...

Dunkel, schemenhaft sah er noch eine Kneipe in den engen Gassen in der Innenstadt vor sich, Guntram aber tauchte in dieser Bilderfolge nicht mehr auf. Und dann der Filmriss. Neben dem Bett lag seine Hose, neben den anderen Sachen, die er nicht mehr ganz geordnet und koordiniert ausgezogen hatte. Er tastete – die Geldbörse war noch drin, er holte sie heraus und inspizierte den Inhalt. Alles in Ordnung, dachte er sich und stand auf. Er schaute aus dem Fenster – sein Auto stand in der Einfahrt -, aber das hatte er doch gestern Abend mitgenommen in die Stadt. War er etwa ... Um Gottes Willen, dachte er sich, bin ich so betrunken etwa noch gefahren? Er musste Guntram anrufen, zunächst aber brauchte er eine Dusche. Heiß oder kalt oder am besten beides – Hauptsache, er wurde irgendwie und irgendwann mal wach. Er ging barfuß ein paar Schritte über den blank polierten Parkettfußboden und drehte im Bad die Dusche an. Das Haus war perfekt eingerichtet, fand er. Hier hatte er seinen eigenen Trakt, er konnte vom Schlafzimmer direkt ins Bad, eine andere Tür führte ins Ankleidezimmer, und einen eigenen Balkon hatte er auch. Natürlich war die riesige Villa für eine einzelne Person viel zu groß, deshalb hatte er auch nichts dagegen, dass Henriette, die Haushälterin, unterm Dach wohnte. Wie sich das mal irgendwann mit Damenbesuch regeln ließ – man würde sehen. Aber in den knapp vier Wochen, die er jetzt hier wohnte, war es dazu noch nicht gekommen. Henriette war es auch gewesen, deren Stimme ihn eben geweckt hatte. Hoffentlich hatte sie ihn heute Nacht in seinem Zustand nicht gesehen ...

Thomas Heinrich Surmann hatte das Haus von seinem Onkel geerbt. Er war der einzige Verwandte, der dem alten Herrn überhaupt geblieben war. Als er vor dreieinhalb Monaten gestorben war, hatte das Thomas stärker mitgenommen, als er vermutet hatte. Dabei hatten sie durchaus eine enge Beziehung gehabt. Nach dem frühen Tod der Eltern hatte der Onkel sich um ihn gekümmert. Bis vor kurzem hatte er ein wenig in Wien Musik studiert. Nicht gerade zielgerichtet, nicht gerade emsig und schon gar nicht richtig interessiert. In Wien hatte er zudem gelegentlich für die Feuilletons der Zeitungen Konzertkritiken geschrieben. Er spielte ausgezeichnet Klavier und Orgel, und eigentlich dachte er, dass er auch in Kassel für eine der Zeitungen tätig sein konnte. Das wäre ein netter Zeitvertreib und würde ihm auch eine gewisse Reputation in der gehobenen Gesellschaft einbringen. Einen Termin beim Feuilletonchef der Hessischen Volkswacht, der Zeitung der NSDAP, hatte er morgen. Er freute sich darauf. Den Kontakt hatte ihm schon lange vor seinem Tod der Onkel bereitet. Als er nun vor ein paar Tagen angerufen hatte, kam es sofort zur Terminvereinbarung. Kaum hatte er den Namen des Onkels erwähnt, hatten sich alle Türen geöffnet. Er wunderte sich ein wenig darüber, nahm es aber dankend hin.

Henriette war die Haushälterin seines Onkels. Sie war von unschätzbarem Alter, dicken Frauen sah man häufig ihre Jahre nicht an. Wenn die Falten wegen der Körperfülle keine Chancen hatten, dann fiel das Schätzen schwer. Thomas glaubte, sie sei so zwischen 55 und 65. Sie hatten gar nicht lange darüber geredet, ob Henriette nun bei ihm bleiben wollte oder nicht – irgendwie war es selbstverständlich.

Im Esszimmer stand eine Kanne mit dampfendem Kaffee, zwei Scheiben geröstetes Weißbrot lagen auf einem Teller, Butter und Marmelade standen daneben. Normalerweise aß er kräftiges Natursauerteigbrot zum Frühstück – aber Henriette hatte wohl geahnt, dass sein Magen heute morgen ein wenig in Unordnung geraten war. Die Terrassentür war geöffnet, es war ein strahlender Maitag im Jahr 1933. Von draußen hörte man Pferdehufe, wahrscheinlich waren die Park-Angestellten unterwegs. Er hatte diesen Bergpark Wilhelmshöhe schon als Kind geliebt, und er freute sich auf einen langen Spaziergang am Nachmittag. Aber zunächst musste er mal Ordnung in seine Erinnerungen bringen.

Im Arbeitszimmer nebenan stand auf dem schweren Schreibtisch seines Onkels das schwarze Telefon. Guntrams Nummer stand auf dem Block, der daneben lag. Sein Freund tat ihm Leid – denn Guntram Köhler musste heute arbeiten. Keine Chance zum Ausschlafen – aber war er überhaupt genauso versackt wie er? Es klingelte und klingelte – dann nahm jemand ab. »Erstes Kommissariat, Kriminalhauptkommissar Köhler.« Thomas musste grinsen, die Stimme des anderen war rau und belegt. Also doch ...

»Ich bin's, Thomas. Kannst du reden oder störe ich?« »Ich kann kaum reden, weil mir dann der Kopf dröhnt. Aber du störst nicht. Na, wieder unter den Lebenden?« »Mit Müh und Not. Du musst meiner Erinnerung an gestern Abend nachhelfen. Ich weiß nur noch, dass wir irgendwann ziemlich besoffen in der Altstadt waren – aber ich kann mich eigentlich gar nicht daran erinnern, dass du noch dabei warst.« »War ich aber, mein Lieber, war ich. Moment mal.« Thomas merkte, dass eine Hand über die Sprechmuschel des Telefons gelegt wurde und Guntram irgend eine andere Person im Kommandoton ansprach, dann rumste eine Tür, und er meldete sich wieder. »So, da bin ich wieder. Musste nur mal gerade jemanden rausschicken. Also, wie hast du die Nacht verbracht?« »Keine Ahnung, ziemlich derangiert. Dass du heute morgen arbeiten konntest ...« »Naja, ich habe auch nur ein Drittel von dem gesoffen, was du gestern weggeputzt hast.« Surmann runzelte die Stirn. War ihm gar nicht aufgefallen. »Guntram, ich muss dir was sagen: Ich habe einen Filmriss. Ab dem Zeitpunkt, als wir in die Altstadt abgezogen sind, weiß ich nichts mehr.« »Okay, da kann ich dir weiterhelfen. Wir waren in einer Kneipe mit den beiden Mädels, die du aufgegabelt hattest. Waren wahrscheinlich zwei Professionelle, habe aber noch nicht in den Akten geschaut. Also: wir sind aus dem Resi, dann über den Bummel Richtung Königsplatz. War ja nicht mehr viel los.«

Der Bummel war ein Stück der Oberen Königsstraße, der Haupteinkaufsstraße in der riesigen Altstadt, dort flanierte ganz Kassel, um zu sehen und gesehen zu werden, oder um in den Cafés zu Livemusik zu tanzen. »Dann waren wir irgendwann in der Mittelgasse, und du wolltest unbedingt in die Kneipe Stadt Stockholm, obwohl ich dich gewarnt habe.« »Warum hast du mich denn gewarnt?« »Naja, in und vor der Kneipe hat es häufig genug gekracht zwischen den Roten und den Braunen, da gab es schon Tote. Aber du hast dich göttlich über die Tatsache amüsiert, dass mitten in Kassel eine Kneipe Stadt Stockholm heißt. Wir sind rein, haben noch ein Bier gekriegt, und da haben wir die Mädels sitzen lassen. Ich hab dich abgeführt, so besoffen wie du warst. Das war so gegen 3 Uhr.« »Und wie bin ich heim, ich meine, mein Auto steht vor der Tür.« »Ich habe eine Zivilstreife angehalten, die haben uns mitgenommen, der eine Kollege ist gefahren, und der andere hat dein Auto nach Hause gebracht.« »Puh, danke. Kommt nicht wieder vor. Da bin ich dir was schuldig.« »Tja, das ist noch nicht das Ende.« »Was denn noch?«

Köhler atmete tief durch. »Als der Wirt heute Morgen die Kneipe saubermachen wollte, fand er auf dem Männerklo eine Leiche.« »Oh Gott, wie das denn?« »Wenn wir es wüssten. Das Einzige, was bekannt ist: der Mann heißt Siegfried Dippel, ist ein nicht ganz unbekanntes SA-Mitglied, Sturmführer, reichhaltigste Erfah– rungen im Verprügeln von Kommunisten. Eigentlich eine Niete, seit endlosen Jahren arbeitslos, wohnt in der Altstadt. Als der Wirt ihn fand, war die Leiche noch warm. Er kann also noch nicht so lange tot gewesen sein. Unser Arzt schätzt maximal zwei Stunden.« »Wann ist er denn gefunden worden?« »Du stellst die richtigen Fragen! Wenn das mit deiner Journalisten-Karriere nix wird, kannst du bei uns anheuern. Also: der Wirt kam gegen 7.30 Uhr in die Kneipe.«»Wenn wir um drei Uhr da raus sind – dann hat der ja maximal zwei, drei Stunden gepennt ...« Thomas Surmann klang entsetzt. »Krieg dich ein, Alterchen. Gestern Abend hatte die Wirtin Dienst. Die teilen sich das auf, er morgens, sie abends. Tolles Eheleben, was? Aber anders würde sich das wohl nicht rechnen.«»Und wann haben die geschlossen?«»Die Frau hat gesagt, so um 3.30 Uhr.« »Und weiter? Wurde dieser Dippel in der Kneipe umgebracht? Und wie?«»Er ist definitiv nicht in der Kneipe ermordet worden. Drei Messerstiche, alle ins Herz. Irgend jemand hat ihn dann da hingeschleppt. Aber in der Altstadt werden wir keine Zeugen finden. Die sagen nichts, selbst wenn sie wüssten, wer der Mörder ist.«»Und du ermittelst in dem Fall?« »Ist noch nicht raus. Auf jeden Fall wird sich eine große Mannschaft drum kümmern. Einmal ist es schließlich ein Nazi, der umgebracht wurde – und so was ist aus Sicht unserer Polizeileitung doppelt frevelhaft. Mord ist ein Verbrechen – und wenn ein Nazi umgebracht wird, ist das ein zweifaches Vergehen. Und zweitens können wir jetzt davon ausgehen, dass man, auch ohne Ermittlungen, den Linken das Ganze in die Schuhe schieben wird – da steht uns hier auf den Straßen einiges bevor. Auf jeden Fall müssen wir bei dem einen oder anderen Fall sicher ganz gezielt wegschauen.« Köhler lachte kurz auf. Surmann kannte dessen Einstellung zu den neuen Machthabern. Guntram Köhler war mit Leib und Seele Polizist – und zwar ein unpolitischer. Er bekämpfte das Verbrechen in Kassel – ganz gleich, von wem es begangen wurde. Gestern Abend hatte er im Resi sein Herz ein wenig ausgeschüttet. Und das war übervoll gewesen.

Nach der Machtübernahme war vor wenigen Wochen der Polizeipräsident ausgewechselt und durch ein strammes NSDAP-Mitglied ersetzt worden. Seitdem galten auch für die Polizisten nicht mehr alle Menschen als gleich: Es gab Deutsche, minderwertige Deutsche, wie Kommunisten und Sozialisten, und gute Deutsche – eben solche mit Nazi-Parteiabzeichen. Und es gab Juden. In der vergangenen Woche hatte sich der Fall ereignet, in dem ein paar Braunhemden einen jüdischen Kaufmann, der auf Durchreise war, am Hauptbahnhof umsteigen musste und zum Zeitvertreib in eine Kneipe gegangen war, dort zusammengeschlagen hatten. Ohne Vorwarnung. Als sie mitbekamen, dass der Gast ein Jude war, hauten sie einfach drauf. Köhler selbst hatte ein Protokoll der Vernehmung des Opfers verfasst. Doch der Fall war auf Anweisung des Präsidenten zu den Akten gelegt worden. Was war das für ein Land, hatte er gestern gefragt, in dem man andere Menschen verprügeln durfte – ohne bestraft zu werden? Ein Land, in dem im Parlament öffentlich gegen Mitmenschen gehetzt wurde – wie in der Kasseler Stadtverordnetenversammlung, wo ein Jurist namens Roland Freisler zum übelsten Lautsprecher der neuen Herrscher geworden war. Ein Jurist, der in jeder Rede gegen Juden hetzte – Surmann hatte sich eigentlich vorgenommen, der nächsten Sitzung des Stadtparlaments mal als Gast beizuwohnen, hatte aber mitbekommen, dass Freisler mittlerweile nach Berlin gegangen war.

Köhler wusste, dass er mit seiner Einstellung auf Dauer Probleme bekommen würde und hatte gestern Abend durchaus verzweifelt gewirkt. Und nun machte er auch noch in seiner Dienststelle kritische Bemerkungen. »Guntram, halt die Klappe. Lass uns von mir aus nachher treffen, was meinst du?« »Hast ja Recht.« Der andere klang ein wenig resigniert. Oder einfach nur komplett übermüdet. »Lass uns in der Pinne treffen, weißt du, wo das ist?« »Der Laden in der Wildemannsgasse?« »Genau. Wenn es dir passt – gegen sieben Uhr wäre am besten.« »Wir sehen uns.« Surmann legte auf. Hinter sich hörte er, wie sich jemand räusperte, beinahe erschrocken drehte er sich um. Henriette stand im Durchgang, schaute ihn mit einem durchdringenden Blick an. »Geht es Ihnen besser?« Er nickte. »Ich wollte von Ihnen nur wissen, wie Sie es angesichts des etwas in Unordnung geratenen Tagesablaufs mit den Mahlzeiten halten wollen.« Er grinste. »Nett formuliert, danke für die Zurückhaltung. Ich gehe jetzt im Park spazieren, bin heute Abend mit einem Freund verabredet. Heute wird es sicher nicht spät, ich wäre für einen kleinen Imbiss gegen 10 Uhr heute Abend sehr dankbar. Geht das?« Henriette drehte sich wortlos um, nickte leicht und entschwand. Ihm war, als verspürte er einen Luftzug, entstanden durch die heftigen Bewegungen ihres gewaltigen Rockes und der weißen Schürze. Egal, was Henriette tat – die Schürze war weiß. Wie sie das machte, welches Geheimnis dahinter steckte – er hatte keine Ahnung. Seine Garderobe musste er manchmal mehrmals wechseln, weil er sich ständig irgendwelche Flecken einfing.

Als er das Haus verließ, hatten sich ein paar Wolken am Himmel zusammengezogen. Er ging die paar Schritte bis zur Mulangstraße und nahm die erste Abzweigung in den Bergpark. Die Villensiedlung Mulang bestand aus einigen Dutzend aufwändig erbauten Häusern. Es war eigentlich das Nobelviertel überhaupt in dieser Stadt, wer hier wohnte, der hatte Geld oder einen reichen Arbeitgeber – wie Henriette. Fast alle besaßen Autos, mindestens eins. Er hatte das Horch Cabriolet seines Onkels behalten, obwohl er eigentlich ungern Auto fuhr. Aber er dachte sich, dass bei seinen abendlichen Ausflügen das Auto ein nützliches Argument gegenüber flirtbereiten jungen Damen war – viel Erfahrung hatte er in Kassel aber noch nicht gesammelt. Es roch nach Frühling im Park, und er dachte, dass das Grün an den Bäumen nur im Mai, wenn die Blätter gerade gesprossen waren, einen so intensiven Ton annahm. Wenn es ein besonderes Grün gab, dann war es das Mai-Grün. Er atmete tief durch die Nase ein und genoss den unverwechselbaren süßlich-intensiven Duft dieser Jahreszeit.

Er kam an eine Parkbank, von der aus er Richtung Schloss blicken konnte. Die Erinnerungen wurden wach an die Zeit, als er als kleiner Junge an der Hand seines Onkels durch den Park gewandert war und man von weitem die Kaiserfamilie, die hier ihre Sommer verbrachte, beim Mittagessen vor dem Schloss beobachten konnte. Einmal Kaiser sein, das war damals sein Wunsch gewesen. Nach der Abdankung Wilhelms 1918 aber schien das auch nicht mehr so ein verlockender Berufswunsch zu sein. Plötzlich dachte er an

Siegfried Dippel, die Leiche aus dem Stadt Stockholm. Er kannte den Mann nicht, aber irgendwie interessierte ihn der Fall. Wer wagte es, in diesen Zeiten einen SA-Mann umzubringen? Überhaupt: seit er in Kassel war, hatte er die Auseinandersetzung mit der aktuellen Politik gemieden. Er hatte auch in Wien nicht sonderlich viel mitbekommen, es hatte ihn auch nicht richtig interessiert. Warum eigentlich? Weil er in wirtschaftlich absolut sicheren Verhältnissen lebte? Er hatte das Elend, das es in Österreich und auch in Deutschland überall zu sehen gab, stets umgangen. Seine einzigen Probleme bestanden darin, dass er mal nicht genug Champagner im Haus hatte oder die Dame, mit der er ausging, nicht so wollte, wie er sich das vorgestellt hatte. Aber Politik? Die, war er sicher, konnte ihm eh nichts anhaben. Doch mittlerweile, nach den zahlreichen Gesprächen mit Guntram Köhler in den vergangenen Wochen, merkte er, dass er sich plötzlich politisch interessierte, dass dieses Phänomen des Nationalsozialismus auch sein Inneres rumoren ließ. In ein paar Monaten hatte diese Bewegung aus der Republik einen totalitären Staat gemacht. Ohne große Gegenwehr in der Bevölkerung, im Gegenteil. Im März hatte die SA in Kassel die Eingänge zum Rathaus besetzt, dann war Freisler an der Spitze einer ganzen Gruppe ins Rathaus gestürmt und hatte den Oberbürgermeister Stadler, immerhin demokratisch gewählt, zum Rücktritt gezwungen. Als Nachfolger wurde ein Nationalsozialist namens Gustav Lahmeyer zum Oberbürgermeister ausgerufen – die Proklamation ersetzte die Wahl, und kaum jemand, außer Sozialisten und Kommunisten, nahm Anstoß daran. Dann hatte man einige Beamte, die den Nazis ein Dorn im Auge waren, aus den Amtsstuben gezerrt, einige von ihnen wurden in den Bürgersälen misshandelt. Konsequenzen? Keine. Schon vor Wochen hatte er erstmals den Zwiespalt seiner Gefühle gegenüber den neuen Machthabern gespürt. Einerseits stieß ihn die Brutalität ab, andererseits fand er diese kompromisslose Art und Weise, ein Ziel zu verfolgen und das Land zu ordnen, faszinierend. Und das Tempo, in dem die Bewegung zu einer Massenbewegung wurde, die Bilder von den Aufmärschen in Berlin und anderswo – er hatte sich eingestehen müssen, dass das Ganze einen ungeheuren Reiz auf einen jungen Burschen wie ihn ausübte. Er war der Partei dann aus einer spontanen Laune heraus beigetreten und wusste in solchen Momenten wie diesem jetzt nicht, ob das alles so richtig war. Surmann schüttelte leicht den Kopf über seine gedankliche Zerrissenheit.

Ein Blick auf die Uhr ließ ihn aufschrecken – es war weit nach drei Uhr am Nachmittag, heute würde er sein Auto stehen lassen und mit der Straßenbahn in die Stadt fahren. Er traf sich zwar erst um sieben Uhr mit Köhler, aber er wollte vorher ein wenig durch die Stadt schlendern, er musste seine neue Heimat noch viel besser kennenlernen. Und in Wahrheit wollte er noch einmal an der Kneipe vorbei, wo sie den toten Sturmbannführer heute morgen gefunden hatten.

Es war kurz nach 16.30 Uhr, als er am Altmarkt aus der gelben Tram stieg. Er liebte diesen Platz mit seinen beeindruckenden Fachwerkhäusern, er mochte diese Altstadt ohnehin. Allerdings kannte er nur den Bereich westlich der Fulda, der östliche Teil, die Unterneustadt, war unbekanntes Gelände. Er wusste, dass dies eine bettelarme Gegend war, und deshalb hatte er sich für den Spaziergang nicht besonders fein herausgeputzt. Er wollte nicht auffallen. In der Pinne, der Kneipe, die sie später aufsuchen würden, war diese Kleidung aber ebenfalls angemessen.

Er ging über die schmale Fuldabrücke und sah auf die dichtgedrängten Häuser in der Unterneustadt hinüber. Er schlenderte am Holzmarkt vorbei und beobachtete die Menschen. Die Arbeitslosigkeit war immer noch sehr hoch in Kassel. Am Ende des Holzmarktes saß ein Junge, vielleicht acht, neun Jahre alt, in zerlumpten Klamotten und spielte mit einem Blechlöffel in einem Sandhaufen. »Sag mal, weißt du, wo die Bettenhäuser Straße ist?« Der Junge schaute auf, sein rechtes Auge war leicht entzündet. Surmann war sich sicher, dass die Eltern kein Geld für eine richtig medizinische Behandlung hatten. Der Junge nickte. »Tut dir dein

Auge weh?« Wieder ein Nicken. Surmann wurde von einem spontanen Gefühl des Helfen-müssens erfüllt. Der kleine Kerl tat ihm einfach Leid. »Schau mal, da drüben ist eine Apotheke, wir gehen jetzt dahin, vielleicht haben die eine Salbe, was meinst du?« Der Junge überlegte. Wahrscheinlich, dachte sich Surmann, hatte er die Worte seiner Eltern im Ohr, nicht mit Fremden mitzugehen – aber gleichzeitig schmerzte das Auge, sein Innerstes schrie nach Linderung. Der Junge war in einer Zwickmühle. Surmann wusste einen Ausweg. »Bleib einen Moment hier, ich schaue mal, was sich machen lässt, in Ordnung?« Der Junge nickte und fing wieder an, mit dem Blechlöffel eine kleine Sandburg zu modellieren.

In der Apotheke schilderte Surmann dem Apotheker den Fall. Der nickte. »Das ist bei den Kindern hier so etwas wie eine Volkskrankheit. Mangelhafte Ernährung, fehlende Hygiene – und dann weinen sie besonders viel, weil die Eltern ziemlich radikale Erziehungsmethoden pflegen. So kommt alles zusammen. Hier, eine kleine Dose. Die Salbe soll er einfach draufschmieren.« »Kennen Sie den Jungen?« fragte Surmann und zeigte durch die geschlossene Tür in Richtung Sandhaufen. »Ja.« Der Apotheker schneuzte sich die Nase und wischte sie sich mit einem makellos sauberen, weißen Taschentuch ab. »Das ist das jüngste von acht Kindern, die Familie wohnt in einer winzigen Wohnung in der Kreuzstraße, die geht hier gleich neben dem Haus ab. Der Vater ist arbeitslos, die Mutter hat alle Mühe, die Familie durchzukriegen. Aber möglicherweise macht der Alte ja doch noch Karriere, der ist jetzt bei den Nazis. Brutal genug ist er, das kann ich ihnen sagen.«

Surmann verspürte einen dicken Kloß in der Brustgegend, das Ganze war bedrückend. »Und lassen Sie mich dem Jungen die Salbe geben, dann bekommt er keinen Ärger. Ich mache das manchmal, wenn das Elend bei den Kindern einfach zu groß ist und ich sonst nachts nicht schlafen könnte.« Surmann zahlte, drei Reichsmark machte das Ganze, der Apotheker ging mit ihm raus und verarztete den Jungen, der ihn offensichtlich kannte, direkt vor Ort. Mit seinem Taschentuch säuberte er das Auge, strich ein wenig Salbe drauf und erklärte dem Kleinen, was er mit der Salbe in den nächsten Tagen anfangen sollte. »Sag deinen Eltern, ich hätte sie dir geschenkt, hörst du?« Der nickte, steckte die Dose ein und spielte weiter.

Surmann ließ sich vom Apotheker den Weg zur Bettenhäuser Straße erklären – sie war nur einen Steinwurf entfernt. Eigentlich gab es keinen wirklich vernünftigen Grund, genau diese Straße zu suchen. Es war aber die einzige, deren Namen er in der Unterneustadt kannte – und die Frage nach ihr diente als Aufhänger für ein Gespräch mit den Menschen. Er schlenderte weiter durch die engen Gassen und merkte, wie sich der Geruch der Stadt verändert hatte. Es war das zweite Mal, dass ihm heute ein Duft besonders auffiel – zwischen dem Frühlingsgeruch im Park und diesem hier war allerdings ein himmelweiter Unterschied: In der Unterneustadt konnte man die Armut riechen.

Die hygienischen Verhältnisse mussten katastrophal sein, das Ganze war eine Mischung aus Fäkaliendüften, Körpergerüchen der Menschen, die hier herumliefen, Abgase aus den Häusern von den Küchenherden, die mit Holz oder bestenfalls mit Kohle betrieben wurden. Ihm wurde leicht übel. Er ging durch eine Hofeinfahrt und besah sich die Hinterhofbebauung, klapprige Buden, die aneinandergepappt waren und in denen jede Menge Menschen hausten. Es stank bestialisch, Fäkalien auf dem Boden – ob von den Menschen oder den herumlaufenden Hunden war nicht klar, es war ihm auch gleichgültig. Im tiefsten Inneren seines Herzens mischten sich zwei Gefühle: eines des tiefen Mitgefühls für diese Menschen – und eines der Dankbarkeit, dass ihm ein solches Leben erspart blieb.

Er merkte, dass er trotz seiner saloppen Kleidung hier immer noch auffiel, fremd am Platz war und verdrückte sich zurück auf die Straße und dann Richtung Fuldabrücke. Allmählich dämmerte ihm, was einer der Gründe für den Erfolg der Nazis sein könnte: Wer in solch ausweglosen Situationen lebte, der erhoffte sich keine Besserung der Situation durch die Kräfte der gewöhnlichen

Machthaber. Die hatten in den vergangenen 15 Jahren dauerhaft versagt – die Weimarer Republik war gescheitert. Demokratie war offensichtlich für die meisten Menschen kein Lebensmodell.

Hitler hatte nicht gesät – er erntete im ganzen Land. Die richtige Arznei fürs Volk zur richtigen Zeit. Das war wahrscheinlich das Geheimnis. Und was an tieferer Ideologie dahintersteckte, das war dem Volk egal. Hatte dieser Bursche nicht ein Buch geschrieben? So etwas wie die Bibel des Nationalsozialismus? »Mein Kampf« hieß es, genau.

Er erinnerte sich an Diskussionen in einem Wiener Studentencafé. Da war ein Kommilitone von der medizinischen Fakultät gewesen, der hatte auf die Nazis und ihre Rassenideale geschimpft, nüchtern und sachlich, wie ein Naturwissenschaftler halt. Zuletzt hatte man ihn aus dem Café geworfen, er hatte noch nicht einmal zahlen müssen. Eigenartig, dass er sich jetzt daran erinnerte. Damals hatte er gelacht über diesen Burschen, der so hölzern argumentiert hatte, so emotionslos. Und heute? Wer radikale Veränderungen wollte, der musste radikal vorgehen, das wurde ihm nach diesem Besuch mehr und mehr klar.

Thomas Surmann ging langsam zurück in die Stadt. Es war mittlerweile 20 Minuten vor sieben. Langsam und mit offenen Augen, alle Eindrücke aufsaugend, marschierte er über die Fuldabrücke, Richtung Altmarkt. Brüderstraße, Marställer Platz, Tränkepforte, Entengasse – die Straßen in diesem Labyrinth von engen Gassen und Häusern trugen seltsame Namen. Irgendwann war er am Königsplatz und ging die Obere Königsstraße Richtung Rathaus. Überall sah er Händler und Spediteure, die mit ihren Pferdefuhrwerken und den Stoßkarren durch die Straßen zogen. Kinder spielten überall, es waren kaum Autos unterwegs, die hatten in den meisten dieser Gassen und Gässchen ohnehin kaum eine Chance. Es war noch relativ warm, viele Fenster waren geöffnet, aus denen die Menschen, auf Kissen gestützt, herausschauten und das Treiben beobachteten. Gelegentlich riefen Eltern nach ihren Kindern – es war halt die übliche Zeit fürs Abendessen. In diesen Häusern an den Straßenfronten wohnten schon viele Menschen, aber die komplette Altstadt war in den Hinterlagen der Grundstücke zugebaut. Immer wieder hatte man neue Häuser auf engstem Raum errichtet, Kassels Altstadt war wie eine riesige Bienenwabe. Gemütlichkeit ausstrahlend, wegen des vielen Fachwerks, der schiefen Häusergiebel und des Kopfsteinpflasters, das nachts, wenn man einsam durch die Straßen zog, einen so eigentümlich hallenden Laut bei jedem Schritt erzeugte.

Er ging durch die Wolfsschlucht zurück Richtung Norden und bog vom Marställer Platz in die Wildemannsgasse ein. Als er vor der Pinne stand, blickte er noch einmal die Straße hinunter. Was für ein Gegensatz, dachte er sich. Eben noch im Elendsviertel und nun diese zum Teil prachtvollen Häuser! Und die reichverzierte Fassade dieses Gasthauses entschädigte für manch miesen Eindruck, den er heute gewonnen hatte.

Die Pinne war in Kassel und Umgebung berühmt. Sie hatte eine Reihe von tiefen Kellern, in denen man ungestört und laut feiern konnte – und die dafür sorgten, dass man hier Eis bis in den Sommer lagern konnte. Eis, das man im Winter von der zugefrorenen Fulda abklopfte und in die kalten Keller transportierte, wo man auch das Bier exzellent kühl lagern konnte. Köhler hatte ihm einmal gesagt, das beste, weil kälteste Bier gebe es hier. Irre, dachte er sich und öffnete die Tür. Ein kneipiges Grundbrummen schlug ihm entgegen, Gespräche an allen Tischen, mal ein Lachen, mal ein Husten, klirrende Gläser. Guntram Köhler war schon da. Vor sich einen Humpen Bier, in der rechten Hand eine Zigarette. Surmann rauchte nicht, er hatte es schon im Internat mal probiert, aber es schmeckte ihm nicht. »Na, hast du die Arbeit geschafft? Oder hat sie dich geschafft?« Köhler grinste. »Irgendwie beides«, sagte er und schnippte die Zigarettenasche in einen Messingaschenbecher. Sie tauschten sich ein wenig aus über das, was sie am Tag erlebt hatten. Köhler hörte mit gespanntem Gesichtsausdruck zu, als Surmann von der Unterneustadt erzählte.

Als Surmann geendet hatte, sagte er: »Kann mir vorstellen, dass das für dich was wirklich Neues ist. Aber so ist das in diesen Städten. Stell dir mal vor: Die Stadt hat über 100.000 Einwohner. Und wenn du aus der Innenstadt rauskommst – in den ganzen Stadtteilen leben die wenigsten Menschen. Alle hier, in der Altstadt, auf engstem Raum. Ich habe neulich mit einem Fall zu tun gehabt, da mussten wir einen Familienvater festnehmen, weil er Kohlen geklaut hatte. Die Familie hat neun Kinder, die leben zu elft in zwei Zimmern unterm Dach. Unvorstellbar, oder?«

Sie bestellten jeder ein Bier und eine Portion Rührei, Surmann hoffte, dass das Bier ihm die Lebensgeister zurückgeben würde. Er litt immer noch unter dem Vorabend. Als sie gegessen hatten, konnte er seine Neugier nicht mehr zügeln. Er beugte sich zu Köhler hinüber, damit er ihn leise ansprechen konnte – die Kneipe war mittlerweile brechend voll. »Was gibt es Neues bei deinem Toten von heute morgen?« Köhler zündete sich eine weitere Zigarette an. »Naja, was schon? Wir sollen einen Kommunisten verhaften und ihn verurteilen lassen. Ist ja auch naheliegend, oder?« Surmann bemerkte den spöttischen Unterton in der Stimme seines Freundes. »Kommunisten bringen gern mal einen SA-Sturmführer um – irgendwo auf der Straße und schleppen ihn dann in eine Kneipe aufs Klo. Klarer Fall. Er hat links neben dem Klo gelegen – muss also die Tat eines Linken gewesen sein, weiß doch jeder.« Köhlers spöttischer Ton nahm aggressive Formen an. »Und warum glaubst du das nicht?« »Ich glaube das doch, will schließlich meine Ruhe haben und meinen Arbeit nicht aufs Spiel setzen. Mich irritieren nur die Fakten.« »Und die wären?« »Dippel muss sich gewehrt haben gegen die Ermordung. Ich war, du wirst es nicht glauben, der Erste am Fundort, und als ich eintraf, hatte er in der Faust ein Stück braunen Stoffes. SA-Uniform. Ich tippe mal, der ist von seinen eigenen Jungs abgestochen worden – warum auch immer. Hat sich gewehrt und irgendeinem, der es nicht gemerkt hat, ein Stück Stoff von der Uniform gerissen. Aber dann kam der Arzt, und mein Chef stieß dazu – und hinterher war der Stoff weg. Und bei den wenigen Beweisstücken im Revier ist er auch nicht mehr. Die haben den Beweis einfach vernichtet. Die SA – das ist eine Bande von gewalttätigen, unterbelichteten Kellerasseln, Typen, die nie was auf die Reihe bekommen haben und die jetzt die Uniform tragen. Und Macht haben und die auch ausüben.« Köhler drückte seine Zigarette aus und winkte der Bedienung. Die kam mit zwei weiteren Bieren an den Tisch.

»Du musst hier leiser reden, Guntram, du redest dich um Kopf und Kragen.« Surmanns Worte kamen flehentlich, beinahe gequetscht durch die halb geschlossenen Zähne. Ihm war unwohl in dieser Umgebung. Köhler nickte und atmete tief durch.

Thomas Surmann war froh, als sie das Thema wechselten und noch einmal über den gestrigen Abend sprachen. Einige Zeit später, Köhler hatte ein letztes Bier bestellt, wurde der Gesichtsausdruck des Polizisten noch einmal richtig ernst. »Die anderen Morde, die wir hatten, das war genau das gleiche Schema.« Surmann stutzte. »Was denn für andere Morde?« Köhler hob beschwichtigend eine Hand. »Lass mich erzählen. Immer drei Stiche ins Herz. Einer war Kommunist, einer war ein jüdischer Zeitungsreporter und nun Dippel. Zugegeben, der passt nicht ins Bild – aber ich habe den Verdacht, nein das Gefühl, dass da in den Reihen der SA irgendeine ganz besondere Sache abgeht. Merkwürdig, dass die das auf Parteiebene noch nicht zur Sprache gebracht haben. Oder sie tolerieren es und schweigen das Ganze tot. Wir haben da natürlich keine Informanten, das sind alles hundertfünfzigprozentige Nazis.« Surmann prostete dem anderen zu. Ihm ging seit ein paar Minuten ein Gedanke durch den Kopf.

»Schau mal, mich kennt doch niemand in dieser Stadt.« Er beugte sich erneut über den Tisch und flüsterte: »In der Partei bin ich schon im April eingetreten wie du weißt, zum Glück, jetzt gibt es ja einen Aufnahmestopp für neue Mitglieder, und ich hätte keine Chance mehr. Die Grundvoraussetzung für eine freie Mitarbeit bei der Hessischen Volkswacht ist also erfüllt. Ich könnte auch in die SA gehen oder die SS – und wäre dann so was wie dein Spitzel.« Köhler guckte ihn entgeistert an. »Du hast sie nicht mehr alle! Das ist doch kein Spiel, Thomas, du willst in eine Grube hüpfen, die voll mit Klapperschlangen ist, und es gibt keine Leiter nach oben. Du bist irre. Oder besoffen. Oder beides. Vergiss es.« Köhler war zornig. Surmann sah sich um, die Kneipe leerte sich langsam. Die Nebentische waren mittlerweile unbesetzt. »Ich schlafe drüber und wenn ich morgen immer noch der Ansicht bin, dir so zu helfen, dann sage ich es dir. Und du denkst auch bitte darüber nach.«

Er fuhr wieder mit der Straßenbahn nach Wilhelmshöhe und lief die paar Schritte die Straße hoch. Im Zimmer von Henriette brannte Licht, wahrscheinlich wartete sie auf ihn. Es war erst 10 Uhr abends, er würde morgen fit sein. Auf dem Küchentisch stand ein weißer Porzellanteller mit zwei Schmalzbroten und zwei Gewürzgurken. Er nickte und lächelte. Genau das Richtige. Er nahm ein Glas und füllte es mit Leitungswasser. Er hatte fürs Erste genug Bier getrunken, das reichte eigentlich für den Rest der Woche. Das musste es auch für heute gewesen sein, um 11 Uhr hatte er das Gespräch mit dem leitenden Kulturredakteur der Zeitung. Er war gespannt, was ihn erwartete.

4

Der alte Mann im Augustinum rief nach Robin Englisch. »Entschuldigen Sie mich, ich, äh, ich kann das nicht mehr allein, wenn Sie verstehen.«

Als er von der Toilette zurückkam, blickte er aus seinen klaren Augen Anke Dankelmann prüfend an. »Langweile ich Sie?« Die schüttelte den Kopf. »Nein, im Gegenteil. Ich weiß zwar nicht, in welche Richtung diese Geschichte sich bewegt, aber ich finde es faszinierend, durch Ihre Erzählung in eine Epoche einzutauchen, die mir so fremd ist. Und die Stadt kennenzulernen – denn von der Stadt, von der Sie erzählen, ist ja praktisch nichts mehr übrig.« Surmann nickte. »Stimmt. Leider. Denn es war eine wunderschöne Stadt. Aber die Bomben ... Ich glaube, ich schaffe noch ein halbes Stündchen oder so. Sie werden es nicht bereuen.« Anke

Dankelmann sah Stengel an, der nickte – auch ihn faszinierte der Alte und diese Geschichte, die ihnen eine völlig neue Form ihrer Kripo-Arbeit bescherte: Sie mussten nur lange genug zuhören, dann würden sie belohnt werden. Möglicherweise.

5

Thomas Surmann war um 10.50 Uhr am nächsten Tag an der Pforte der Hessischen Volkswacht. Er hatte sich dezent geschäftsmäßig gekleidet, so, wie er sich an einen Schreibtisch in einer Redaktion setzen würde. Er war nervös, aber weniger wegen des bevorstehenden Bewerbungsgesprächs als wegen seiner ungebremsten Pläne, sich als Polizei-Spitzel zu betätigen. Er hatte eine unruhige Nacht hinter sich, immer wieder abgewogen, ob das Risiko, das er eingehen würde, tatsächlich zu rechtfertigen war. Und immer wieder hatte er festgestellt, dass ihn die Aussicht, in die Nazi-Organisation einzusteigen und Bestandteil dieses Systems zu werden, ein wenig mehr anzog als er sich zugestehen wollte. Die Vorstellung, mit Uniform und glänzenden Stiefeln machtbewusst durchs Leben zu schreiten, übte eine neue Faszination auf ihn aus. Der Pförtner im Verlagshaus telefonierte und kurz danach holte ihn eine griesgrämig dreinblickende Frau um die vierzig ab. Marga Schacht, die Sekretärin des Feuilleton-Redaktionsleiters Dr. Hilbert von Wack. Der war ein gemütlicher, kleiner, rundlicher Bursche mit Hornbrille, ausgebranntem Zigarrenstummel in der Linken, als er ihn begrüßte. »Das ist mein Trick, diese Zigarrenraucherei endlich aufzugeben«, sagte er und deutete auf den Stummel in der anderen Hand. »Kalt stinken die so sehr, dass man keine Lust aufs Rauchen hat. Immer wenn ich einen Anfall habe, rieche ich dran – und dann habe ich für zwei Stunden Ruhe. Kaffee? Cognac?« Surmann hob abwehrend die Hände. »Für mich gar nichts, Danke. Aber wenn Sie ... nur zu!« Er lächelte den Kulturjournalisten an, der goss sich verschämt einen Fingerbreit einer trüben Brühe ein. Surmann beglückwünschte sich zu seinem Entschluss, Nein gesagt zu haben. Das musste ein grausiger Fusel sein. »Habe Ihre Bewerbung und die Empfehlungen aus Wien gelesen. Passt. So einen brauchen wir, hab eigentlich niemanden unter den Freien, den ich für anspruchsvollere Konzerte einsetzen kann. Und schon gar keinen, der selbst auch noch ein Instrument spielt, und das zudem mehr als ausgezeichnet. Man muss da gar nicht lange drumrum reden – wir sollten mal einen Versuch starten. Zwei Dinge müssen wir aber noch klären: 1. das Honorar und 2. – äh, hier können Sie nur arbeiten, wenn Sie Parteigenosse sind, das wissen Sie sicherlich.« Surmann nickte, als Antwort klappte er das Revers seines Jacketts zurück, am Hemd sah man das Parteiabzeichen der NSDAP, er trug es heute zum ersten Mal. Ein rundes Blechabzeichen, schwarzes Hakenkreuz auf weißem Grund, von einem dunkelroten Kreis umrandet. Auf dem weißen Hemd fiel es deutlich auf. Er spürte eine gewisse Zufriedenheit – oder war es tatsächlich so etwas wie Stolz, dazu zu gehören? Gleichwie, von Wack lächelte. »Das wäre ja dann geklärt, Parteigenosse. Und beim Honorar kann ich Ihnen zunächst mal nur die üblichen Zeilengelder zahlen, viel ist es nicht, drei Pfennige für die Zeile. Reich werden können Sie hier nicht.« Er schnupperte an seinem Zigarrenstummel und nippte am Cognac. »Das ist schon in Ordnung«, entgegnete Surmann, aufs Geld kam es ihm nun gar nicht an, das musste er dem Mann aber ja nicht auf die Nase binden. Eine halbe Stunde später verließ er das Verlagsgebäude mit dem ersten Auftrag in der Tasche, am Sonntag gab es ein Sinfoniekonzert in der Stadthalle – ein Sonntagabendtermin, das war so der typische Auftrag für freie Mitarbeiter, welcher Redakteur schlug sich schon gern den Sonntag um die Ohren?

Er hatte die innere Unruhe während des gesamten Gesprächs nicht ablegen können, und nun, als er wieder ins Freie trat, wurde die Unruhe zur Aufregung. Morgens hatte er noch mit dem Wilhelmshöher Ortsgruppenleiter Artur Hattenbach, den er bei seinem Eintritt in die Partei kennengelernt hatte, telefoniert. Er hatte den Mann mit einer namhaften Parteispende geködert, die

Organisation brauchte ständig Geld, und in einer Stadt wie Kassel, in der die Arbeitslosenquote bei über 25 Prozent lag, gab es nicht so viele, die ihre Schatulle öffneten und mit dicken Beträgen winkten. Er hatte diese Idee spontan bekommen, hatte darauf gehofft, dass es ihm möglicherweise manche Tür öffnen würde, wenn er sich großzügig zeigte.

Hattenbach hatte funktioniert und sofort einen Termin beim Kreisleiter ausmachen wollen. Surmann war umso überraschter, als er, kurz bevor er sein Haus verlassen hatte, einen Anruf von der Gauleitung bekam. Gauleiter Karl Weinrich wünsche, ihn zu sprechen, hatte eine Dame mit Befehlston ausgerichtet, ob es ihm um 12 Uhr passe? So richtig einordnen konnte Surmann das Ganze noch nicht. War es die Höhe der angekündigten Spende? 50.000 Reichsmark hatte er avisiert, ein wahres Vermögen in diesen Zeiten – war das womöglich zu dick aufgetragen? Oder machte man das womöglich nicht, mit solch einer Summe zu winken, beinahe zu protzen?

Er hatte noch 40 Minuten Zeit, das Adolf-Hitler-Haus, in dem die Gauleitung residierte, war praktisch um die Ecke, Wilhelmshöher Allee 7. Es regnete leicht, also ging er zum Resi und bestellte sich einen Kaffee. Er las ein wenig in den Kasseler Zeitungen, aber er war eigentlich zu unkonzentriert, um die Inhalte wirklich zu registrieren. Er legte ein 50-Pfennigstück auf den Tisch – ein üppiges Trinkgeld inbegriffen, denn die Tasse Kaffee kostete gerade mal 36 Pfennig. Zwei Minuten vor 12 Uhr meldete er sich am Eingang der Gauleitung an. Männer in braunen Uniformen der SA unterhielten sich in einer Ecke, es herrschte eine zackige Grundstimmung. Er ging anschließend die Treppe hoch ins erste Geschoss, wo er am Ende des Korridors an eine nur leicht angelehnte Tür klopfte. Dem barschen »Herein!« leistete er Folge, als er eintrat, erhob sich ein durchtrainierter Mann um die 30 mit dick Pomade in den gescheitelten dunklen Haaren und grüßte ihn mit »Heil Hitler!« Er trug Zivilkleidung.

Richtig, daran musste er sich gewöhnen, er hätte beinahe »Grüß

Gott!« oder »Servus!« gesagt, die Aufregung, von der er hoffte, dass man sie ihm äußerlich nicht anmerkte, hätte ihn beinahe in alte Gewohnheiten zurückversetzt. »Heil Hitler!« sagte er leise zurück. »Mein Name ist Surmann, ich …« »Sie werden erwartet, Parteigenosse Surmann!« schnitt ihm der Kerl mit schnarrender Stimme das Wort ab. »Ich bin Hinrichs, der Sekretär des Gauleiters. Der Herr Gauleiter wird leicht verspätet eintreffen. Wichtige Besprechung mit der SA wegen heute Abend. Bitte nehmen Sie hier auf diesem Stuhl Platz.« Hinrichs, der offenbar keinen Vornamen hatte, deutete auf einen Holzstuhl gegenüber seines Schreibtischs. Die Ausdrucksweise des Mannes amüsierte ihn, er entspannte sich ein wenig, die Aufregung schien zu weichen. »Hier auf diesem Stuhl« hatte er gesagt. Fehlte noch, dass die Sitzhaltung vorgeschrieben war. Er schaute sich um im Büro. Spartanisch eingerichtet. Schreibtisch, Rollschrank, Garderobenständer, ein Hitler-Foto an der Wand. Ach ja, und natürlich dieser Stuhl hier. Vor ihm war eine geöffnete Tür, die den Blick frei gab in ein opulent eingerichtetes Büro, wohl das des Gauleiters. Hinrichs wendete sich wieder seiner Schreibmaschine zu, beachtete seinen Gast keine Sekunde länger und mühte sich im Zweifingersystem ab, irgend etwas zu tippen.

Wenige Minuten später hörte er draußen auf dem Korridor Schritte, die Tür schwang auf, Hinrichs schoss wie eine Feuerwerksrakete aus seinem Stuhl, knallte die Hacken seiner schwarzen Lederschuhe zusammen und rammte den rechten Arm schräg nach oben in die Luft. »Schon gut Hinrichs, Danke. Sie müssen Parteigenosse Surmann sein. Ich bin Karl Weinrich, der Gauleiter.« Sie schüttelten sich die Hände, und Weinrich schob ihn mit seinem linken Arm in Richtung seines Büros, die Tür stand ja offen. Sie setzten sich in zwei Sessel, in der Mitte ein kleines Rauchertischchen. Surmann nutzte die wenigen Augenblicke, die er hatte, um den Mann zu mustern. Weinrich war nicht groß gewachsen, er hatte ein bauernschlaues, rundliches Gesicht. Surmann hätte sich gern im Vorfeld kundig gemacht, hätte gern mehr über diesen so wichtigen Mann erfahren – doch dazu hatte ihm die Zeit gefehlt, und außerdem kannte er zu wenige Menschen in dieser Stadt.

»Sie können gern was zu trinken haben, wenn Sie wollen, junger Mann. Aber erst bin ich gespannt, was Sie mir zu erzählen haben – und was Sie von mir wollen. Hier schneit nicht gerade jeden Tag jemand herein, der mit Geld um sich werfen will und schon gar nicht so ein junger Mann. Das macht mich, um ehrlich zu sein, misstrauisch.« Surmann nickte und öffnete seine dünne, braune Aktentasche, die er mitgebracht hatte. »Ich habe mit keiner anderen Reaktion gerechnet, Herr Gauleiter, deshalb ...« »So, damit haben Sie gerechnet«, unterbrach ihn Weinrich mit unwirscher Stimme. »Vielleicht stellen Sie sich mal vor und dann raus mit Ihrem Begehren.« Surmann nickte erneut, bekämpfte seine Nervosität, die neu entfacht war, mit einem tiefen Durchatmen. Dann trug er Weinrich in knappen Worten seinen Werdegang, seinen politischen Wandel in den Wochen in Deutschland und ein wenig von seinem finanziellen Status vor. Weinrichs Züge schienen sich zu entspannen. Surmann legte ein paar Dokumente vor, seine Studienbescheinigung, sein Stammbuch, eine Abschrift des Testaments seines Onkels – letzteres sicherlich ein Zeichen besonderen Vertrauens. Weinrich schaute sich die Papiere an, Surmann hatte eine Pause gemacht. »Was machen Sie jetzt beruflich hier?« fragte Weinrich, nun bedeutend freundlicher. »Ich hatte heute morgen ein Vorstellungsgespräch bei der Volkswacht, ich würde gern Konzertkritiken schreiben.« »Und? Hat man Sie genommen? Oder soll ich nachhelfen? Ist es das, was Sie von mir wollen – aber dafür würden Sie ja wohl sicher nicht so viel Geld bieten, oder?« Der Gauleiter durchbohrte ihn mit seinem Blick. Surmann erschauerte, behielt aber die Fassung. Gern hätte er jetzt ein paar Jahrzehnte mehr Lebenserfahrung auf dem Buckel gehabt. »Nein, Herr Gauleiter, das hat auch so geklappt. Schauen Sie, ich weiß, dass das möglicherweise vermessen ist. Ich möchte gern etwas für die Bewegung tun, für die Partei und unsere Überzeugungen. Sie sehen ja anhand der Unterlagen, dass ich ziemlich schnell nach meiner Übersiedlung ins Reich der Partei beigetreten bin. Ich möchte dabei helfen, dass unser Kampf zum Sieg führt. In der Partei. Am liebsten allerdings in der SA. Ich will mir keinen Rang erkaufen, falls Sie das so verstehen. Ich fange gern unten an. Aber als Zeichen meiner Überzeugung und meiner Motivation möchte ich gern die NSDAP am Glück, das ich im Leben hatte, Anteil nehmen lassen. Deshalb diese Geldspende. Die die Partei natürlich auch bekommt, wenn ich nach diesem Gespräch nichts anderes bleibe als normaler Parteigenosse und als Journalist arbeite.« Weinrich betrachtete ihn ein paar Sekunden schweigend, dann stand er auf, verschränkte die Arme hinter dem Rücken und trat ans Fenster. Er schob die Gardine ein Stück zur Seite, schaute mindestens eine Minute hinaus, betrachtete danach einen Moment seine blank gewienerten Schuhspitzen, zog die Binde mit dem Hakenkreuz über seinem linken Arm ein Stück nach oben und drehte sich um.

»Was wollen Sie trinken?« fragte Weinrich unvermittelt. »Ein Wasser, danke.« Weinrich brüllte nach Hinrichs, bestellte zwei Wasser und setzte sich wieder. »Was halten Sie eigentlich von den Juden?« Surmann antwortete prompt und merkte, dass ihm die Aufgabe wohl gelegentlich mehr abverlangen könnte, als er sich vorgestellt hatte. »Hab ich noch nie leiden können. In der Schweiz gab es zum Glück nicht viele.« Die Antwort schien halbwegs zu passen, Weinrich hob zu einem Kurzreferat über die arische Rasse und das Judentum an, das am Niedergang des Deutschen Reiches die Alleinschuld trage, rühmte die Übergriffe der Nationalsozialisten in den vergangenen Monaten in Kassel als Auftakt zur Vernichtung der Juden im Gau Hessen-Nassau.

»Haben Sie eine judenfreie Vergangenheit, Surmann?« Surmann zuckte die Schultern ein wenig und ärgerte sich sofort darüber. »Soweit ich weiß, also, in den letzten drei, nein vier Generationen hatte ich wohl keine Juden unter meinen Vorfahren, mehr kann ich nicht überprüfen.« »Lassen Sie mal gut sein, das erledigen unsere Leute für Sie.« Weinrich hatte sich längst wieder erhoben und klopfte ihm im Vorbeigehen auf die rechte Schulter. »Ich finde, dass Sie sehr mutig sind. Aber so Leute kann ich natürlich gebrauchen. Unsere Organisation ist hier noch jung, wir brauchen immer wieder gute und junge Leute für Positionen in Verwaltung und anderen Bereichen. Das Rathaus haben wir erobert, aber diese Region ist tief verwurzelt in der Arbeiterbewegung. Das wird ein langer und harter Kampf. Aber ich bin gewillt, aus dem NS-Gau Hessen-Nassau den Vorzeige-Gau des Deutschen Reichs zu machen. Ich mache Ihnen einen Vorschlag: Sie lassen das mit dem Journalismus. Sie fangen hier an. Als Verbindungsmann der SA. Der, der das bisher machte, ist gerade ermordet worden. Hatte den Rang eines Sturmführers. Das ist dann auch Ihr Rang, ich rede mit Vogelsang, dem SA-Chef. Der hat noch keinen Nachfolger bestellt, aber die SA ist ohnehin ein ziemlich untalentierter Haufen, was den Intellekt betrifft. Sie verstehen, was ich meine? So einer wie Sie, der fehlt denen an allen Ecken und Enden. Jemand, der seinen Kopf nicht immer nur einzieht, wenn es laut wird, sondern denselben gebraucht.« Surmann nickte, eine Wortmeldung, dachte er sich, war jetzt unangemessen. Die Dinge liefen einfach zu gut. »Dieser Dippel, Ihr Vorgänger also, war ein kompletter Idiot. Keine Ahnung von politischer Taktik, ein wüster Schläger, das war kein Verbindungsmann zur SA, der Kerl war ein Spitzel. Nicht für Vogelsang, der steht treu zur Partei. Aber in der SA selbst gibt es jede Menge Kräfte, die ihren eigenen Laden für eine Art Staat im Staate halten. Die werden Ihnen in diesem Leben nie vertrauen. Das kann uns aber egal sein. Vogelsang rekrutiert gerade neue Führungskräfte. Er sieht, dass er mit den alten Haudegen, die glauben, das Reich könne erobert und dann gesteuert werden, indem man nur Kommunisten verprügelt, keinen Schritt mehr weiterkommt. Mit denen werden Sie sicher gut zusammenarbeiten können. Sie fangen morgen hier an und stellen sich heute noch Vogelsang vor.« »Danke, Herr Gauleiter, das ist ein großer Vertrauensbeweis. Ich bin überwältigt.« Weinrich winkte ab, Surmann reagierte prompt. »Natürlich nehme ich dieses Angebot an. Was ist zu tun? Wo kann ich mich bei Herrn Vogelsang vorstellen?«

Weinrich lächelte. »Der wird sich hier vorstellen, er ist nämlich schon da. Ich habe mich natürlich über Sie erkundigt. Und außerdem: Ihr verstorbener Herr Onkel hatte in der Partei einen untadeligen Ruf. Beste Verbindungen übrigens zu SA-Chef Röhm, ist mit ihm in den zwanziger Jahren in die Partei eingetreten, seine Mitgliedsnummer ist unwesentlich höher als Röhms. Aber das wissen Sie sicherlich alles.« Surmann hatte Mühe, seine Verwunderung zu verbergen. Mit seinem Onkel hatte er praktisch nie über Politik gesprochen, und dass der ein Alt-Nazi gewesen war – das hatte er ihm gezielt verschwiegen.

»Ich habe mit Ihren Onkel häufig über Sie gesprochen. Er hatte eine hohe Meinung von Ihnen, ein charakterlich einwandfreier Kerl, das hat er immer genau so gesagt. Da macht es mir natürlich große Freude, wenn ich einem so alten und verdienten Parteigenossen noch einen Gefallen tun kann. Postum sozusagen.« Surmann bemühte sich, ein halbwegs entspanntes Gesicht zu machen. Alles, was er jetzt nicht gebrauchen konnte, war, dass hier die Stimmung kippte. Aber Weinrich beachtete ihn überhaupt nicht. Er merkte, dass er dem Gauleiter schon einige Sekunden nicht mehr zugehört hatte und riss sich zusammen. »... und alles mit Vogelsang besprochen. Er weiß im Übrigen von der Spende, aber der Kreis der Eingeweihten ist damit auch geschlossen«, sagte Weinrich. »Er war sehr angetan – vorbehaltlich natürlich der persönlichen Vorstellung. Hinrichs!« Weinrich bellte den Namen hervor. Der Sekretär lugte zur Tür herein. »Vogelsang soll kommen!«, schnarrte Weinrich und setzte sich hinter seinen riesigen Schreibtisch, der blitzblank poliert war und auf dem ein kleiner weißer Block und ein goldener Füllfederhalter lagen. Sonst nichts – mit ausgiebiger Büroarbeit schien es der Gauleiter nicht so zu haben, dachte sich Surmann. Es klopfte, Weinrich sagte überraschend dezent »Herein« und ein Mann in SA-Uniform erschien, knallte die Hacken der schwarzen Stiefel zusammen und sagte: »Heil Hitler, Herr Gauleiter!« Weinrich blieb sitzen und winkte lässig, die Rollen waren hier klar verteilt. »Vogelsang, dass ist Herr Surmann. Wir sprachen ja über ihn. Er soll morgen hier anfangen als Nachfolger von Dippel. Kriegen Sie das hin? Ist ja auch egal, beschnuppern Sie sich erst einmal ein wenig und weihen Sie den jungen Mann wegen heute Abend ein.« Surmann hatte sich den SA-Chef angeschaut: ein drahtiger Mittvierziger, auf den ersten Blick nicht unsympathisch. Er wusste, dass von Vogelsangs Protektion in der SA eine Menge abhängen würde und war auf das bevorstehende Abtasten im Vier-Augen-Gespräch gespannt.

Sie verließen das Büro und gingen den Korridor hinunter in einen kleineren Raum ohne Vorzimmer. »Das ist Dippels Büro gewesen«, sagte Vogelsang, setzte sich hinter den Schreibtisch und öffnete die Schublade unter der Schreibplatte. Surmann musste stehen. »Jammerschade um den armen Dippel. Er hinterlässt eine Frau und zwei kleine Kinder. Die SA wird sich um sie kümmern, aber ob das reicht?« Er stellte die Frage in den Raum. »Leer. Alles schon ausgeräumt. Eben war der Mann noch im blühenden Leben, dann meuchelt ihn so ein Schwein von Kommunist, und einen Tag später ist der Schreibtisch ausgeräumt. Das Leben geht halt weiter, was, Surmann?« Vogelsang grinste, und Surmann war sich unschlüssig, was wohl jetzt die beste Antwort sei. Ein paar Verlegenheitssekunden verstrichen, Surmann war sich nicht klar, wie er den SA-Mann anreden sollte. »Wissen Sie«, begann er unverfänglich, »ich bin im Augenblick noch überwältigt von den Ereignissen des Vormittags. Ich hatte mir vorgestellt, dass ich wie alle anderen Kameraden ganz normal in der SA anfange und hatte meine in Aussicht gestellte Spende wirklich nur so gemeint, dass ich die Bewegung unterstützen will. Das hätte ich auch getan, wenn ich einfacher Parteigenosse geblieben wäre. Und jetzt ...« »Und jetzt?« fragte Vogelsang und sah ihn mit einem amüsiert-interessierten Gesichtsausdruck an. »Naja, kommt alles ein bisschen unverhofft. Jetzt soll ich sozusagen Nachfolger des Kameraden Dippel werden, das ist eine Auszeichnung, und ich freue mich darüber. Aber natürlich will ich auch nicht als der Seiteneinsteiger ewig schräg angesehen werden ...« »Quatsch«, unterbrach ihn

Vogelsang, »das regeln Weinrich und ich. Sie kommen von außerhalb und sind praktisch hierher abkommandiert worden. Das ist alles mit Papieren belegbar. Ihr Onkel hieß Otto mit Nachnamen, ist dann wahrscheinlich der Bruder Ihrer Mutter gewesen, oder?« Surmann nickte. »Das heißt dann ja auch, dass niemand, der es nicht weiß, eine Verbindung herstellen kann. Das macht es für Sie einfacher, keine Frage. Hier sind Ihre Unterlagen. Hier kennt Sie niemand, warum sollte man da überhaupt argwöhnisch werden, was?« Vogelsang griff in die Innentasche seiner Uniform und zog ein Kuvert heraus. »Unterschrieben vom SA-Führer persönlich, meinen Sie, da fragt jemand?« Surmann wurde beinahe schwindelig. »Ich verstehe nicht ganz ...« »Lieber Surmann, Sie haben ein Interesse, etwas aus sich zu machen. Das geht natürlich, hat aber seinen Preis, und es geht nur bis zu einem gewissen Dienstgrad. Von nun an müssen Sie sich bewähren. Sie segeln im Schlepptau von Weinrich und von mir, bis Sie in der SA heimisch geworden sind. Sie überweisen denselben Betrag, den Sie der Partei in Aussicht gestellt haben, zusätzlich an die SA, und alles ist geritzt. Wir haben Ihre Vermögensverhältnisse abgefragt, das ist für Sie eine Kleinigkeit. Und außerdem kriegen Sie ab morgen ja Gehalt. Was ist, nehmen Sie das Angebot an?« Welches Angebot?, fragte sich Surmann – die Frage ist, ob ich mich erpressen lasse. Er nahm allen Mut zusammen. »Ich will Ihnen etwas sagen«, antwortete er, »es geht mir nicht darum, mich hier einzukaufen. Klar könnte ich das. Mir geht es aber um mehr. Mir geht es darum, meinen Beitrag zu leisten, um das Deutsche Reich zu alter Stärke zu führen mit Adolf Hitler an der Spitze. Im Zweifel mache ich das als kleiner SA-Mann. Auf das Geld kommt es mir nicht an. Mir geht es um unsere Ideale, um unsere Ziele!« Die Worte verhallten im Raum, und er fragte sich, ob das wirklich er gewesen war, der das gerade von sich gegeben hatte. Dem Gefühl der Verwunderung folgte ein kleines Gefühl des Stolzes. Er konnte reden, und das, was er gesagt hatte, entsprach tatsächlich dem, was er im Grunde seines Herzens fühlte. Zumindest neuerdings. Vogelsang war aufgestanden, baute sich vor ihm auf und schaute ihm in die Augen, er war in etwa so groß wie der SA-Chef. Vogelsang nickte. »Gut gesprochen, Kamerad. Weinrich hatte offensichtlich die richtige Nase. Hier sind Ihre Papiere. Sie geben heute eine Uniform in Auftrag. Und heute Abend kommen sie mit uns beiden zur Aktion.« »Welche Aktion?« fragte Surmann »Ach richtig, das können Sie ja noch nicht wissen. Bücherverbrennung auf dem Friedrichsplatz. Kommunistische und jüdische Hetzliteratur wird verbrannt. Weg damit, wir setzen Zeichen, die Kameraden warten drauf, die Kasseler Bevölkerung wartet drauf – und wir werden diesen Gau zum Vorzeigegau machen. Und heute Abend ist der Nationalsozialistische Studentenbund federführend. Also, Sie sind dabei, oder?« Surmann nickte vehement. Obwohl ihm nicht ganz wohl war. Bücherverbrennung? Um Gottes Willen, er liebte Bücher doch. »Jawohl!« hörte er sich schmettern, Vogelsang klopfte ihm auf die Schulter und bedeutete ihm mitzukommen.

Die Sache mit der Spende an die SA war offenbar vom Tisch. Er würde sie von sich aus auch nicht mehr ansprechen. Im Keller des Gebäudes gab es eine Kantine, sie setzten sich in eine Ecke an einen kleinen freien Tisch, der Raum war ansonsten brechend voll, es war Mittagszeit. Sie holten sich, wie alle anderen, eine Erbsensuppe aus der Gulaschkanone, Vogelsang besorgte ohne Nachfrage zwei Flaschen Bier und kam an den Tisch zurück. Sie ließen den Bügelverschluss ploppen und prosteten sich zu. Die Essenszeit über informierte ihn Vogelsang über seine künftige Tätigkeit. In Wahrheit war er so etwas wie ein doppelter Assistent, jemand, der sowohl auf Parteiebene als auch bei der SA in Sitzungen dabei war und dann jeweils berichtete. Nicht besonders anspruchsvoll, aber immerhin. Vogelsang erzählte ihm bei der zweiten Flasche Bier ein wenig mehr über sich. Er war 42 Jahre alt, ausgebildeter Lehrer und im Ersten Weltkrieg in Flandern in Kriegsgefangenschaft geraten. Nach einer schweren Lungenentzündung war er 1919 heimgekehrt, jahrelang arbeitslos gewesen und dann in der SA angekommen. Er war ein belesener, intelligenter Mann, der so gar nicht zum Schlägerbild passte, das man normalerweise von den SA-Männern hatte.

»Wissen Sie, Surmann, Sie und ich, wir können bildungsmäßig ein bisschen auf Augenhöhe miteinander verkehren, oder?« Er schaute über den Teller mit Suppe den Novizen an. Der nickte, ohne jede Ahnung, was jetzt kommen könnte. »Die SA ist eine Massenorganisation, Heimat für unendlich viele Arbeiter, Arbeitslose, einfache und einfachste Menschen. Diese Organisation braucht allmählich eine Führungsstruktur, die unter Röhm und den alten, verdienten Kameraden den Laden am Laufen hält. Das sind dann Leute wie wir. Ich habe den Eindruck, dass wir beide da einen großen Beitrag leisten können. Was meinen Sie? Prost erst einmal!« Sie tranken einen kräftigen Schluck, Surmann merkte den Alkohol im Blut. »Sie haben sicher Recht. Aber für mich ist das heute alles noch ein bisschen viel.« Vogelsang nickte. »Sicher. Aber wir haben nicht viel Zeit. Vor einem Jahr noch waren wir Lichtjahre von der Macht entfernt. Seit dem 30. Januar ist der Führer Reichskanzler. Das Ermächtigungsgesetz ist durch den Reichstag durch – und nun müssen wir richtig auf die Tube drücken. Wir müssen Arbeitsplätze schaffen, wir müssen dem Volk das Vertrauen in den Führer zurückzahlen. Jede Menge Arbeit. Ganz zu schweigen von den anderen Dingen. Beispielsweise die Judenfrage.« Vogelsang nahm einen tiefen Schluck und schaute Surmann an. Der überlegte fieberhaft, was er sagen sollte. Und wie er es sagen sollte. In seinem Kopf wirbelten die Gedanken durcheinander. Vogelsang aber wartete gar keine Antwort ab, sah auf die Uhr und stand auf. »Bitte um Nachsicht, dringender Termin. Heil Hitler, Surmann, bis heute Abend!« Er knallte kurz die Hacken zusammen und ging mit stechendem Schritt aus der Kantine. Als Surmann aufstand und gehen wollte, wurde er von der Bedienung angehalten. Vogelsang hatte zwar fröhlich die Biere geholt, aber kein einziges bezahlt. Surmann schüttelte den Kopf und zählte das Kleingeld aus seiner Geldbörse ab. Hoffentlich sprach sich die Tatsache, dass er vermögend war, nicht noch weiter herum. Draußen waren Wolken aufgezogen, es hatte sich merklich abgekühlt. Ihm war irgendwie ein wenig schwindlig, vom Bier und von den Ereignissen. Er schlenderte zunächst ziellos umher und fand dann auf dem Adolf-Hitler-Platz vor der Murhardschen Landesbibliothek eine Bank. Auf der Wilhelmshöher Allee, die hier in die Obere Königsstraße abknickte, ratterte eine Straßenbahn stadtauswärts, in der Kurve quietschten die Räder, der Kassierer im hinteren Teil der Bahn hielt sich an den Haltegriffen über ihm fest. Er lehnte sich zurück und schaute in den Himmel.

Was wird hier mit mir?, fragte er sich. Gestern noch als unbescholtener, beinahe unpolitischer Bürger in Kassel unterwegs, seit heute mittendrin im Machtgefüge der SA. Ab morgen würde er in Uniform herumlaufen, und er freute sich auch noch drauf. Uniform war für ihn Synonym für Kraft, Macht, Ordnung, Zielstrebigkeit, Gehorsam. Er konnte mitmischen in dieser Bewegung und das verursachte ein Gefühl, das eine Mischung aus Aufregung, Freude, Begeisterung und Erfüllung darstellte. Er hatte in den vergangenen Jahren unendlich viele Diskussionszirkel erlebt, in denen rhetorisch gewandte und politisch bewanderte Menschen endlos lange Reden mit klugen Thesen gehalten hatten. Bewegt hatten sie nichts. Und nun, in Deutschland zurück, merkte er, dass die Dynamik, die Kraft der Bewegung ihn infiziert hatte. Und das gefiel ihm.

Surmann schaute auf die Uhr. 16.12 Uhr, allerhöchste Zeit, sich bei Guntram Köhler zu melden. Ein merkwürdiges Gefühl beschlich ihn. Eigentlich hatte er das Ganze ja nur angezettelt, um bei der Aufklärung der Bluttaten zu helfen. Das wollte er immer noch – doch das Risiko, das er einging, gerade jetzt unter den neuen Vorzeichen seines Einstiegs bei der SA, schien ungleich größer zu sein, als er es sich gestern noch ausgemalt hatte. Er ging die Obere Königsstraße entlang und bog ins Residenzcafé ein. Dort hatten sie einen öffentlichen Fernsprecher, der zum Glück nicht belegt war. Er schloss die Tür der kleinen Telefonzelle und wählte Köhlers Nummer. »Wie ist es gelaufen?« wollte der Kommissar wissen, nachdem er kurz den Hörer beiseite gelegt und seine Bürotür geschlossen hatte. Surmann berichtete in knappen Worten. Als er geendet hatte, schwieg Köhler am anderen Ende. »Was ist?« Surmann runzelte die Stirn in seinem kleinen Telefon-Kabuff. »Ich bin etwas nachdenklich«, sagte Köhler mit leiser Stimme. »Ich, wie soll ich das sagen, ich habe Angst, dass du zu weit gehst. Ich meine, du erkaufst dir einen Platz auf der Leiter und musst gleichzeitig einen Teil deiner Seele verkaufen. Das ist paradox, pervers, ich weiß nicht, wie ich das bezeichnen soll – und ich weiß auch nicht, ob du das durchhältst und ob es nicht zu viel von dir verlangt ist.« »Soll ich dir was sagen, Guntram? Ich finde langsam Gefallen an dieser Rolle.« Er wartete eine Antwort gar nicht ab und erzählte Köhler von der Parteivergangenheit seines Onkels. »Und du hast nichts davon gewusst?« Köhler wirkte perplex. »Genau das«, antwortete Surmann. »Ich habe zuhause noch jede Menge persönlicher Unterlagen von Onkel Kurt. Die habe ich in Kisten gepackt und erst einmal beiseitegestellt. Scheint höchste Zeit zu sein, mir das mal anzuschauen. Mache ich nachher.«

Zum Schluss des Gesprächs wollte er noch wissen, wo man in Kassel Uniformen in Auftrag geben konnte. »Da gibt es einen Laden in der Entengasse, Ecke Graben, Mauz oder so ähnlich. Die verdienen sich mit der neuen Uniformitis dumm und dusselig. Sind natürlich stramme Parteigenossen.« »Danke. Ach, weißt du eigentlich von der Aktion heute Abend?« »Welche Aktion?« »Bücherverbrennung auf dem Friedrichsplatz.« »Wie bitte? Was soll denn das nun wieder? Haben die keinen Respekt mehr vor irgendwas? Und du weißt schon Bescheid? Dann bist du ja mittendrin, herzlichen Glückwunsch.« Surmann überhörte den zynischen Unterton, sie verabredeten sich für den nächsten Abend, möglicherweise war Biergartenwetter.

Draußen regnete es einen kurzen warmen Frühlingsregen, Surmann wartete das Ende ab und machte sich auf den Weg zur Uniform-Schneiderei. Er musste sich ausweisen, bevor ihm die Maße genommen wurden. SA-Uniformen schienen heiß begehrt. Er ging zur Straßenbahn am Königsplatz und stieg in die Linie 1 nach Wilhelmshöhe. Die Bahn verließ die eng bebaute Innenstadt und fuhr die Wilhelmshöher Allee entlang. Hinter den Häusern im Stadtteil Wehlheiden sah man freies Feld, ein Großteil der über 170.000 Einwohner der Stadt lebte in der Innenstadt, in der Unterneustadt und im Norden um die Henschel-Fabrik herum. Eng zusammengepfercht. Eigentlich wurde es Zeit, dass neue Baugebiete für neue Wohnungen erschlossen wurden. Aber, so hatte er gelesen, das war ja ohnehin das Programm der neuen Regierung. Als er zu Hause ankam, klingelte das Telefon. Er hörte, wie Henriette den Hörer abnahm. »Ich glaube, er ist gerade nach Hause gekommen«, sagte sie, legte den Hörer beiseite und lugte um die Tür. »Für Sie!« flüsterte sie. Surmann nahm den Hörer und meldete sich. »Ich bin's, Guntram. Wir haben schon wieder einen Toten. Wurde in einem Gebüsch am Hafen gefunden. Lag da wohl schon seit einigen Stunden. Drei Stiche in die Herzgegend.« »Wer ist es? Wieder einer von uns?«Köhler machte eine kurze Pause. »Von Euch? Du meinst von der SA? Weiß ich noch nicht. Keine Papiere, keine Hinweise auf eine Identität, keine Vermisstenanzeige. Aber außer der Polizei, dem Täter oder den Tätern weiß ja niemand etwas von der Art der Tötung. Ach so. Du weißt es natürlich auch.« Surmann lachte. »Brauchst du ein Alibi?« »Ne, schon gut. Dein Alibi von vorgestern reicht mir völlig aus.« Surmann räusperte sich verlegen. »Ich wollte es dir nur sagen. Vielleicht hast du ja irgendwann und irgendwie Zugang zu irgendwelchen Unterlagen oder Informationen aus Gesprächen, die mehr über Dippel und mögliche Verbindungen zu den anderen Morden enthalten.« »Ich kümmere mich. Macht ihr heute Abend was bei der Aktion?« »Nein. Natürlich nicht. Oder besser gesagt: Klar machen wir was. Wir schauen zu, und wenn den Nazis jemand ins Handwerk pfuschen will, dann werden wir auch eingreifen.«

Surmann setzte sich später ans Klavier und klimperte ein wenig ziellos drauf herum. Es fiel ihm schwer, seine Gedanken zu ordnen. Das wiederum schien eine Dauererscheinung des Tages zu sein. Er gab sich einen Ruck und ging hoch in das Mansardenzimmer, in dem er die persönlichen Dinge seines Onkels gelagert hatte. Er wurde schnell fündig. Onkel Kurt hatte seine gesamten Partei-unterlagen in einer mit filigranen Intarsien versehenen Holzkiste gebündelt. Der Parteiausweis trug die Mitgliedsnummer 644, er hatte ein besonderes Parteiabzeichen, gold umrandet. Zahlreiche Spendenquittungen belegten, dass Kurt Otto der NSDAP in den vergangenen knapp zehn Jahren jährlich im Dezember einen fünf-stelligen Betrag überwiesen hatte. Ist also Familientradition, dachte Surmann amüsiert. Er fand einen Bündel Briefe, allesamt von Ernst Röhm persönlich geschrieben, er würde sie später ein-mal lesen. Der letzte stammte vom Dezember, Weihnachtsgrüße, die Röhm seinem lieben Freund Kurt geschickt hatte. Surmann war bei der Beerdigung nicht dabei gewesen, er hatte erst danach vom Tod des Onkels erfahren, der Testamentsvollstrecker war ein Notar aus der Innenstadt gewesen, ein Rechtsanwalt namens Dr. Fritz Heuser, sein Büro war direkt über dem Residenzcafé, er würde ihn dringend fragen müssen, ob Röhm möglicherweise bei der Trauerfeier anwesend gewesen war. Ganz unten in der Holz-kiste lag ein Buch, Surmann kramte es hervor. Es war »Mein Kampf« von Adolf Hitler. Surmann klappte es auf und staunte: eine persönliche Widmung des Führers, »Für den Parteigenossen Kurt Otto mit Dank für treue Unterstützung«, stand da, dann die Un-terschrift von Adolf Hitler, das Datum war der 31. Januar 1927. Surmann lehnte sich zurück, er war perplex. Und ein kleines biss-chen stolz zugleich.

6

Der alte Mann im Augustinum wurde zusehends müde. Er rief nach Robin Englisch, flüsterte ihm etwas ins Ohr und sah die bei-den Polizisten an. »Sind Sie müde?« fragte Anke Dankelmann, um die Pause zu überbrücken. Surmann nickte. »Aber ich werde Ih-nen noch von diesem Abend erzählen. Wissen Sie, es ist wichtig für mich, dass Sie die Hintergründe zu den Ereignissen, die mich mein Leben lang verfolgt und irgendwie auch gequält haben, erfahren. Ich könnte Ihnen auch sagen: Das und jenes ist passiert – aber dann müsste ich Ihnen die Hintergründe danach erzählen –, unterm Strich kostete Sie das eine genauso viel Zeit wie das andere.« Anke Dankelmann grinste. So, wie es jetzt lief, war es auch spannender, und sie hatte das sichere Gefühl, hier keine Zeit zu verschwenden. Englisch kam zurück und hatte ein Buch in der Hand. »Das ist das Buch, das ich gefunden habe. Schauen Sie mal rein, damit Sie mir glauben.« Stengel saß näher, nahm das Buch, betrachtete es kurz und schlug den Einband um. Der Kommissar pfiff leise durch die Zähne, ein Geräusch, das Anke Dankelmann hasste. Als sie das Buch in den Händen hielt und die Widmung las, sagte sie: »Das ist sicherlich eine Rarität, oder?«

Surmann nickte. »Klar. Originalexemplare mit der Widmung Hitlers gibt es sicher ein paar, aber ein paar tausend Euro würde man bei jeder Auktion erzielen. Darauf kommt es mir aber nicht an.« Robin Englisch brachte das Buch wieder weg. Surmann schaute erneut aus dem Fenster und erzählte weiter.

7

Es war gegen 21 Uhr, als Surmann nach einem kleinen Abendessen wieder mit der Straßenbahn in die Stadt fuhr. Am Friedrichsplatz stieg er aus und sah bereits die Menschenansammlung. Noch brannten keine Bücher, aber aus allen Himmelsrichtungen kamen junge Menschen, zum Teil in SA-Uniform, die ganze Stapel von Büchern schleppten und zur Mitte des Platzes strebten. Surmann schaute kurz am Eingang des Hauses vorbei, in dem der Notar sein Büro hatte und notierte sich die Telefonnummer, dann brauchte er morgen nicht extra im Telefonbuch nachzuschauen. Danach reihte er sich in die Reihen der Schaulustigen ein und betrachtete das Treiben auf dem Platz. Ein großer Stapel Bücher lag mittlerweile da, ein Mann in SA-Uniform schüttete wenig später aus einem Kanister ein wenig Benzin darüber. Ein junger Bursche, offensichtlich der Anführer der Studenten, hielt eine kurze Rede und verteufelte die Schriften kommunistischer und jüdischer Autoren, die Menge applaudierte, der Uniformierte zündete eine Fackel an und warf sie auf den Bücherhaufen, der sofort lichterloh in Flammen aufging. Die Menge johlte, eine Gruppe von SA-Mitgliedern formierte sich danach und marschierte ab in Richtung Altmarkt, wo das Haus der Kommunisten war, da würde es irgendwo sicher noch richtig krachen in dieser Nacht.

Köhler konnte er nirgendwo entdecken, vielleicht hatte er einfach keinen Dienst, und außerdem war dies eine Demonstration und kein Gewaltverbrechen. Und die waren Köhlers eigentliches Metier. Er schaute sich nach den Passanten um. Manche huschten einfach vorbei, diejenigen, die diese Bücherverbrennung nicht gut fanden oder denen es peinlich war – aber keiner muckte auf. Andere blieben kurz stehen, manche applaudierten, andere grinsten nur. Er hatte das Gefühl, dass diese Bewegung, der er ja jetzt angehörte, auf dem besten Weg war, das Land und vor allem die Menschen im Sturm zu erobern. Er fühlte sich gut.

Jemand tippte ihm auf die Schulter, Surmann drehte sich um und erkannte Vogelsang. »Lust auf ein Bierchen?« fragte der SA-Chef. Surmann dachte kurz nach, eine Absage konnte er sich im Augenblick noch nicht leisten. »Ich muss mich revanchieren, heute Nachmittag haben Sie ja bezahlt. Ich habe in der Eile nicht daran gedacht, entschuldigen Sie, ist eigentlich nicht meine Art. Heute Abend bin ich dran mit dem Bezahlen. Einverstanden?« Vogelsang schlug die Kneipe Lohmann im Königstor vor – auch die hatte Surmann in den Wochen, seit er hier war, noch nicht besucht. Als sie den Biergarten betraten, war kein Platz mehr frei. Zwei junge Männer, die an einem kleinen Tisch hockten, sprangen aber auf, als sie Vogelsang in seiner Uniform sahen, machten den Hitlergruß und riefen »Heil Hitler!«. Der größere der beiden   bot ihnen die Plätze an, der kleinere musterte Surmann kritisch. Vogelsang dankte, und wenige Minuten später hatten sie ihr Bier vor sich stehen, zwei Halbliterhumpen, prosteten sich zu und tranken. Ein bisschen zu warm, dachte Surmann, sagte aber nichts. Vogelsang hatte sich noch ein Schmalzbrot mit Essiggurke bestellt und aß mit großem Hunger. »Ich nehme mal an, mir geht es bei solchen Aktionen wie Ihnen. Ich finde, dass man Bücher eigentlich nicht verbrennen sollte. Aber solche Aktionen sind in zweierlei Hinsicht wichtig und notwendig. Erstens sind sie bei vielen Bürgern beliebt – und zweitens können sich unsere SA-Männer so mal richtig austoben. Oder?« Surmann nickte. Vogelsang kaute einen Moment und fuhr fort. »Diese Stadt ist im ganzen Reich führend, was solche Aktivitäten betrifft. Zumindest in dem Punkt kann Weinrich zu Recht behaupten, dass er einem Vorzeige-Gau vorsteht.« Surmanns Gedanken schweiften wieder einmal ab, die Bücherverbrennung hatte ihn eigentlich nicht sonderlich interessiert, obwohl er grundsätzlich Vogelsangs Auffassung teilte. Aber: ihn hatte beeindruckt, welche Faszination die Aktion auf die teilnehmenden und zuschauenden Menschen ausgeübt hatte. Wo kam dieser Funke her, der in den vergangenen Jahren den Nationalsozialismus zu einer Art Ersatzreligion für immer größere Teile der Bevölkerung gemacht hatte? Solche Aktionen waren Machtdemonstrationen – war es das, wonach sich die Menschen sehnten? Eine machtvolle politische Instanz, die zupackte, wo es wichtig zu sein schien – dazu zählte natürlich auch, mit dem politischen Gegner nicht endlose Debatten zu führen, sondern ihn einfach, wirkungsvoll und sichtbar zu vernichten. Er hatte zunehmende Hochachtung vor diesem System und spürte den innigen Wunsch, mitzumarschieren. Was sollte er Konzertkritiken schreiben, wenn er auf der anderen Seite die Chance hatte, beim ganz großen Konzert mitzuspielen oder es möglicherweise irgendwann einmal zu dirigieren? Vogelsang hatte zu einem bräsigen Monolog ausgeholt, und Surmann schaffte es, soweit hinzuhören, dass er jederzeit, wenn es nötig war, einsteigen konnte – und gleichzeitig auch wegzuhören, um seinen eigene Gedanken zu folgen.

8

Der alte Mann gähnte und hob die Hände. »Wissen Sie, ich glaube, für heute reicht es mir. Der Abend, von dem ich erzählte, war eher unspektakulär, aber für mich war er richtungsweisend, weil ich in diesem Biergarten bei Lohmann zum Nazi geworden bin. Nicht wegen der Ideologie, sondern wegen der Macht, der Kraft, der Dynamik und irgendwie auch, weil ich dachte, das, wofür sich mein Onkel eingesetzt hatte, konnte so falsch nicht sein. Wollen Sie morgen wiederkommen, zur selben Zeit?« Die beiden Kommissare schauten sich an und nickten. »Ich bin froh, dass ich Sie angerufen habe«, sagte der alte Mann. »Sie können zuhören. Das kann nicht jeder von sich behaupten. Ich kann es bis heute nicht.«

Anke Dankelmann und Bernd Stengel fuhren schweigend zurück ins Büro. Es war spät geworden, kurz nach 13 Uhr. Sie beschlossen, einen kleinen Happen zu essen, und holten sich jeder ein Brötchen in der Kantine. Sie hatten Glück, die Brötchen waren frisch zubereitet und ließen weder Wurst- noch Käseenden herunterhängen.

Erst danach sprachen sie im Büro über dieses Treffen. »Hast du auch nur eine leise Ahnung, was da noch auf uns zukommen könnte?« fragte Stengel. Anke Dankelmann schüttelte den Kopf, kaute den letzten Bissen vom Käsebrötchen zuende und sagte: »Ne, aber irgendwie glaube ich, dass da was ungeheuer Schweres dranhängt. Aber vielleicht hoffe ich das auch nur, damit wir unsere Zeit nicht verschwenden. Weißt du, was ich gleich mache? Ich gehe in unser Archiv und schaue mal, was wir an Polizeiakten aus der Zeit noch haben. Vielleicht haben wir ja auch was zu Personen – nach Weinrich muss ich sicher nicht schauen, da gibt es genug Material, und Überraschendes werden wir sicher nicht herausbekommen. Aber Vogelsang? Und dieser Köhler – wenn das so ein ausgewiesener Nazi-Gegner war, dann wird der doch irgendwann Ärger mit seinem eigenen Laden bekommen haben. Naja, ich tauche mal ab.« Sie liebte solche Archivgänge. Man tauchte tatsächlich ein in die Vergangenheit – und verschwendete meistens irrsinnig viel Zeit, weil man sich an völlig nebensächlichen Dingen festlas. Man staunte über Formulierungen, Ermittlungsmethoden und wunderte sich, wie ein Polizeiapparat ohne all die technischen Hilfsmittel der Neuzeit überhaupt erfolgreich gewesen sein konnte. In diesem Fall war die Recherche wenig ergiebig. Das lag vor allem daran, dass ihr schon auf dem Weg klarwurde, dass sie etwas ganz Wesentliches außer Acht gelassen hatte: Fälle aus dieser Zeit, erinnerte sie sich dunkel, waren gar nicht mehr in den jeweiligen lokalen Archiven zu finden. Das Staatsarchiv in Marburg verfügte über die Unterlagen, möglicherweise würde sie die knapp 100 Kilometer in die Universitätsstadt an der Lahn fahren und sich dort mal an die staubige Arbeit machen müssen. Und tatsächlich fand sie nichts, aber auch gar nichts, das in irgendeiner Verbindung zu den Erzählungen Surmanns stand. Sie zweifelte dennoch den Wahrheitsgehalt des Gehörten nicht an – ihr Bauchgefühl sagte ihr, dass sie es nicht mit einem Märchenerzähler, sondern mit einem alten Mann zu tun hatten, der jahrzehntelang eine Last mit sich herumgeschleppt hatte und nun endlich reinen Tisch machen wollte.

Als sie wieder im Büro eintraf, war Stengel schon gegangen. Sie informierte Richard Plassek via E-Mail über das Gespräch und fragte gleichzeitig wegen der Fahrt nach Marburg an. Sie schaute auf die Uhr: Für ein vorab klärendes Telefonat mit dem Staatsarchiv war es viel zu spät. Auch befand sie dann, dass es genug sei für diesen Tag und fuhr in ihrem roten Golf durch die Stadt nach Hause. Es war noch hell, und sie lenkte den Wagen vom Polizeipräsidium in Richtung Wilhelmshöher Allee. Dort, wo die Straße Richtung Innenstadt abknickte, hatte vor über 70 Jahren Surmann gesessen. Der Adolf-Hitler-Platz hieß heute Brüder-Grimm-Platz, überhaupt hatten die Stadtväter einen Großteil der Straßennamen nach dem Krieg geändert – auch solche, die völlig unverdächtig waren. Nun dominierten in Kassel Straßen und Plätze, die nach Menschen benannt worden waren – allerdings in erster Linie Menschen, die mal Sozialdemokraten gewesen waren. Auf der Marbachshöhe, wo zwei riesige Kasernengelände mittlerweile zu einem schmucken Wohn- und Gewerbeviertel umgebaut worden waren, gab es einen Teil, in dem Straßen nur nach SPD-Politikerinnen benannt worden waren. Die Kriterien der Auswahl blieben im Dunkeln – Hauptsache Frau, Hauptsache SPD. Das reichte. Wahrscheinlich, dachte sie, musste man als CDU-Politiker mindestens Oberbürgermeister werden, 16 Amtsperioden absolvieren und vom Papst heilig gesprochen werden, bevor in einem stillgelegten Bürgerhaus ein Kellerraum nach einem benannt wurde. Sie hatte überhaupt nichts gegen die Sozialdemokratie – ihr Vater hatte als ehemaliger Bergarbeiter nie etwas anderes im Leben gewählt als die westdeutsche Arbeiterpartei. Aber dass nach dem Krieg offensichtlich in Kassel nur noch Sozis zu Ehren kommen konnten, das wollte in ihren Kopf nicht hinein. Dabei war es ja erstaunlich: Kassel war ja tatsächlich Hauptstadt eines Vorzeige-Gaus der Nazis gewesen. Spätestens bei der Reichspogromnacht 1938 hatte man in Nordhessen bewiesen, wie fortschrittlich man sein konnte: Allerorten waren Synagogen am 9. November zerstört worden – in Kassel hatte man das schon am 7. November erledigt. So richtig hatte sie es nie verstanden, wie aus einer Hochburg der Nazis nach dem Krieg das rote Zentrum Hessens hatte werden können. Politik und Lebensnähe – das passte zusammen wie ein Palmenstrand zum Mars, dachte sie. Möglicherweise hatte der Sinneswandel der Wähler in Kassel aber auch etwas damit zu tun, dass man nach einer Diktatur einfach weiter stabile Verhältnisse in Form von klaren Mehrheiten wollte. Wäre mal ein Forschungsauftrag für die Uni wert, dachte sich die Kommissarin.

Auf der Fahrt die Wilhelmshöher Allee entlang versuchte sie wieder einmal sich vorzustellen, wie diese Stadt damals ausgesehen hatte. Das war beinahe unmöglich, denn die Stadtoberen hatten sich direkt nach dem Krieg daran gemacht, auch die letzten Überreste des alten Kassel stadtplanerisch komplett zu zerstören. Zum Teil auf Basis der Vorlagen der alten Nazi-Planer, die für das enge, verwinkelte Kassel ein Sanierungskonzept in der Schublade hatten. Und das war in den Bombennächten nicht verlorengegangen. Die zweite Zerstörung Kassels war ihnen auch gelungen, selbst das alte wunderschöne Theater, das nur leicht zerstört war, hatte man abgerissen und durch einen Bau ersetzt, der einen immer wieder an den ehemaligen Palast der Republik in Ost-Berlin erinnerte. Komischerweise war das Theater noch nicht nach einem SPD-Politiker benannt worden, dachte die Kommissarin. Wäre eigentlich mal ein Thema für die Lokalzeitung, was für ein Versäumnis ...

Sie war abends mit Valentin Willimowski verabredet, er wollte für sie kochen. Das heißt: kochen war zuviel gesagt, er wollte einen Salat machen und ein bisschen Baguette aufwärmen. Sie würde ihm von diesem merkwürdigen Tag erzählen müssen, möglicherweise konnte er ihr helfen. Aber das kam auch auf seine Tagesform an. Der Staatsanwalt war nun schon lange wieder im Job tätig, hatte sich auch in therapeutische Betreuung begeben, um die Traumatisierung nach der schweren Verletzung, die ihm der Dieb des Hildebrandsliedes mit einem Knüppel zugefügt hatte, zu überwinden. Anfangs war das auch gut gelungen, doch während der langen, dunklen Wintermonate hatte Willimowski gelegentlich depressive Züge entwickelt. Er litt unter seinen Sprachstörungen, auch darunter, dass manchmal Körperfunktionen nicht so liefen, wie er das gern gehabt hätte.

Er war ein begeisterter Sportler gewesen vor der Verletzung, hatte regelmäßig Fußball gespielt, war häufig im Fitnesscenter – Fußball spielte er noch gelegentlich, die Muckibude ließ er sein. Sie konnte ihn manchmal zu einer kleinen Wanderung bewegen – aber eben nur manchmal. Und ihr Sexualleben war vor der Verletzung intensiver gewesen, auch weil er da nicht immer das hinbekam, was er gerne wollte. Bisher konnte sie damit umgehen, weil sie auf Besserung hoffte. Aber allein die Tatsache, dass sie unruhig war, weil sie nicht wusste, in welcher Verfassung sich ihr Lebensgefährte heute Abend präsentieren würde, stimmte sie nachdenklich. Die Beziehung war belastet, keine Frage. Aber sie fühlte sich noch stark genug, ihren Partner ein Stück durchs Leben zu führen. Oder auch zu tragen.

Anfangs war Willimowski absolut aufgeräumt, sie aßen Salat, tranken ein Glas Wein, berichteten sich von ihren aktuellen Fällen, und Anke Dankelmann hatte begeistert von diesen geheimnisvollen Erzählungen Surmanns berichtet. Willimowski bestätigte sie in ihrer Annahme, dass die ungeklärten Mordfälle aus der Zeit der dreißiger Jahre aufbewahrt würden, auch die Vermisstenfälle – sofern sie den Krieg überstanden hatten. Irgendwann am späteren Abend aber merkte sie die Veränderung, die ihren Lebensgefährten überfiel. Er wurde schweigsam, seine Mimik steinern. »Was ist mit dir, Valentin?«, sie blickte ihn fragend an, nahm sein Gesicht in ihre Hände und schaute in seine Augen. Er senkte den Kopf, schüttelte ihn leicht und entzog sich den Händen. »Ich weiß es nicht«, sagte er und stand auf, ging langsam zum Fenster. »Ich habe zunehmend das Gefühl, irgendwo eine immer schwerere Last tragen zu müssen. Merke, dass ich nicht mehr der Alte bin. Und fühle mich manchmal so überflüssig. Mein Therapeut sagt, ich müsse dringend mal eine stationäre Therapie machen. Das sei in Fällen von schwer traumatisierten Menschen wie mir durchaus normal. Aber ich will nicht weg. Will auch nicht weg von dir. Und wünsche mir manchmal doch, dass ich Glück habe und morgens nicht mehr aufwache.« Anke Dankelmanns Herz schlug beinahe panikartig schneller. »Aber warum versuchst du es nicht mit einer stationären Therapie? Möglicherweise ist das wirklich das Beste für dich. Glaubst du denn etwa, du würdest mich verlieren, nur weil du ein paar Wochen nicht bei mir bist?« Sie traute sich nicht aufzustehen und zu ihm zu gehen. Willimowski schwieg lange, schaute weiter stur aus dem Fenster in die dunkle Aprilnacht. Als er dann sprach, klang seine Stimme blechern, wie abwesend. »Ich weiß nicht, ich weiß gar nichts. Ich habe ja morgen um zehn wieder einen Termin. Der Therapeut will, dass ich morgen mit ihm darüber rede. Ich muss mich entscheiden und genau mit diesem Druck kann ich nicht umgehen. Mein Gott, vorher hätte ich das ja noch nicht einmal als

Druck empfunden. Da ich das weiß, merke ich auch, wie schwach ich geworden bin. Und dieser Verbrecher sitzt noch nicht einmal im Knast, lässt es sich in der Klapse gut gehen.« Dieser Verbrecher – das war Onno Popken, Mehrfachmörder, Dieb des Hildebrandsliedes, der ohne Gefängnisaufenthalt vom Gericht in die Psychiatrie geschickt worden war. Ohne jede Aussicht auf ein Leben danach. Willimowski empfand jedoch, wie viele Opfer von Gewaltverbrechen, die auf ein knüppelhartes Urteil gegen die Täter hofften, die Einweisung in die Psychiatrie nicht als angemessene Strafe für den Mann. »Soll ich heute Nacht hier bleiben?« fragte sie endlich mit leiser, unsicherer Stimme. Der Staatsanwalt schüttelte den Kopf. »Eigentlich gern, aber ich muss wegen morgen noch nachdenken und will dir den Abend nicht noch mehr versauen.« Die Kommissarin verdrehte die Augen. Jetzt kam also auch noch diese Selbstmitleidnummer. »Okay.« Sie schnappte ihre Tasche, drückte Willimowski einen Kuss auf die Wange, streichelte ihm über den Arm und sagte: »Dann sag mir wenigstens morgen Bescheid, wie es gelaufen ist.« Sie bekam keine Antwort, ging aus dem Zimmer, nahm ihre Jacke vom Haken, horchte noch einmal kurz in die Wohnung und ließ die Eingangstür laut ins Schloss schnappen. Als sie vor dem hässlichen Betonklotz in der Baunsbergstraße stand und über den Parkplatz ging, schoss ihr ein Gedanke durch den Kopf. Genau hier, genau auf diesem Parkplatz war das damals passiert. Popken hatte Willimowski überfallen, als der aus dem Auto stieg. Mit dem Knüppel zugeschlagen.

Vielleicht machte es Sinn, dass er sich einfach eine andere Wohnung in einer anderen Gegend dieser Stadt suchte. Hier musste er doch jeden Tag an das Verbrechen erinnert werden. Willimowski braucht Tapetenwechsel, beschloss sie und fuhr mit dem Gefühl, vielleicht so etwas wie einen Ausweg gefunden zu haben, nach Hause. Dennoch empfand sie ein beklemmendes, bedrohliches Gefühl, das sie schlecht einschlafen ließ.

Sie waren am nächsten Tag wieder pünktlich im Augustinum. Morgens hatte Anke Dankelmann noch mit dem Staatsarchiv telefoniert. Nein, die Akten waren noch nicht digitalisiert, konnten auch nicht versendet werden, hörte sie. Immerhin: Über einen Guntram Köhler lag etwas vor, auch über einen Siegfried Dippel. Den zweiten Namen hatte sie eher beiläufig ohne jeden Hintergrund erwähnt. Und wunderte sich ein wenig. Das Gespräch mit Surmann versprach spannend zu werden.

Diesmal empfing sie Surmann direkt, Robin Englisch hatte normalen Dienst, wie er ihnen sofort erklärte. Das Glas Sherry stand auf dem kleinen Rauchtischchen, neben das Surmann seinen elektrisch betriebenen Rollstuhl steuerte. Die Polizisten nahmen wieder ihre Plätze von gestern ein, Anke Dankelmann schaute den alten Herrn an und sagte: »Wie wollen wir vorgehen, wollen sie einfach der Reihe nach weitererzählen?« Surmann lächelte. »Wäre wohl das einfachste. Aber sagen Sie mir erst einmal, was Sie unternommen haben? Interessiert mich. Haben Sie überprüft, ob es mich oder Guntram Köhler überhaupt gegeben hat?« Anke Dankelmann lächelte zurück. »Naja, Sie müssen wir ja nicht überprüfen – Sie gibt es ja, wie wir sehen. Aber Sie haben Recht, natürlich könnten wir versuchen, auch Ihren Lebenslauf zurückzuverfolgen. Das machen wir sicherlich auch noch. Aber zunächst einmal haben wir tatsächlich versucht, etwas über Guntram Köhler herauszufinden. Es gibt eine Akte im Staatsarchiv in Marburg, wir werden wohl bald hinfahren und Einsicht nehmen.« Dass es eine Akte Dippel gab, verschwieg sie. Stengel schaute sie kritisch an. Er hatte offensichtlich weniger Vertrauen zu Surmann und hätte ihm wohl weniger erzählt. »Nun gut«, sagte der Alte, nippte an seinem Sherry und schaute die beiden nacheinander an: »Wir werden heute der Sache näherkommen. Gestatten Sie mir eine Bemerkung: Ich war gestern nach den langen Erzählungen ganz schön erschlagen, vielleicht können wir es heute Vormittag kürzer machen und Sie kommen am späten Nachmittag noch einmal vorbei?« »Schaun wir mal«, sagte Stengel – und Anke Dankelmann hasste diesen Spruch. Sag doch, was du denkst, dachte sie. Aber Stengel, mit dem sie seit so vielen Jahre zusammenarbeitete, war halt anders. »Ich habe am nächsten Tag meine Uniform abgeholt, die hatten die in Nachtschicht hergestellt, gegen einen kleinen Aufpreis, versteht sich«, begann Surmann. Und wieder veränderte sich sein Blick, wieder schien er innerlich abzutauchen in jene Zeit, als erlebe er alles zum zweiten Mal.

9

Thomas Heinrich Surmann wurde um 10 Uhr morgens den Mitarbeitern vorgestellt. Er hatte sich erst extrem unwohl in dieser ungemütlichen Uniform gefühlt, doch als er mit lautem Schritt und seinen neuen Stiefeln die Obere Königsstraße hoch in Richtung Rathaus gelaufen war und die knallharten Absätze bei jedem Schritt einen lauten Ton erzeugten, da fühlte er sich stark, bedeutsam. Dieses Bonvivant-Gefühl, ziellos in den Tag leben zu können, das ihm früher so behagt hatte, es war irgendwie abhandengekommen. Er fühlte sich von Minute zu Minute besser, stärker, selbstbewusster. Er hatte dann zunächst Vogelsang in seinem Büro aufgesucht, der hatte ihm bewundernd auf die Schulter geklopft. »Sie haben eine echte Uniform-Figur!« hatte er anerkennend gesagt. »Um 10 Uhr ist Lagebesprechung meines Stabes, beste Gelegenheit, Sie den anderen vorzustellen.« Er schaute auf die Uhr. »Kommen Sie!« Sie waren zu fünft. Neben Vogelsang und ihm noch Wilfried Erhardt, Volker Graf und Ralf-Ortwin Kessler. Die Männer musterten ihn, er hatte aber nicht das Gefühl, dass ihm so etwas wie Misstrauen entgegenschlug. Vogelsang setzte sich an einen runden Tisch, der Rest schnappte sich ebenfalls jeweils einen Holzstuhl. »Was liegt vor?« schnarrte Vogelsang. »Können wir offen reden?« fragte Kessler und schaute in Richtung Surmann. »Der Mann hat hier eine Arbeit. Den hat er, weil er ihn machen soll, Kessler. Und er muss von Anfang an funktionieren. Wenn Parteigenosse Weinrich und ich kein Vertrauen in ihn hätten, dann säße er nicht hier. Außerdem: Herr Surmann ist der Neffe des Parteigenossen Otto, Sie verstehen?« Die Mienen der drei anderen veränderten sich schlagartig. Surmann dachte nur: Ich muss dringend diesen Rechtsanwalt aufsuchen, irgend jemand muss mir was über meinen Onkel erzählen. »Also, Kessler, schießen Sie los?« Vogelsang trommelte ungeduldig mit zwei Fingern auf der Tischplatte.

»Ich hatte doch gestern von der Leiche am Hafen berichtet. Wir hatten ja den Verdacht, dass es sich um den SA-Sturmmann Heinrich Grabert handeln könne. Hat sich bestätigt. Bei ihm zuhause wurde im Übrigen ein Messer gefunden, das seine Fingerabdrücke trägt. Der Klinge nach zu urteilen, sagt die Polizei, kann es das Messer gewesen sein, mit dem die anderen drei erstochen worden sind. Damit wären die drei Fälle womöglich gelöst – bei Grabert wurde auch eine Geldbörse gefunden, die Dippel gehört hat. Nimmt alles Konturen an.« Surmann war aufgeregt. »Das erklärt aber noch nicht, wie Grabert ums Leben gekommen ist«, sagte Vogelsang. »Er hat Kopfwunden. Kann sein, dass ihm jemand den Scheitel gezogen hat, er könnte aber auch gestürzt sein«, sagte Kessler. »Naja, dann gehen wir mal davon aus, dass er mal wieder voll gewesen ist, den Heimweg nicht gefunden hat und im Hafen auf die Schnauze gefallen ist. Was ein Pech«, trötete Erhardt, die Runde lachte. »Verzeihung«, meldete sich Surmann zu Wort. »Wo wohnt denn Grabert?« Die anderen vier schauten sich an, Vogelsang zündete sich eine Zigarre an und sagte dann: »Am Lindenberg, in den Siedlungshäusern, weit ab vom Schuss. Muss sich ziemlich verlaufen haben. Wird auch ziemlich besoffen gewesen sein.« Wieder Heiterkeit. »Gottseidank haben wir diesen Mist jetzt vom Tisch«, meinte Kessler und Surmann blickte nicht mehr durch. Interessierte die denn kein Motiv? »Erklären Sie mir den Zusammenhang später?« fragte er mit ruhiger, fester Stimme in Richtung Vogelsang. »Die anderen Fälle kenne ich ja nicht, im Augenblick verstehe ich nur Bahnhof.« Wieder gemeinsames Lachen, die Runde war schnell und vor allem leicht zu erheitern. »Klar. Kann Kessler nachher machen. Sie müssen ja sattelfest in den Themen sein.« Der restliche Bericht betraf nur noch eine Prügelei nach der Bücherverbrennung, diesmal in der Nordstadt, einer

Hochburg der Kommunisten. Eine Schar studentischer Nazis war dort überfallartig in eine Kneipe gestürmt, die gerade schließen wollte und in der nur noch ein paar Gäste waren, hatten den Laden, der als Treffpunkt der Roten bekannt war, schnell demoliert und ein paar Männer gehörig verprügelt und waren wieder abgezogen. Vogelsang grinste. »Partisanenangriff. Gute Taktik. Weiter so.« Er nahm seinen Zigarrenstumpen und ging hinaus. Kessler bedeutete Surmann, mit ihm zu kommen. In der Altstadt selbst, wunderte sich Surmann, hatte es trotz des Marschs zum Kommunistenhaus am Altmarkt 1 offensichtlich keine Zwischenfälle gegeben. Vielleicht scheute man die offene Straßenschlacht, vielleicht fürchtete man, die Kommunisten seien rund um ihre Parteizentrale zahlenmäßig zu stark.

Surmann hatte von Anfang an dieses bestimmte Gefühl gehabt, dass Kessler ihn nicht mochte. Du musst offener sein für diese Menschen, sagte er sich. Gib ihnen die eine oder andere Chance. Kessler führte ihn in sein Büro, er ging hinter seinen Schreibtisch und deutete Surmann an, sich auf den wackeligen Bürostuhl auf der anderen Seite zu setzen. »Also jetzt mal im Schnelldurchgang, Sie sind ja sicherlich ein aufgeweckter Bursche, oder? Da kann ich ja mal auf die Tube drücken.« Kessler schaute ihn an. Der Mann hatte ein Frettchengesicht, die beiden oberen Eckzähne wuchsen ihm leicht schief aus dem Kiefer, mit einer solchen Visage hatte man es nicht leicht im Leben. Doch die SA war halt ein Auffangbecken für alle Chancenlosen im Land. Surmann sagte nichts und schaute mit festem Blick zurück. »Der erste Tote war ein Walter Wellmann. 24 Jahre, arbeitete bei Henschel, wohnte in einem Zimmer zur Miete. Die Familie stammt aus Röhrenfurth, hat da einen kleinen Bauernhof, den aber sein älterer Bruder erben wird. Wellmann musste sich also Arbeit suchen und Henschel stellte ihn als Hilfsarbeiter ein. Eine Nutte hat ihn nachts, als sie mit ihrem Freier in die Büsche ziehen wollte, am Weinberg gefunden. Drei Stiche in die Herzgegend. Keine Zeugen. Keine Spuren, keine Hinweise.« Kessler machte eine kurze erstaunte Pause, Surmann hatte einen kleinen Block aus der Brusttasche gezogen und machte sich mit einem Bleistift Notizen. »Was soll das? Wollen Sie eine eigene Akte anlegen?« Kessler wirkte verärgert. »Nein, durchaus nicht, aber wenn ich die Dinge mitschreibe, dann merke ich sie mir besser, war schon in der Schule so.« Kessler schüttelte leicht verwirrt den Kopf. »Wo wohnte er denn, und wann passierte das?«, hakte Surmann nach. »Er wohnte in einem Hinterhaus in der Müllergasse, bei einer Familie Müller. Passt ja auch, wie?« Kessler lachte kurz. »Passiert isses am 19. April. So, und der nächste Tote war dann ein gewisser Ludwig Damm, einfacher SA-Mann, den hamse genauso erstochen, drei Stiche in der Herzgegend, nach Meinung der Polizei mit dem gleichen Messer.« »Oder demselben«, sagte Surmann und schaute Kessler an. »Wo ist der Unterschied?« bellte der zurück und ging dem Gedanken nicht weiter nach. »Also, unterbrechen Sie mich jetzt mal nicht. Aufgefunden am 25. April, im Park Schönfeld, im Gebüsch neben einem Teich. Keine Zeugen, keine Spuren. Ungeklärter Mord also, mit einem Unterschied zum ersten: Der Kerl war halt ein SA-Mann und so einen massakriert man nicht so einfach. Wir gehen davon aus, dass es Kommunisten waren oder Juden. Racheaktion, Sie verstehen? Kurz davor hatten wir in einer Aktion ein paar jüdische Geschäfte besucht, ein paar Scheiben zerdeppert, sonst nichts. Nur ein bisschen Spaß verbreitet. Ach so, zurück zu Damm: Der war Gehilfe in einem Laden in der Altstadt, wohnte auch darüber.« »Hmm, finden Sie es nicht merkwürdig, dass die beiden so weit entfernt von ihrer Wohnung aufgefunden wurden? Hatte Damm denn Familie?« »Da steht hier nix von drin. Und was ist daran merkwürdig, in den Park Schönfeld zu gehen? Vielleicht haben ihn die Kommunisten ja auch hingeschleppt. So, weiter, ich habe nicht ewig Zeit. Der Dritte ist dann Siegfried Dippel, das haben Sie wohl mitbekommen. Wieder drei Stiche in der Herzgegend, aufgefunden im Stadt Stockholm da ist aber wohl sicher, das er nicht in der Kneipe ermordet worden ist. Zwei SA-Männer unter den Toten – ist ein bisschen viel. Da musste jetzt was passieren. Gut, dass es jetzt Grabert erwischt hat.

Denn der hat die anderen ja wohl auf dem Gewissen, wenn das Messer die Tatwaffe ist.«»Und das Motiv?« hakte Surmann nach. Kessler zuckte die Achseln. »Vielleicht ging es um Weiber, um Schulden, keine Ahnung.«»Aber irgendwer muss doch Grabert umgebracht haben, oder?«»Sieht ja so aus, als sei er hackevoll gestürzt. Dann hat der liebe Gott halt eingegriffen. Der ist mir zwar ansonsten ziemlich egal, aber in dem Fall hält er uns eine Menge Arbeit vom Hals.« Kessler grinste ihn an. Surmann nickte, er hatte verstanden. »Besten Dank für die Infos, jetzt weiß ich bestens Bescheid ...« Es war ironisch gemeint, doch dafür hatte Kessler weder Gespür noch Verstand.

Den Rest des Tages verbrachte er damit, sich in die internen Vorgänge einzulesen, die anstehenden Termine in seiner Terminkladde auf dem Schreibtisch einzutragen. Langsam lernte er weitere Mitarbeiter kennen, hier in der Parteizentrale herrschte irgendwie ein anderer Umgangston als in den Räumen der SA. Hing vielleicht damit zusammen, dass die SA-Zentrale im Marstall untergebracht war. Zwar ein wunderschönes altes Gebäude, doch halt mit, wie der Name andeutete, militärischer Vergangenheit. Und ein wenig kam man sich immer vor wie in einer Kaserne.

Beim Mittagessen mit Vogelsang sprachen sie nicht mehr über die Toten, aber am Nachmittag schweiften seine Gedanken immer wieder ab. Er beschloss, am Abend in Zivil der Witwe Siegfried Dippels einen Besuch abzustatten. Einen vernünftigen Grund dafür gab es nicht, ihn trieb eher um, dass die Frau jetzt mit zwei Kindern auf sich allein gestellt durchs Leben gehen musste. Von zuhause aus rief er Guntram Köhler an und erzählte kurz, wie die SA den Fall betrachtete. »Nicht nur die SA«, sagte der Polizist. »Auch die Partei wünscht, dass wir die Akten schließen. Ich habe keine Ahnung, was dahinter steckt. Unsere medizinische Untersuchung legt allerdings nahe, dass der gute Grabert eher nicht gestürzt ist. Oder er wäre auf ein dickes Eisenrohr gefallen, das ihn vermutlich eher mit menschlicher Hilfe niedergestreckt hat.« Köhler klang ein wenig deprimiert. »Das heißt: Ihr hört auf mit

den Ermittlungen. Dann braucht ihr ja auch keinen Spitzel, oder?«
Köhler lachte. »Das musst du wissen. Das Ganze stinkt von vorn
bis hinten. Ich weiß nicht, wer da was weiß oder wer welchen Fa-
den in der Hand hält. Aber sei vorsichtig.«

Sie hatten abgemacht, ihre Kontakte ein wenig zu reduzieren. Surmann fiel das gar nicht so schwer, der immer schwermütiger werdende Köhler war nicht immer ein amüsanter Zeitvertreib. Aber
dieser Fall ließ ihn nicht los, und er würde ihn womöglich noch
brauchen.

Gegen 19 Uhr setzte er sich in die Straßenbahn, Linie eins, und
fuhr in die Innenstadt, er stieg am Königsplatz aus und gönnte sich
bei den lauen Temperaturen einen 30-Minuten-Spaziergang zur
Ysenburgstraße, in der Dippels Familie hoffentlich noch wohnte.
Er marschierte durch die äußeren Quartiere der Kasseler Altstadt,
ging hinunter zur Henschelei, deren dampfenden Schornsteine ein
kleines bisschen wirtschaftlichen Aufschwung in schwerer Zeit sig-
nalisierten.

Er hatte kein Glück: Manchmal, wenn man hier vorbeikam, dann
fuhr eine niegelnagelneue Lokomotive aus den Fabrikhallen und
wurde von den Passanten stets bestaunt. Und manchmal war sogar ein Prototyp dabei, den es noch gar nicht im Schienenverkehr
gab. Er bog von der Henschelstraße in die Moritzstraße ein, die
nach oben auf den Möncheberg führte und in die Ysenburgstraße
mündete. Immer wieder hielt er an und studierte die Umgebung,
oben vom Berg hatte man einen guten Überblick über die Werks-
anlagen, das Geräusch industrieller Produktion drang bis hier hinauf. Wenn man hier wohnte, hatte man diesen Lärm Tag und
Nacht in den Ohren. Er merkte, dass es in diesem Land wirklich
noch viel zu tun gab. Ein Krankenwagen kam tuckernd von der anderen Seite auf den Berg, wahrscheinlich wurde irgendein Patient
in das riesige Krankenhaus gebracht, das nur wenige Schritte entfernt gelegen war.

Surmann fand Haus Nummer sechs, ging ins Treppenhaus und
entdeckte auf einem hölzernen Briefkasten den Namen Dippel.

4. Stock. Es war noch hell, das Treppenhaus roch nach einer Mischung aus Bohnerwachs, Essensdüften und auch nach den Toiletten, die sich neben den Treppenabsätzen befanden. Als er vom dritten in den vierten Stock ging, öffnete sich die Toilettentür: Ein vielleicht sechsjähriger Junge sprang, sich die Hosenträger über die Schultern ziehend, in Richtung Treppe und blieb wie erstarrt stehen, als er den Fremden erblickte. »Guten Tag, ich suche die Familie Dippel«, sagte Surmann mit sanfter Stimme. Der Junge öffnete den Mund, wollte etwas sagen – und rannte wortlos die Treppe hinauf. Surmann blickte in die geöffnete Toilettentür und sah die Stapel Zeitungspapiere, die den Nutzern des Klosetts zur Hygiene dienten. Er schmunzelte und folgte dem Jungen in angemessenem Tempo. Als er oben ankam, war eine Tür geöffnet, durch den Türspalt lugte eine Frau. »Ich suche Familie Dippel«, sagte er. »Wer sind Sie?« Die Frage kam aggressiv durch den Türspalt. »Entschuldigen Sie bitte mein plötzliches Erscheinen, das muss ja wie ein Überfall wirken.« Surmann überlegte sich Worte und Tonfall gut. »Ich bin Thomas Surmann, bin neu in Kassel und habe vom furchtbaren Pech Ihres Mannes und Ihrer Familie nicht nur gehört, ich habe sogar profitiert. Ich bin zum neuen Verbindungsmann ernannt worden, mache jetzt die Arbeit, die Ihr Mann gemacht hat. Ich möchte Ihnen nur mein Beileid aussprechen und habe Ihnen noch etwas mitgebracht. Sie müssen wirklich keine Angst haben, ich verschwinde auch gleich wieder.« Er versuchte mit Gesten einen vertrauenswürdigen Eindruck zu erwecken, vermutlich sah das völlig linkisch aus, es war ihm aber gleichgültig. Die Frau schaute ihn durch den Spalt ein paar Sekunden an. Dann atmete sie tief durch und öffnete die Tür. »Was soll's, Siggi ist tot, das Leben geht ja überall weiter, Sie können ja auch nichts dafür. Kommen Sie rein, aber fürstlich wohnen wir nicht.« Surmann war auf dem Treppenabsatz stehengeblieben. Siegfried Dippels Frau war eine atemberaubend attraktive Blondine, schlank geblieben trotz der beiden Kinder, ärmlich gekleidet, aber figurbetont – und davon besaß sie reichlich. Ihre leuchtend blauen Augen schauten

ihn unter einem blonden Pony an – eine ungewöhnliche Frisur in diesen Tagen. Wie alt sie wohl sein mochte?

Da es unterm Dach sehr warm war, hatte sie die oberen Knöpfe der Bluse geöffnet und gab einen zarten Einblick in ein üppiges Dekollete frei. Surmann ging langsam durch die Tür und gab der Frau die Hand. Sie brachte ein leichtes Lächeln zustande und führte ihn in ein Zimmer, in dem offenbar auch die beiden Kinder schliefen, die brav auf einem der beiden Kinderbetten hockten. Sie setzten sich gegenüber an einen Tisch, und Dippels Frau goss ihm ein Glas Wasser ein. »Mehr kann ich Ihnen nicht bieten«, sagte sie mit fester Stimme.

»Wie geht es denn jetzt für sie weiter?« Surmann schaute sie fragend an. »Ich habe eine Aushilfsstelle unten im Lebensmittelgeschäft, das bringt ein bisschen was ein. Sind Parteimitglieder, die jetzt helfen wollen. Siggi kriegt eine kleine Rente. Zu viel zum Sterben und zum Leben zu wenig, wie das halt so ist.« Surmann hatte Respekt für die Frau, die er jetzt auf etwa 28 bis 30 Jahre schätzte. »Also, das mit Ihrem Mann tut mir wirklich Leid. Und Ihre Situation jetzt natürlich auch – ich hoffe, es war kein Fehler, dass ich heute einfach vorbei geschaut habe.« Dippels Frau lächelte. »Nein. Eigentlich sind Sie der erste, der nach dem Tod von Siggi hier vorbeikommt. Morgen ist ja die Beerdigung. Dann werden alle eine Stunde Mitgefühl heucheln, und dann bin ich auf mich allein gestellt.« »Sie wirken ungeheuer gefestigt – oder wie man das nennt. Ich bin wirklich erstaunt.« »Ach wissen Sie, die Ehe mit einem SA-Mann ist schon etwas Besonderes. Der war in den zwei Jahren, die wir jetzt verheiratet sind, ja nie zu Hause. Und wenn – dann war er betrunken ...«

»Moment: zwei Jahre sagten Sie? Und die Kinder?« »Sind von seiner ersten Frau, die ist an TBC gestorben, kurz nachdem das zweite Kind geboren wurde. Siggi und ich haben uns dann kennengelernt, ich fand ihn durchaus interessant, sah eine Chance, und da ich leider keine Kinder kriegen kann, da dachte ich, ich könnte den Jungs eine gute Mutter oder zumindest eine Ersatzmutter sein. Das muss ich jetzt um so mehr, und ich hänge sehr an den Lausbuben.« Die Kinder saßen steif auf dem Bett. Surmann hatte keinen Bezug zu Kindern, gern hätte er jetzt etwas in deren Richtung gesagt – aber ihm fiel nichts ein.

»Ich weiß«, sagte Dippels Frau plötzlich zu den Jungen, »ihr wollt heute alle im Keller schlafen und Zigeunerlager machen. Dann nehmt Eure Kissen und Decken und haut ab.« Die beiden packten blitzartig ihr Zeug und waren verschwunden. »Das machen die Kinder im Haus gelegentlich, da unten ist ein Keller, da pennen sie dann alle gemeinsam, ist ein bisschen Abenteuer. Und schön kühl zum Schlafen ist es auch.« Sie lächelte ihn an. »Danke, dass Sie vorbei gekommen sind, noch ein Wasser?« »Nein, danke.« Er kramte umständlich in seinen Taschen, bis er einen Briefumschlag gefunden hatte. »Schauen Sie: ich, wie soll ich sagen, ich habe ja gehört, dass es Ihnen nicht so gut geht und da dachte ich, dass ich Ihnen zumindest ein wenig unter die Arme greifen könnte ...« Er schob den Briefumschlag über den Tisch. Die blauen Augen musterten ihn kurz, dann griff sie den Umschlag und schaute hinein. »Normalerweise würde ich das ablehnen, Sie sind ein Fremder, ich kenne Sie kaum – aber ich wäre andererseits auch undenkbar blöde, wenn ich es tun würde. Sie nahm die fünf Hunderter aus dem Briefumschlag, ging zum Küchenschrank und steckte das Geld zwischen zwei Bretter im Regal. »Ist das Geld der Partei oder der SA?« Surmann schüttelte den Kopf. »Nein. Das ist von mir beziehungsweise von meiner Familie, ich habe vor einigen Monaten nach dem Tod meines Onkels etwas geerbt, und ich dachte, ich könnte etwas vom materiellen Glück zumindest abgeben. Ach, ich weiß nicht, wie ich das erklären soll. Ich kannte sie ja gar nicht, und die Jungs ja auch nicht. Ich glaube wirklich, Sie können es gebrauchen ...

Die Frau schaute ihn einen Moment forschend an. Nickte und schaute aus dem Fenster. Dann erzählte sie unaufgefordert von Dippel. Dass er seit einem Monat schlechte Laune gehabt hatte, dass er Andeutungen machte über Dinge, die er gesehen hatte. Er hatte die Jungs, die er abgöttisch liebte, zuhause beinahe grundlos mehrfach verprügelt, es war ihm nicht gutgegangen, irgendwas trieb ihn um, rumorte in ihm. Immer wieder hatte er von »dieser schwulen Sau« geredet. Und dann war er nicht mehr nach Hause gekommen in jener Nacht. Bis morgens um sieben die Polizei vor der Tür gestanden hatte. Sie vergoss nicht eine Träne bei den Erzählungen. Sie erzählte, nüchtern, mit gleichbleibender Stimme. Von Liebe, die in dieser Ehe erloschen war, abgestumpft vom täglichen Kampf ums Geld und ums Überleben. Dippel war offenbar großspurig aufgetreten, hatte Geld ausgegeben, das seine Familie für Essen und Trinken gebraucht hätte. Er war einfach in einem Sog untergegangen, den Partei, SA und der Erfolg der politischen Bewegung erzeugt hatten.

Irgendwann, viel später war es geworden, holte sie neues Wasser und ging aus dem Raum. Er hörte, wie sie eine Tür abschloss. Hörte Rascheln und dann merkte er gar nicht, wie sie wieder hereinkam. Er blickte hoch und sah sie nackt vor sich stehen. Sie griff nach seiner Hand, zog ihn vom Stuhl hoch und sagte: »Dieser Tag kann nicht zuendegehen damit, dass ich mit trüben Gedanken im Bett liege. Ich will jemanden, der mich in den Arm nimmt. Siggi hat das seit Monaten nicht mehr gemacht. Und wenn du dann gehst, dann denk daran: Es ist nur dieses eine Mal, kapiert?« Sie zog ihn langsam aus, er war unfähig ein Wort zu sagen, streichelte langsam ihre helle Haut, hielt die formvollendeten Brüste in seiner Hand und fand sich wenig später auf einem Bett wieder. Er hatte keine Chance, sie verging sich regelrecht an ihm, laut, fordernd, enthemmt, ausgehungert. Wieder und wieder. Erst danach, viel später in der Nacht, schluchzte sie in seinem Arm. Als sie eingeschlafen war, zog er sich an und schlich auf Strümpfen durchs Treppenhaus nach draußen. Auf dem Absatz zur Kellertreppe hatte er durch die geöffnete Tür gelauscht – da unten mussten die Kinder wohl ihr Zigeunerlager aufgebaut haben. Man hörte nichts, sie schliefen tief und fest.

Die Nacht war mild, er roch dieses merkwürdige Gemisch aus Frühlingsdüften und Rauch, der aus manchen Schornsteinen kam, manche Leute heizten noch, warum auch immer. Er war müde und fand erst viel später in der Altstadt ein Taxi, das noch im Dienst war. Sein Leben, er merkte es, hatte sich verändert. Und er wusste immer noch nicht ihren Vornamen.« Nur dieses eine Mal«, hatte sie gesagt. Wie würde er morgen darüber denken? Was würde sie andererseits empfinden? Sein Kopf setzte sich durch, sie lebten in zwei Welten, er musste vernünftig sein, eine Liaison hatte keinen Sinn, absolut keinen. Als er auf dem Rücksitz des Taxis saß, da merkte er, dass er völlig fertig war. Und zufrieden. Er schloss die Augen und sah, schmeckte ihre Brüste, ihren Mund, ihre Haut, ihr Haar. Dann kümmerte er sich völlig rational um den nächsten Tag. Es blieben ihm drei Stunden Schlaf. Zu wenig, um ausgeruht zu träumen.

Er merkte zunehmend, dass diese Aufgabe in der Parteizentrale eigentlich eher etwas für eine Nebenbeschäftigung war. Der Schriftverkehr, den er erledigen musste, war eher etwas für eine Sekretärin. Die Termine, die er wahrzunehmen hatte, waren rar, die Berichte, die er der SA-Leitung abliefern musste, waren schnell erledigt. Dennoch fand er Gefallen, zumindest an den Treffen mit der Parteiführung. Aktionen wurden geplant, Ausschreitungen gegen jüdische Geschäfte, Attacken gegen Kommunisten – immer wieder. Manche Teilnehmer an den Sitzungen waren absolut radikal. Sie wollten mehr als Plakataktionen oder das Beschmieren oder Einschlagen von Schaufenstern. Er merkte an sich selbst, wie seine Einstellung sich wandelte. Er war zunehmend der Ansicht, man müsse mehr durchgreifen. Er hatte keine Ahnung, ob die Juden nun wirklich Schuld hatten an Arbeitslosigkeit im Lande, an der Armut des größten Teils der Bevölkerung. Es war ihm egal, ob man das nachprüfen konnte oder nicht. Ihm gefiel die Dynamik und die Direktheit dieses Programms. Und ihm gefiel dieser bedingungslose Gehorsam, mit dem Partei und SA dem Führer folgten. Geradlinigkeit, konsequentes Unterscheiden zwischen Gut und Böse, zwischen Schwarz und Weiß. Es gab keine Grautöne. Er hatte in diesen Tagen an den langen Abenden »Mein Kampf« gelesen. Ein stilistisch schlecht geschriebenes Buch, das konnte er beurteilen. Aber es stand ja drin in diesem Buch, etwas, das eine Botschaft war. Die Botschaft war deutlich, gefährlich deutlich. Das hatte er verstanden, und dennoch, obwohl das unterschwellig Bedrohliche, gefährliche immer wieder les- und spürbar war, hatte sie ihn emotional überzeugt. Eine klare Einteilung der Welt: Klar auch definiert die Rolle der Guten – denn das waren die Deutschen, die, die nationalsozialistisch gesinnt waren. Und das war es, was ihn angerührt hatte. Er gefiel sich zunehmend in der Rolle dessen, der dazu beitrug, aus diesem demoralisierten Land etwas Neues, etwas Starkes zu machen. Ja, dachte er sich immer wieder, Deutschland wird eine Macht sein. In Europa, in der Welt. Die Schande der Niederlage im Krieg, man würde sie ausmerzen, vergessen machen. Und ich ziehe an den Strippen mit, dachte er sich, und träumte von einer Karriere. Zum ersten Mal in seinem Leben. Sein weitgehend zielloses Dasein hatte Fixpunkte bekommen, Koordinaten. Er hatte den Eindruck, dass sein Gang aufrechter geworden war. Früher hatte er so eine Art von Selbstbewusstsein gespürt, das nur von seiner materiellen Sicherheit gestützt wurde und ein Stück weit von seiner Bildung. Seit er diese Uniform trug, seit er Bestandteil dieses Machtgefüges war, seitdem war dies anders. War er ein anderer Mensch geworden? Das hatte er sich neulich nachts gefragt. Er hatte die Frage nach kurzem Nachdenken mit Ja beantwortet. Es lebte sich gut damit, fand er.

An diesem Tag hatte er einen Termin beim Rechtsanwalt seines Onkels. Es regnete in Strömen, die Obere Königsstraße war beinahe verwaist. Dr. Fritz Heuser war ein hagerer Mann, Mitte dreißig, akkurat gekleidet. Das Büro war langweilig, aber korrekt eingerichtet, der Schreibtisch blitzblank. Er kam gleich zur Sache. »Herr Dr. Heuser, Sie kennen die Vorgeschichte der Beziehung zwischen meinem Onkel und mir. Obwohl ich ja sein nächster Verwandter war – ich hatte keine Ahnung, dass er eine solche Reputation in der NSDAP hatte. Können Sie mir da ein wenig erzählen? Ich weiß, das ist keine juristische Nachfrage. Keine Bange, ich werde Sie für die Zeit, die Sie mir jetzt widmen, bezahlen. Aber mich treibt einfach um, dass ich über diese Sache nichts weiß. Wer war mein Onkel?«

Heuser sah ihn durch seine Drahtgestell-Brille einen Moment schweigend an. Er nickte und sagte: »Ihr Onkel hat mir erzählt, dass Sie keine Ahnung von seiner parteipolitischen Vergangenheit hätten. Eigentlich habe ich mit Ihrem Besuch gerechnet, und, um das Unwesentlichste vorwegzunehmen: Ich will kein Geld von Ihnen, das bin ich Herrn Otto einfach schuldig. Das war ein beeindruckender Mann.« Heuser stand auf, schlenderte ans Fenster und dachte einen Moment nach. »Tja, die Beziehung Ihres Onkels zur Partei. Schwer zu sagen., Ihr Onkel ist ein sehr enger Freund von Röhm gewesen. Ich weiß nicht, wann und wie die beiden sich kennengelernt haben. Und eigentlich passten die ja vom Typ her nicht zusammen. Ihr Onkel war ein gebildeter Mensch und Röhm, entschuldigen Sie, ich will Ihnen und Ihren Überzeugungen nicht zu nahe treten ...« Heuser machte eine Pause und schaute bedeutungsvoll auf die Uniform, die Surmann trug. »Nur zu, Herr Dr. Heuser, ich bin an Tatsachen interessiert, sagen Sie also Ihre Meinung, bitte! Dies ist schließlich ein privates Gespräch, und dies soll es auch bleiben.« Heuser nickte. »Nun gut, Röhm ist ja eher ein rustikaler Typ. Intellektuell hat die beiden sicher nichts verbunden. Aber eine Gemeinsamkeit hatten sie doch – ich weiß allerdings nicht, wie weit diese gereicht hat.« »Was meinen Sie?« Surmann hatte keine Ahnung, auf was der Rechtsanwalt anspielte. »Sie kennen ja die Gerüchte, dass Röhm homosexuell sein soll, oder?« Surmann nickte, gelegentlich wurde darüber getratscht. »Nun, ihr Onkel ...« Heuser stoppte kurz und drehte sich um »Ihr Onkel war auch homosexuell, ich nehme an, das wussten Sie auch nicht.« Surmann saß wie versteinert auf seinem gepolsterten Stuhl. Onkel Kurt, ein Schwuler? Er fasste es nicht. »Wie gesagt, ich weiß nicht, woher die beiden sich kannten und wie intensiv diese Beziehung war«, Heuser ging im Büro auf und ab. »Ich weiß nur, dass sie lange Zeit einmal im Jahr, an Pfingsten, gemeinsam im Harz ein paar

Tage verbrachten. Später trafen sie sich dann in Berlin. Sie wissen ja selbst, dass man Ihrem Onkel homosexuelle Neigungen nicht anmerkte. Mir gegenüber hat er es relativ früh in unserer Geschäftsbeziehung erwähnt. Wahrscheinlich wollte er mich testen, wie weltoffen ich sei und wie seriös ich arbeite. Naja, den Test habe ich augenscheinlich bestanden.« Heuser lächelte ihn an. »In Wahrheit hat Ihr Onkel sie vergöttert, war sogar neidisch auf Sie, auf Ihr künstlerisches Talent. Daneben machte er seine Geschäfte, verwaltete das Vermögen Ihrer Eltern, aus dessen jährlichem Ertrag er sich eine kleine Rente spendierte, aber das wissen Sie sicherlich.« Surmann hatte keine Ahnung, war überrascht, fand das aber in Ordnung. Wer arbeitet, dachte er sich, soll auch dafür bezahlt werden. »In der Partei in Kassel spielte er keine Rolle. Zumindest nicht im Vordergrund. Zuletzt gingen ihm die Schreihälse und die Dummköpfe auf die Nerven, das Niveau der politischen Aktion war ihm zu niedrig, er wollte mehr Diskussion statt Aktion, ahnte aber auch, dass man nur mit sichtbaren Taten Mehrheiten gewinnen konnte. Nein, zufrieden war er nicht, aber er stand bedingungslos hinter Hitler und Röhm. Er wäre stolz, würde er Sie jetzt in dieser Uniform sehen.«

Surmann verließ das Haus eine halbe Stunde später mit einem merkwürdigen Gefühl. Da hatte er so oft Wochen im Haus dieses Mannes verbracht und hatte auch nicht einmal auch nur einen Verdacht gehabt, dass Onkel Kurt schwul war oder überzeugter Nazi. Warum hatte er das so verborgen? Als er in Richtung Parteizentrale ging, da fiel ihm erst nach einigen hundert Metern auf, dass es nicht mehr regnete. Er machte den Regenschirm zu. Wer ohne Regen als Mann mit einem Schirm über die Königsstraße flanierte, den konnte man womöglich als Schwulen verdächtigen. Er grinste. Dieser Onkel Kurt ...

Er konnte nicht behaupten, dass er in der Parteizentrale oder in der SA Freunde gefunden hätte. Vor allem in der SA waren einfach zu viele grobschlächtige, einfache Menschen, die ihm viel zu gewalttätig waren. Menschen, die es aus der Anonymität und Bedeutungslosigkeit eines minderwertigen Arbeiten oder der Arbeitslosigkeit aus einer sozialen Sackgasse auf die politische Autobahn befördert hatte. Aus dem Nichts in die Uniform, aus dem unbeachteten Dasein in irgendeine Position der Macht – und sei sie noch so gering. Die Macht auszuleben, manchmal sogar ohne jede politische Überzeugung, dazu war man mit beinahe jeder Form von Gewalt bereit.

In der Partei gab es Meinrad Vogel, in seinem Alter, ein schmächtiger Junge mit einem dünnen Oberlippenbart, so der typische Außenseiter, den in der Schule niemand verprügelt hatte, weil das keine Ruhmestat gewesen wäre. Vogel war ein kluger Mann, hatte Abitur und war ein Zyniker. Die beiden hatten sich beim Mittagessen kennengelernt und gingen seither mittags immer gemeinsam in die Kantine. Heute Abend wollten sie erstmals etwas gemeinsam unternehmen, die Goetheanlage wurde eingeweiht, ein Park mitten in der Stadt unterhalb des Hindenburgplatzes. Oberbürgermeister Lameyer würde sprechen, es gab ein richtiges Fest in kleinem Rahmen. Es war eine schöne kleine Naherholungslandschaft, mitten zwischen Häusern, fast einen Kilometer lang – schön zum Flanieren, Verweilen. Eine gute Idee, genau dort einen kleinen Park anzulegen, fand er. Sie trafen sich am Hindenburgplatz und gingen in eine nahe gelegene Kneipe und tranken ein Bier. Morgen war Samstag, das Wetter war traumhaft, sie wollten den Abend genießen. Die beiden spazierten gut gelaunt den Kirchweg hinunter und bogen in die Kaiserstraße ein – zwischen dieser und der Herkulesstraße erstreckte sich die neue Parkanlage. Die Bäume und Büsche waren noch klein, man musste sich vorstellen, wie das in ein paar Jahren aussehen würde, wenn die Menschen sich im Schatten der dann größer gewordenen Bäume zum Picknick versammelten. Sie sahen die Menschenmenge schon von weitem. In wenigen Minuten würde Lahmeyer sprechen, es würde Musik geben, Tanz, sie sahen die kleine Restauration, die sie dort aufgebaut hatten, dort würde man sicherlich Limonade und Bier aus Flaschen kaufen können. Vogel steckte sich eine Zigarette an, er selbst hatte bisher diesem Laster auch nicht den geringsten Reiz abgewinnen können. Viele Menschen in Uniform tummelten sich hier, aber sie waren klar in der Minderheit. Die beiden hatten sich kaum eine Flasche viel zu warmen Bieres geholt, da begann der nationalsozialistische Oberbürgermeister mit seiner Rede. Surmann interessierte sich nicht für diese Art offiziellen politischen Geschwafels, er ließ seine Gedanken fliegen und überlegte, wie diese Gegend vorher ausgesehen hatte. Aber er konnte sich nicht erinnern, war sich auch nicht ganz sicher, ob er bei seinen Aufenthalten mal hier mit seinem Onkel gewesen war. Aber warum hätte er auch hier gewesen sein sollen, den Park hatte es ja noch nicht gegeben? Direkt vor seiner Nase rannte ein Junge, vielleicht zwölf Jahre alt, mit einer triefenden Rotznase seinem Vater in die Beine, der verschüttete ein wenig Bier und ohrfeigte, ohne auch nur eine Zehntelsekunde zu zögern, den Burschen rechts und links. Der Junge verkroch sich weinend zu seiner Mutter, die den Vater böse anschaute. Surmann hatte für diese Art von Erziehungsmethoden nur bedingt Verständnis. Sicher, im Internat hatten sie gelegentlich auch eine Tracht Prügel bezogen. Aber dann war Wesentliches vorgefallen, dann hatten sie den Betrieb terrorisiert, dann hatte irgend jemand einen Lehrer beleidigt oder so. Aber wegen dieser paar Tropfen Bier?

Die Menschen klatschten, Lameyer musste irgendwas gesagt haben, was irgendeinen Sinn ergeben hatte. Ungewöhnlich, dachte er sich, denn in den bisherigen Begegnungen hatte er den Mann als ziemlich tumbe Gestalt erlebt. Er schaute wieder vom Rednerpult weg in Richtung Getränkeausgabe. Und schaute in zwei himmelblaue Augen, die ihn mit spöttischem Blick musterten. Ein leichtes Lächeln umspielte die Lippen. Lange, blonde, Haare, zu einem Pferdeschwanz gebunden, eine schlanke Figur, alles verpackt in die Uniform des Bundes Deutscher Mädel: blauer Rock, weiße Bluse, schwarzes Halstuch mit Lederknoten. In der Hand eine Flasche Limonade, das Wechselgeld in der anderen. Die Augen blieben auf ihm haften, als er sie ansah. Der spöttische Gesichtsausdruck, so deutete er es jedenfalls, änderte sich nicht. »Kennst du die?« fragte Vogel, der den Blickkontakt bemerkt hatte. Surmann schüttelte den Kopf. »Nie gesehen.« Das Mädchen schlenderte langsam in die entgegengesetzte Richtung davon, dort standen ein paar andere BDM-Mädel, die sehr folgsam der Rede lauschten. Surmann war irritiert, die Augen, das Gesicht – alles hatte so eine natürliche Form von Selbstbewusstsein ausgestrahlt. Er versuchte, in andere Richtungen zu schauen und landete dann immer wieder, ohne es verhindern zu können, bei der BDM-Gruppe. Diese Augen, irgend etwas hatte ihn bis ins Mark getroffen, er fühlte sich elektrisiert, entflammt, erregt. Lahmeyer redete und redete. Hatte der Mann kein Gespür dafür, dass die Leute hier vor allem feiern wollten in ihrem neuen Park? Er sah Vogel an, doch der qualmte schon wieder und schien tatsächlich zuzuhören. »Interessiert Sie die Rede unseres Oberbürgermeisters denn nicht, Herr Sturmführer?« Die helle Stimme ließ ihn erschrecken. Er wandte sich hastig um. Da stand sie. Sie war groß. Ein bisschen kleiner als er, aber nur ein bisschen. Sie schaute ihm fast direkt in die Augen. »Ich, äh, ganz ehrlich?« er flüsterte und beugte sich vor. »Ganz ehrlich: nein. Ich möchte diesen Park einweihen, Musik hören, feiern, tanzen. Aber verraten Sie mich nicht, ja?« Er lächelte. Und sah in ein enttäuschtes Gesicht. Offensichtlich hatte sie erwartet, ihn in Verlegenheit zu bringen. »Sie hören aber auch nicht zu«, fuhr er fort. Das trifft sich dann ja gut, dann sind wir schon zwei. Darf ich Sie zu einer Limonade einladen? Oder darf es etwa ein Bier sein?« Das Mädchen wurde rot. Wie alt mochte sie sein? Im BDM war man, bis man 18 Jahre alt war. Sie war schwer einzuschätzen vom Alter her. Sie überlegte kurz und lachte dann. »Eine Limonade wäre in Ordnung. Dann habe ich meine Wette gewonnen. Und wenn Sie mich zwischendurch an Ihrem Bier trinken lassen, dann merkt das sicher keiner, oder?« »Sie haben eine Wette gewonnen? Ich verstehe nicht ganz ...« Er schaute Vogel an, der starr in eine andere Richtung blickte, aber hemmungslos grinste. »Die Mädels haben gewettet, dass ich mich nicht traue, Sie anzusprechen. Jetzt schulden die mir was.« Sie winkte den anderen zu. Die kicherten und wandten sich ab. »Na denn, ab zum Getränk.« Surmann bot seinen Arm zum Unterhaken an, sie zögerte kurz und hakte sich dann ein. »Eine Himbeerlimo und ein Bier« sagte er, nahm die Getränke in Empfang und zahlte. »Prost!« sagte er, stieß mit der jungen Frau an und trank einen Schluck. Aus der Ferne winkte Vogel und deutete an, dass er ein wenig herumschlendern wollte. Sehr rücksichtsvoll, dachte Surmann. Er sah sie an. Sie hatte immer noch so etwas wie leichten Spott in den Gesichtszügen. »Was machen Sie, wenn Sie nicht in BDM-Uniform herumlaufen?« »Dann trage ich andere Sachen, vorwiegend Kleider«, antwortete sie. Er war kurz sprachlos, sie lachte. »Ich mache nächstes Jahr Abitur an der Luisenschule. Entschuldigung, ich wollte sie nicht veräppeln.« »Finden Sie es nicht ungewöhnlich, dass eine junge Dame bei so einem Fest einen älteren Herrn anspricht?« »Wieso? Ich konnte Ihnen ja nicht schreiben, ich habe Ihre Adresse ja nicht. Und außerdem gab es die Wette ...« Lahmeyer redete immer noch. Surmann sah die junge Frau an und war verwirrt. Sie war ein paar Jahre jünger als er, aber ihr forsches Auftreten und ihr wunderschönes Gesicht zeigten Wirkung bei ihm. Es war immer noch da, dieses Kribbeln im Bauch und in den Kniekehlen. »Ich heiße Thomas Heinrich Surmann«, sagte er. »Und ich Martha Drönner.« Dann sind wir ja jetzt schon einen Schritt weiter«, meinte Surmann und prostete ihr erneut zu. »Wenn Sie in dem Tempo weiter Bier trinken, können Sie nachher nicht mehr mit mir tanzen«, sagte sie. »Wie, noch eine Wette?« »Ja«, sagte sie »eine Wette mit mir. Ich will sehen, ob ich Sie den Rest des Abends noch mal sprachlos machen kann.« Sie zwinkerte ihm zu und entschwand in Richtung BDM-Gruppe. Surmann wollte einen Schluck Bier trinken, hatte die Flasche beinah am Mund – da fielen ihm ihre Worte wieder ein. Er stellte die halbvolle Pulle ab und stand ratlos herum. Tosender Beifall brandete auf, der OB hatte endlich zuende gesprochen. Sofort erklang Musik, die Menschen setzten sich alle in Bewegung, und er fürchtete, Martha aus den Augen zu verlieren. Er schaute sich um – doch die BDM-Gruppe war plötzlich verschwunden. Er lief noch ein wenig umher und setzte sich dann enttäuscht auf eine Parkbank. Die Musik drang herüber, gern hätte er jetzt mit seiner neuen Bekanntschaft ein wenig getanzt. Was war das nur wieder für eine Episode in seinem Leben? Seit er in Kassel war, hatte alles in seinem Alltag an Geschwindigkeit zugelegt. Alles.

Er schüttelte den Kopf, lehnte sich nach hinten und schloss die Augen. Er merkte, wie sich jemand neben ihn hockte und öffnete die Augen. »Sie haben ihr Bier stehengelassen«, sagte Martha Drönner und nippte an der Flasche. »Ist jetzt aber auch schon ganz warm.« Er schüttelte den Kopf und musste lächeln. »Wo waren Sie?« »Meine Eltern wollten nach Hause, und ich habe ihnen nur gesagt, dass ich in zwei Stunden daheim bin und mit den BDM-Mädels hier bleibe.« Sie drückte ihm das Bier in die Hand und strich sich den Rock glatt. »Und wo sind die BDM-Mädels?« »Die haben ihren Eltern dasselbe erzählt und tanzen jetzt.« »Ich verstehe. Dann machen wir das auch besser, oder?« Sie nickte und sprang auf, ging ein paar Schritte und schaute ihn mit ihren blauen Augen an. »Was ist denn?« Dieser spöttische Blick, ihm wurde schummerig. Er lächelte. »Nichts«, sagte er leise – überrumpelt, ein wenig wehrlos, aber zufrieden. Sie tanzte fantastisch, lachte bei schnellen Drehungen, genoss jede Minute – er auch. Als es dämmerte, sagte sie plötzlich: »Ich muss jetzt nach Hause. Ich gehe mit zwei anderen Mädels, wir wohnen in einer Siedlung.« »Darf ich Sie wiedersehen?« fragte er mit unsicherer Stimme und merkte, dass er noch beide Hände von ihr fest hielt, mitten auf der Tanzfläche. »Möchten Sie mich denn wiedersehen?« fragte Sie. »Ja, natürlich!« antwortete er. »Warum sagen Sie das dann nicht so? Klar. Meine Eltern haben kein Telefon. Lassen Sie uns einen Treffpunkt verabreden. Samstag um 15 Uhr? Auf der Bank von vorhin?« Er nickte. »Ich habe Telefon im Büro, falls ...« »Es gibt kein falls. Ich werde da sein. Danke für den schönen Abend und die Limonade.« Sie strich ihm mit einer Hand, an der kein Schmuckstück zu sehen war, über den Arm, zwinkerte ihm zu und verschwand.

Er hatte Vogel längst aus den Augen verloren. Zuletzt hatte der mit einem anderen BDM-Mädel getanzt, er hatte keine Ahnung, was der Mann jetzt machte. Er schlenderte langsam aus dem Park hinaus und ging in Richtung Bahnhof Wilhelmshöhe die Wilhelmshöher Allee entlang. Die halbe Stunde Fußweg nach Hause würde er genießen. Was war das aber eben gewesen? War er da einfach überrollt worden von einem maximal 20 Jahre alten Mädchen? Er machte die Augen zu und sah sie vor sich. Ihre Augen – und diesen Gesichtsausdruck. Wieder dieses Kribbeln, er atmete tief durch. Noch drei Tage bis Samstag. Eigentlich viel zu lang, fand er. Was wusste er schon von ihr? Martha Drönner, möglicherweise 20 Jahre alt, Luisenschule. Mehr nicht. Und doch ausreichend genug, um sie wiederzufinden, falls sie am Samstag nicht kam.

Ein heranrasendes Auto riss ihn aus seinen Gedanken. Der schwarze Wagen bremste vor dem Haus direkt hinter der Eisenbahnbrücke. Ein großer Mann stieg aus, das Auto fuhr weiter. Er hatte diesen Typ schon einmal in der Parteizentrale gesehen. Dunkel gekleidet, dunkler Schlapphut, trotz der Mai-Wärme einen Mantel tragend. Er schaute kurz die Fassade empor, schlug den Kragen hoch und ging dann mit gemächlichen Schritten in den Hauseingang. Surmann lief schnell weiter. Surmann spürte ein Frösteln, ohne einen Grund dafür zu kennen. Und er hatte kein gutes Gefühl.

Als er am nächsten Morgen in die Parteizentrale kam, wunderte er sich über die Aufregung. Überall wurde getuschelt, die Atmosphäre wirkte mehr als angespannt. »Irgendwas passiert?« fragte er Frau Adams in der Poststelle. Dort holte er sich morgens immer direkt seinen Posteingang ab, die Verteilung per Hausboten dauerte ihm zu lange. »Es hat wohl wieder einen Toten gegeben, eigentlich dachte man ja, die Fälle wären aufgeklärt.« Surmann ging in sein Büro, schaute kurz die drei Briefe an – nichts Wichtiges dabei. Danach ging er in Weinrichs Sekretariat. »Hinrichs, was hat es da mit diesem neuen Toten auf sich?« Er hatte sich angewöhnt, mit den meisten Menschen in etwas schrofferem Umgangston zu reden. Offensichtlich wurde das von einem SA-Mitglied mit seinem Rang erwartet. »Ich weiß nichts, Herr Sturmführer. Heil Hitler übrigens!« Der Adjutant knallte die Hacken zusammen und riss den rechten Arm nach oben. »Der Herr Gauleiter hat bereits zu einer Krisenbesprechung geladen, sie werden erwartet.« Hinrichs stürmte heran und riss die Tür zum Büro des Gauleiters auf. Dort saßen Weinrich und Vogelsang, dazu ein Dritter, den er nicht kannte. Weinrich stellte den Mann vor. Kriminalkommissar Walter Lederer. »Er bearbeitet den Fall, und wir wollten Sie dabei haben, weil Sie ja sehr intensiv mit den anderen Todesfällen beschäftigt waren«, sagte Weinrich und lächelte. Surmann wusste nicht, ob dies gerade spöttisch gemeint gewesen war. Weinrich redete mit ernster Stimme weiter. »Diesmal ist es nicht irgendeine Allerweltsangelegenheit. Der Tote ist Sturmbannführer Wolter, ein Mann der ersten Stunde. Drei Stiche in die Herzgegend. Wir gehen im Augenblick davon aus, dass es ein Nachahmungstäter ist, denn die ersten Fälle sind ja für uns abgeschlossen, nicht wahr, Surmann?« Weinrich schaute ihn nicht einmal an und redete, ohne eine Antwort überhaupt erwartet zu haben, weiter. »Auch ein Motiv ist nicht erkenntlich. Wir tappen im Dunkeln und werden das Ganze der Öffentlichkeit wohl als Raubmord oder so verkaufen müssen.« »Wo ist die Leiche denn gefunden worden?« wollte Surmann wissen. »Wilhelmshöher Allee, das Haus gleich hinter der Eisenbahnbrücke am Bahnhof oben, Wolter hat da eine ziemlich große Wohnung allein bewohnt.« Surmann sackte das Herz in die Hose. War der dunkel gekleidete Mann von gestern etwa der Mörder? Er beschloss, zunächst nichts zu sagen und mit Weinrich unter vier Augen zu sprechen. Außerdem musste er mit Guntram Köhler reden, dringend. Er hatte es doch immer vermutet, die Ermittlungen in der Mordserie waren viel zu früh abgeschlossen worden. Das Morden ging offensichtlich weiter. »Wolter wurde in seinem Wohnzimmer gefunden. Keine Spur von gewaltsamem Eindringen, sieht so aus, als habe er seinen Mörder gekannt und eingelassen.« »Wer hat ihn denn gefunden?« fragte Surmann.

»Gute Frage, sehr gute Frage. Eigentlich hat ihn die Polizei gefunden. Es gab einen Anruf mit dem Hinweis, ein Toter liege in der Wohnung.« »Und der Anrufer hat sich nicht gemeldet, und die Stimme ist auch niemandem bekannt, oder?« »Genau«, sagte Lederer. »Er hat ja auch nicht bei der Polizei angerufen, sondern bei der Feuerwehr. Und die haben uns informiert.« »Wie lange war er schon tot?« »Wir gehen davon aus, dass das Ganze gestern Abend, am frühen Abend passiert sein muss.« »Zeugen?« fragte Surmann. »Würden Sie sich erinnern, wie jemand ausgesehen hat, den Sie zufälligerweise auf dem Weg in das Haus in der Dämmerung gesehen haben?« Ja, dachte Surmann und verkniff sich ein Lächeln. »Wir haben die gesamte Nachbarschaft befragt. Fehlanzeige.« Weinrich ordnete am Ende des Gesprächs an, dass man diese Tat aufklären müsse, man habe gefälligst den Täter zu fassen oder, falls das nicht möglich war, einen Schuldigen zu benennen und zu verurteilen. »Da muss jetzt ein Schlussstrich gezogen werden!« bellte er. Vogelsang und Lederer gingen als Erste hinaus, Surmann blieb in der Tür stehen. »Herr Gauleiter?« Weinrich schaute zu ihm auf, er hatte sich sofort nach Gesprächsende an einen Berg mit Unterschriftenmappen gemacht. Es war allgemein bekannt, dass er seine Unterschreiberei liebte, auch kleinste Aktennotizen signierte er, andere hätten ein Namenskürzel drunter gekritzelt, aber der Gauleiter war eben scharf auf seine eigenen Autogrammstunden. Folgerichtig liebte er keine Unterbrechungen dabei und schaute nun etwas unwirsch. »Was gibt es denn noch?« Surmann riss sich zusammen und fing an. »Ich war gestern Abend in der Nähe des Hauses, in dem Sturmbannführer Wolter umgebracht wurde. Ich wollte das eben in Gegenwart der anderen nicht sagen, sondern die Sache erst einmal mit Ihnen besprechen.« Weinrich legte seinen Federhalter beiseite. »Was wollen Sie damit sagen?« »Ich bin von der Einweihung der Goetheanlage gekommen und bin nach Hause gelaufen. Als ich über die Brücke am Bahnhof ging, kam ein Auto, stoppte vor dem Haus, und ein Mann, den ich hier schon einmal gesehen habe – zumindest glaube ich das – stieg aus und ging dann sofort in das Haus.« »Beschreiben Sie den Mann!« bellte Weinrich weiter. »Groß gewachsen, wirkt sportlich, dunkel gekleidet, trotz der Wärme gestern Abend trug er einen Mantel, schwarzer Schlapphut. Ich nehme an, er hat mich nicht bemerkt.« »So. Nehmen Sie an. Hm.« Weinrich stand auf und ging zum Fenster. Auch so eine Angewohnheit. Wenn er nachdenken musste, was gelegentlich ein wenig Zeit in Anspruch nahm, ging er meist zum Fenster und schaute hinaus. »Und Sie meinen, Sie hätten den Mann schon einmal gesehen?«, fragte er, ohne sich umzudrehen. »Ja. Bin mir ziemlich sicher. Er hat so stechende Augen, eine blasse Haut, beinah gräulich. Und eine leichte Hakennase.« Weinrich nickte, sagte aber nichts. Nach ein, zwei Minuten, die Surmann unangenehm lang vorkamen, sagte der Gauleiter plötzlich: »Mein Gott, ist das alles eine Scheiße. Setzen Sie sich mal bitte. Gut, dass Sie vorhin den Mund gehalten haben …« Weinrich drehte sich um und nahm wieder an seinen Schreibtisch Platz. Er öffnete eine Schublade und holte eine dünne Akte heraus. Er klappte sie auf, innen war ein Schreiben mit einem Bild. Er nahm das Bild und zeigte es Surmann. »Ist er das?« Surmann erschrak: Das war der Mann, den er gestern Abend gesehen hatte, keine Frage. Er nickte.

Weinrich atmete tief durch. »Tristan.« Sagte er und schaute Surmann an. »Wie bitte?« fragte der zurück. »Tristan. So nennt er sich. Ist praktisch sein Deckname. Ist in Wahrheit nichts anderes als ein Henker der Gestapo. Die sitzt ja jetzt im Königstor, und wann immer es darum geht, mit roher, brutaler Gewalt unsere Sache durchzusetzen, haben die ihre Methoden. Und ihre Männer.« »Ich verstehe nicht ganz …«

Weinrich stand wieder auf. »Surmann, wie Sie wissen, hatten wir bisher vier Todesfälle. Vier Morde. Mit dem von gestern also fünf. Einige SA-Männer sind dabei draufgegangen, und das ist natürlich ein Skandal. Wir haben die ersten Fälle zwar Grabert zuordnen können, und sein Tod war offiziell ein Unfall – aber es steckt mehr dahinter, als wir möglicherweise ahnen. Mehr, als die Öffentlichkeit und vor allem der politische Gegner jemals erfahren darf. Und

Tristan hat seine Finger mit im Spiel.« Weinrich zündete sich eine Zigarette an. »Ich weiß gar nicht, warum ich Sie in das einweihe, möglicherweise rennen Sie ja zu Vogelsang und singen wie ein Vögelchen.« »Wenn Sie mich ins Vertrauen ziehen, dann werde ich jeden weiteren Schritt, was die SA betrifft, mit Ihnen abstimmen, Herr Gauleiter.« Surmann nahm im Sitzen Haltung an. »Jaja, schon gut. Die Sache ist eigentlich ganz einfach. Dieser Wellmann, der erste Tote, war nebenberuflich ein Strichjunge. Er hatte natürlich mehrere Kunden. Darunter auch diesen Ludwig Damm. Wellmann hat Damm, was ungewöhnlich ist, auch in dessen Wohnung besucht. Zumindest haben das die Vermieter bestätigt. Die fanden das gar nicht gut, haben sich aber nicht getraut, etwas zu sagen. Dieser Ludwig Damm hatte wiederum lange Jahre eine homosexuelle Beziehung zu einem hohen SA-Führer – der Name tut hier nichts zur Sache. Das fing an, als die gemeinsam in die SA eintraten. Das Dumme war: Damm blieb einfacher SA-Mann, und der andere machte Karriere. Natürlich ahnte niemand, dass unser SA-Führer homosexuell war beziehungsweise ist: was Damm dazu nutzte, um ihn zu erpressen. Als Wellmann in Damms Wohnung war, hat er wohl rumgeschnüffelt und hat Briefe mitgehen lassen, die die Erpressung beweisen konnten, aber auch den Anlass für die Erpressung detailliert beschrieben. Hochsensibles Material also. Damm hat das gemerkt und – das vermuten wir – Wellmann einfach abgemurkst. Sicher können wir nicht sein, denn Damm starb ja ein paar Tage später ebenfalls. Und langsam kommt, zumindest vermute ich das, unser Freund Tristan ins Spiel. Aber noch mal zurück: Wellmann und Dippel kannten sich, die hatten beide die gleiche Stammkneipe am Katzensprung. Ich vermute, dass Wellmann irgendwann im besoffenen Kopp Dippel in seine Pläne eingeweiht hat. Also: Damm macht Wellmann kalt, mit der gleichen Methode wird Damm ermordet, danach Dippel.« »Und Grabert?« fragte Surmann, leicht verwirrt. »Grabert hat in die Parteikasse gegriffen. Er war Kassierer im Ortsverein und hat die Kohle irgendwann auf den Kopf gehauen. Gerade am Anfang unserer

Regierungszeit passt so was natürlich überhaupt nicht ins öffentliche Bild. Wir können nicht propagieren, für Recht, Ordnung und Sauberkeit zu sorgen und gleichzeitig machen unsere Funktionäre, was sie wollen. Ich weiß, dass Tristan den Auftrag hatte, sich um Grabert zu kümmern. Wenn er es war, dann hat er das verdammt geschickt angestellt und gleichzeitig ja noch genug Indizien geliefert, um die restlichen Todesfälle mit von der Bildfläche verschwinden zu lassen. Die offizielle Version von Graberts Tod wird trotzdem folgende sein und morgen in der Zeitung stehen: Grabert wurde von einem stadtbekannten notorischen Einbrecher umgebracht, weil er ihn bei einem Einbruch beobachtet und verfolgt hatte. Praktischerweise ist dieser Einbrecher Jude, wir können da also wirklich propagandamäßig was draus machen. Den Mann haben wir gestern Nacht auf der Straße aufgegriffen, er sitzt in Wehlheiden im Knast in Einzelhaft, seine Familie weiß von nichts, die Gestapo hat aus einem fingierten Einbruch in eine stillgelegte Autowerkstatt in Wolfsanger ein paar Beutestücke mit den Fingerabdrücken des Mannes versehen, das reicht dann als Beweismittel aus. Den sehen wir so schnell nicht wieder. Das Mosaik ist also komplett, da passt alles zusammen, zumindest dem Anschein nach.«
Surmann spürte, dass dies schon zusammenpasste. Allerdings galt das nicht für alle Todesfälle, da fehlte noch eine letzte schlüssige Verbindung zwischen den Ereignissen. Das mit Grabert fand er nicht besonders verwunderlich – aber die anderen Todesfälle, da gab es keine stimmigen Erklärungen. »Herr Gauleiter, wenn es bei diesen ganzen Todesfällen um das belastende Material gegangen ist: Hat denn Damm die Sachen wiederbekommen, und wo sind sie jetzt? Und wenn sie weg sind: Woher wissen wir dann, was es für Unterlagen waren?« Weinrich nickte. »Das ist genau der Casus Knacktus, wie der Lateiner sagt.« Surmann war sich nicht sicher, ob Weinrich da jetzt einen Witz machen wollte oder das ernsthaft so vortrug. »Sie sind ganz schön helle, junger Mann, das muss ich schon sagen. Als die Vermieter von Wellmann die Leiche fanden – sie hatten sich gewundert, dass er nicht zur Arbeit gegangen war

und hatten im Zimmer nachgeschaut –, da tauchte als Erster am Tatort der Mann auf, den Sie gestern Abend gesehen haben. Als die Polizei am Fundort der Leiche Damms ankam, stattete derselbe Mann der Wohnung des Toten einen Besuch ab. Wir bekamen dann von der Gestapo einen Hinweis, dass man Beweisstücke sichergestellt habe, ich kenne da jemanden privat sehr gut, der hat mir dann von den Hintergründen, die ich Ihnen berichtet habe, später ein wenig erzählt. Ich weiß also in Wahrheit nicht, um welches hohe SA-Tier es sich da handelt.« »Und Dippel?« wollte Surmann wissen und vor seinem geistigen Auge tauchte die namenlose Ehefrau des toten SA-Kameraden auf. Weinrich zuckte die Schultern. »Offiziell bleiben wir bei der Darstellung mit Grabert. Inoffiziell kann ich nur vermuten: Dippel wusste einfach zu viel von den Vorgängen, hatte wohl hier und da schon ein paar Andeutungen gemacht.« Surmann erinnerte sich an die Erzählung von Dippels Frau: Dippel sei ganz außer sich gewesen und habe etwas von einer »schwulen Sau« geredet. »Sie meinen: dieser Tristan, oder wer auch immer, hat Dippel aus dem Weg geräumt, damit endlich Ruhe einkehrt?« Weinrich nickte. »Eine schlüssigere Erklärung habe ich nicht.« »Wir lassen also zu, dass ein mehrfacher Mörder rumläuft, mehr noch: Wir lassen zu, dass da jemand im Auftrag des Staates andere Menschen umbringt?« »Surmann, harte Zeiten fordern harte Opfer. Die Gestapo ist eine Organisation, die in unserem Reich noch Spuren hinterlassen wird. Und Leute wie Tristan werden zunehmend gebraucht. Wir können noch nicht auf zuverlässige Entscheidungen unserer Gerichte hoffen und schon gar nicht damit rechnen. Wir wissen aber doch, was Recht ist. Dann nehmen wir das selbst in die Hand.« Surmann war schockiert. »Ich habe Ihnen das alles im Detail erzählt, weil ich Sie für einen talentierten jungen Burschen halte, der in Partei und SA seinen Weg gehen wird. Vom Kopf her sind Sie hier allen anderen weit voraus. Aber Sie müssen härter werden. Damit Sie mich nicht falsch verstehen: Ich finde, dass dieser Tristan ein Ekelbolzen ist, mit dem möchte ich keine zehn Sekunden allein im Raum sein. Aber wir brauchen ihn vermutlich. Und wir werden mehr von seiner Sorte benötigen.« »In Ordnung, dann muss ich härter werden«, Surmann atmetete tief durch und schüttelte sich innerlich. Er wusste weder, ob er das wirklich wollte, und schon gar nicht, ob er das auch schaffen würde. »Aber was ist mit Wolter?« »Keine Ahnung«, sagte Weinrich. »Wenn Tristan den auch erledigt hat, dann werde ich zumindest in den nächsten Tagen einen zarten Hinweis kriegen, warum er sterben musste. Heute Nachmittag um 15 Uhr besuche ich die Gestapo im Königstor. Wenn Sie es einrichten können, dann kommen Sie doch einfach mal mit?« »Kann ich, Herr Gauleiter. Eine letzte Frage noch: Wie heißt dieser Tristan richtig?« »Wenn Sie diese Frage heute Nachmittag stellen, dann kommen Sie da nicht mehr raus, das verspreche ich Ihnen. Ich weiß es selber nicht. Im Übrigen noch eines: Ich würde an Ihrer Stelle nicht viel Aufhebens um die Sache machen. Ihr Onkel, so viel er auch für uns getan hat, aber er war doch schwul, oder? Nicht dass Tristan und seine Kollegen der Ansicht sind, bei Ihnen zuhause mal nach eventuellen Unterlagen zu schauen.« Weinrich schlug die Laufmappe mit dem Foto des Mörders zu und steckte sie in die Schreibtischschublade. Surmann ging und hatte erstmals in seinem Leben Lust auf eine Zigarette. Was für ein Hohn. Da nannte sich dieser Kerl Tristan – in der Legende war Tristan ja eigentlich ein tugendhafter Ritter und die Bedeutung des Namens war »Lärm«. Der Mann aber war weder tugendhaft, noch arbeitete er geräuschvoll. Die Sache nahm an Fahrt auf. Nein, er hatte sich entschieden, Karriere hin oder her, er wollte mehr wissen über diese Hintergründe. Er würde heute noch die Unterlagen seines Onkels sichten. Er fühlte eine innere Anspannung. Aber er spürte auch Angst. Er musste Guntram treffen, schleunigst. Und nur noch zwei Tage bis zu seinem Rendezvous mit Martha. Zwei Tage zu lang, seufzte er innerlich.

10

Anke Dankelmann und Bernd Stengel fuhren erneut schweigend zum Präsidium zurück. Dieses Eintauchen in eine so unwirkliche Zeit durch die detaillierten Schilderungen des alten Surmann machte ihnen zu schaffen. Stengel durchbrach als Erster das Schweigen. »Eigentlich geht mir diese Detailverliebtheit bei der Erzählung auf die Nerven. Meinst Du, wir können ihn dazu bewegen, sich auf das Wesentliche zu konzentrieren und uns die wichtigsten Fakten zu nennen? Wir wissen jetzt, dass es einen Tristan gibt. Er weiß garantiert, wer sich dahinter verbirgt – warum sagt er es uns nicht?« Anke Dankelmann lächelte auf dem Beifahrersitz. Normalerweise war sie die Ungeduldige. Dass Stengel unruhig wurde, das sprach ja eher dafür, dass die Story einfach gut war. »Er gibt halt den Takt vor. Wenn wir ihn drängen, dann kann es sein, dass er gar nichts mehr sagt. Du bist doch sonst geduldiger!« Stengel schlug mit der Hand auf das Lenkrad. »Jaja. Aber dieses ganze Gesülze wegen der Frauen. Die eine vernascht ihn, die nächste himmelt er an – mal sehen, was als nächstes passiert. Ich dachte immer, das wäre früher so ein sittlich gefestigter Haufen gewesen.« »Helden zeugen war doch da in den späteren Jahren erst richtig in Mode, oder? Wenn man von all den Schwulen absieht, die bisher in der Geschichte auftauchen, ist das ja der reinste Sündenpfuhl.« Die Kommissarin schaute auf ihr Handy, keine Nachricht von Willimowski, noch nicht einmal ein Anruf. Komisch. Sie hatte noch gar nichts von ihm gehört und wollte eigentlich auch stur bleiben. Andererseits machte sie sich Sorgen.

Im Präsidium herrschte der triste Alltag. Sie gingen ins Büro von Richard Plassek und berichteten ihm kurz. Anke Dankelmann wollte nach dem Wochenende nach Marburg ins Staatsarchiv fahren – möglicherweise gab es ja zu den Namen, die sie mittlerweile notiert hatte, Akten. Es war knapp nach 18 Uhr, als sie an diesem Freitag endlich das Präsidium verließ. Immer noch keine Nachricht von Willimowski – jetzt hielt sie es nicht mehr aus und rief ihn an. Sie erreichte aber nur die Mailbox und machte auf dem Heimweg zu ihrer Wohnung im Kirchweg einen kleinen Umweg über die Baunsbergstraße und schaute an der Front des Hauses, in dem ihr Freund wohnte, empor. Der Fensterabschnitt, hinter dem seine Wohnung lag, war dunkel. Zuhause duschte sie und trank einen Schluck Prosecco aus einer angebrochenen Flasche – er schmeckte labberig, obwohl sie den Trick mit dem Silberlöffel angewandt hatte. Aber der hielt die Kohlensäure auch nicht tagelang in der Flasche. Sie hüllte sich in einen flauschigen, fliederfarbenen Bademantel, den ihr Willimowski geschenkt hatte. Die Heizung lief auf Touren, sie hatte vor, den Abend mit ein paar kleinen Häppchen vor dem Fernseher zu verbringen. Was auf dem Programm stand, wusste sie nicht – aber später kam die NDR-Talkshow mit dem Kasseler Moderator Hubertus Meyer-Burckhardt, den sie gern sah, danach noch die Kochshow mit Kerner und dem nordhessischern Koch Mario Kotaska – also ein nordhessischer Abend im Fernsehen. Danach Licht aus und auf dem Sofa einschlafen. Sie schaute noch einmal aufs Handy und sah, dass sie, als sie im Badezimmer gewesen war, jemand angerufen hatte. Sie wählte die Mailbox an und hörte, wie sich ein ziemlich betrunkener Willimowski meldete, sich nuschelnd entschuldigte und etwas murmelte von Kollegen, mit denen er noch einen klitzekleinen Schluck genommen habe. Anke Dankelmann grinste. Sie war ihm nicht böse, sie hatten sich ja auch nicht verabredet für den heutigen Abend – und insgeheim war sie froh, dass er es einmal krachen ließ. Das war, wie sie fand, ein gutes Zeichen, ein Schritt zurück ins Normalleben. Sie machte den Fernseher an und zappte ein wenig herum. Auf n-tv lief eine Dokumentation über die Frauen im Dritten Reich – und sofort änderte sie ihre eigene Programmplanung für den Abend. Sie hörte sich die Berichte der alten Frauen, die man als Zeitzeuginnen interviewt hatte, an. Sie berichteten vom BDM – und natürlich dachte sie an die Erzählung Surmanns. Hellwach lauschte sie den Berichten der Zeitzeuginnen, sah die Bilder aus den Fotoalben und die offiziellen Aufnahmen der Wochenschau von damals – heile

Welt allerorten –, und auch im Rückblick gewannen die Frauen der BDM-Zeit nur Positives ab. Erst mit dem Krieg trübte sich das Bild. Und in Gedanken sah sie den jungen Surmann vor sich, wie er mit seiner BDM-Martha in der Goetheanlage schwofte.

Am nächsten Morgen absolvierte sie ihre Nordic-Walking-Runde. Die Goetheanlage war ja nur ein paar Minuten entfernt, und sie versuchte sich vorzustellen, was damals vor über 70 Jahren hier passiert war – und wie der kleine Park damals ausgesehen haben könnte. Sie fand eine Parkbank, setzte sich kurz drauf und beschloss, diese Bank die Surmann-Bank zu nennen. Lange hielt sie es nicht aus, es war einfach zu kalt. Und auf dem Rückweg stellte sie fest, dass dieser Fall sie schon komplett gefangengenommen hatte. Sie konnte wenig selbst tun – aber sie tauchte ein in die Zeit der Erzählungen, weil sie so die Chance bekam, ein Stück dieser Stadt, das längst verschüttet war, auszugraben und eine Zeit, die sie nie verstanden hatte, näher kennenzulernen.

Als sie Willimowski anrief, hatte der einen mächtigen Kater, beschwerte sich über die Störung und forderte, bis Weihnachten durchschlafen zu können. Sie erzählte ihm kurz, dass sie zu ihren Eltern nach Borken fahren wollte und bezweifelte, dass er außer Kopfschmerzen irgend etwas mitbekommen hatte.

Sie war dann erst zum Abendessen in Borken, sie hatte einfach getrödelt. Einkaufen, dann ein bisschen in der Glotze zappen, Zeitung lesen, Wäsche waschen, trockene Wäsche bügeln und wegräumen, die Wohnung durchwischen, ein paar Bankdinge übers Internet erledigen – Singles mit einem derart zeitfressenden Job wie sie ihn hatte, solche Menschen hatten es an freien Wochenenden nicht einfach.

Ihren Eltern ging es zum Glück gesundheitlich gut. Sie lebten ihr Leben in ihrer ländlichen kleinen Stadt, hatten Freunde, waren Mitglied in Vereinen, hatten Rituale – Anke Dankelmann und ihr Bruder mussten sich nicht sehr um Vater und Mutter kümmern. Und dennoch merkte sie jedes Mal, dass besonders ihr Vater aufblühte, wenn er seine Tochter sah. Er bediente sie den ganzen

Abend, und als sie den Vorschlag machte, mal den Fernseher aus zu lassen, stimmte er sofort zu. Ihre Eltern hatten das Dritte Reich nicht bewusst erlebt. Sie erzählte den beiden kurz von ihrem neuen Fall und fragte sie dann, wie sie sich dieses Phänomen des Nationalsozialismus und den Erfolg dieser Massenbewegung erklärten. »Genau kann ich das natürlich nicht«, sagte ihr Vater. »Aber ich denke mir, dass es den Nazis einfach gelungen ist, die Menschen zu begeistern. Mit Aufgaben in ihren Organisationen, sie holten die Leute von der Straße, weg von der Arbeitslosigkeit in eine neue Aufgabe – wie immer die auch ausgesehen haben mag. In einer chaotischen Zeit, in der der verlorene Krieg immer noch so eine wichtige Rolle spielte, in der ein ganzes Land unter den Folgen litt, schafften sie es, Nationalgefühle zu wecken und auf sich zu kanalisieren. Das ist jetzt verdammt einfach ausgedrückt. Dass das Ganze im Endeffekt dann zum größten Verbrechen der Menschheitsgeschichte wurde, das hat am Anfang sicher niemand gesehen. Und wenn es Anzeichen gegeben hätte – wegen des scheinbaren Glanzes, den sie verbreiteten, hätte man sicher auch drüber weggesehen. Dafür spricht ja auch, dass viele, möglicherweise die meisten, das ignoriert haben, als manches an diesem Verbrecherregime offenkundig wurde. Man kann ja nicht Millionen Menschen verschwinden lassen, ohne dass jemand es merkt oder nachfragt. Die wollten es nicht wissen. Das macht dann irgendwie auch eine Art von Mittäterschaft aus. Und dennoch, Anke: Ich bin mir ziemlich sicher: Wenn ich 1933 so 18, 20 Jahre alt gewesen wäre – mich hätten sie auch eingefangen und begeistert. Und ich glaube, das gilt für fast alle aus meiner Generation.« »Naja, und dann gab es eben auch ein einfaches Weltbild«, sagte ihre Mutter. »Frauen hatten ihre Aufgaben, es gab Gut und Böse – und wer gut war, das war schnell erklärt. Und die Bösen – das war auch schnell klar.« Sie sprachen noch stundenlang über die teilweise aus der heutigen Zeit nicht rational nachvollziehbaren Phänomene dieser Zeit. Und auch darüber, dass man vieles erklären, aber eben nicht verstehen konnte.

Anke Dankelmann fuhr gegen Mitternacht nachdenklich nach Hause. Sie hatte mit ihren Eltern noch nie so ernsthaft und lange über Politik gesprochen. Und irgendwie war sie stolz, dass diese einfachen Leute sich Gedanken machten und etwas zu sagen hatten. Es war ein Willimowski-freies Wochenende. Sie telefonierten am Sonntag sehr lange, und er hatte ihr angeboten, einen Spaziergang zu machen oder gemeinsam essen zu gehen. Sie hasste Spaziergänge, diese unglaublichen Menschenmassen, die sich an Sonntagnachmittagen überall durch die Lande schleppten, danach möglicherweise Kaffeetrinken in irgendeinem Etablissement, Kuchen dazu, Heimfahrt im Auto und sinnvollerweise direkt das Abendessen danach. Zum Fernsehabend noch zwei Pullen Bier und man durfte sicher sein, erstens zwei Kilo zugenommen zu haben und zweitens den Morgen im Büro nicht zu gebrauchen zu sein. Das Ganze zweiundfünfzig Mal im Jahr. Machte 104 Kilo Übergewicht pro Jahr rechnete sie aus. Was eindeutig nicht stimmen konnte.

Eigentlich machte sie sich mehr Gedanken um ihre Beziehung zu Willimowski. Irgendwie hatte sie das Gefühl, dass beide an diesem Wochenende den Abstand gebraucht hatten. Seine Entwicklung machte ihr zunehmend Sorgen, wenn auch die spontane Feier am Wochenende ja eher ein Indiz sein konnte, dass er auf dem Weg zurück in frühere Normalität war. Aber etwas brodelte in ihm, und sie war sich sicher, dass sie ihm nicht helfen konnte. Er brauchte Hilfe, aber er war nicht bereit dazu. War es für jemanden mit seinem Trauma nötig, mehr Leidensdruck zu erfahren? Konnte das aber nicht möglicherweise ins Gegenteil umschlagen? Sie ahnte, dass er nicht auf sie hören würde, und beschloss, seinen besten Freund Vitali anzurufen und sich mit ihm auszutauschen. Sie atmete auf, das war eine gute Idee, in Krisen rettete man sich psychisch oft durch den einen oder anderen guten Gedanken.

Am Montag quälte sie sich über die B 3 nach Marburg. Bis Gilserberg, einem etwas größeren Dorf mit einer großen Bäckerei in der Ortsmitte, die wunderbares, rustikales Natursauerteigbrot herstellte und dies in der ganzen Region erfolgreich verkaufte, kam sie prima voran. Das Wetter meinte es ausnahmsweise halbwegs gut und sorgte für ein wenig Sonnenschein und laue Temperaturen. Nach Gilserberg musste sie nach einer Kurve scharf bremsen, ein langer Lkw-Konvoi trödelte die Straße entlang, an der Spitze ein Traktor, der den gesamten Verkehr aufhielt. Das würde erst einmal nichts werden, dachte sie, und bog rechts auf einen Parkplatz mit einem kleinen Imbiss ab. Ochses Imbiss, den gab es schon seit Jahrzehnten. Als Jugendliche waren sie von Borken aus oft mit dem Moped hierhergefahren, hatten eine Currywurst mit Pommes gegessen und waren dann zurück. Die beste Currywurst im Kreis – das galt sicher heute immer noch. Es war zu früh für ein solches Menü, und sie bestellte einen Kaffee. Ein wenig lauschte sie der Unterhaltung dreier Fernfahrer, die am Nebentisch standen, dann schweiften ihre Gedanken zu Surmann ab und dem Gespräch, das sie mit ihren Eltern geführt hatte. Surmann war jung gewesen, etwa in dem Alter, von dem ihr Vater erzählt hatte. War eingetaucht in eine Organisation und relativ schnell konfrontiert worden mit der Gewalt, die mit dem Regime verbunden war. Wie ging dessen Geschichte weiter? Am Nachmittag würde sie ihn besuchen, diesmal ohne Stengel, der einfach keine Lust hatte. Sie hatten am Morgen telefoniert, und er hatte ihr ganz ehrlich gesagt, er wolle mal aussetzen.

Sie kam mit knapp 45 Minuten Verspätung in Marburg an – insgesamt hatte sie für die fast 90 Kilometer von Kassel über eineinhalb Stunden gebraucht. Eine Mitarbeiterin des Archivs erklärte ihr die Suchsystematik im Papierarchiv und auch die grundlegenden Dinge für eine PC-Recherche – dann war sie allein. Sie begann, ihre Liste abzuarbeiten. Sie fing mit Siegfried Dippel an. Von ihm gab es keine eigene Akte, aber einen Hinweis, dass sein Name in einer anderen Akte auftauchte. Die Akte hieß »Tristan« – Anke Dankelmann war wie elektrisiert. Tristan war doch der Deckname dieses Typen, den Surmann am Abend des Mordes am Bahnhof Wilhelmshöhe gesehen hatte? Aber es gab nur den Hinweis auf die

Papiere: Die Akte Tristan selbst existierte nicht in diesem Archiv. Anke Dankelmann merkte, wie ihr Inneres vor leichter Aufregung zu kribbeln begann. Dann suchte sie Guntram Köhler. Von ihm gab es eine Akte – allerdings nur mit einem kurzen Lebenslauf. Der mit dem Hinweis endete: »Verschollen seit 1933«. Sie würde Surmann fragen müssen. Sie durfte die Aktenblätter kopieren und besorgte sich einen großen Umschlag für den Transport.

Die Sache mit Tristan hatte sich erledigt – aber, ein Gedanke blitzte durch den Kopf, was war mit Surmann? Es gab eine Akte Surmann mit einem Lebenslauf, der all das enthielt, was sie im Wesentlichen kannte. Der Inhalt endete mit einem Verweis auf Blatt drei – und genau das fehlte. Surmanns Leben in dieser Akte schloss mit dem Eintritt in die SA 1933 ab. Und mit dem Hinweis auf eine namhafte Geldspende im Juni 1933. So spät erst? Hatte er nicht viel früher spenden wollen? Sie würde ihn fragen. Auch diese Kopien tat sie in den Umschlag und grübelte, was noch anliegen könnte. Warum war diese Akte hier im Staatsarchiv? Eigentlich lagen doch hier nur ungelöste Mordfälle oder Akten von verschollenen Menschen, ungeklärte Existenzen. War Surmann verschollen gewesen?

Zum Glück ging es auf dem Heimweg flotter, dennoch hielt sie wieder am Imbiss an und schlang gierig eine Currywurst herunter. Die Sauce, meinte sie, schmeckte noch wie vor 20 Jahren, ein paar Paprikastückchen, was immer die an einer Currysauce zu suchen hatten, waren schon damals in den gleichen kleinen Pappschüsselchen herumgeschwommen. Schön, wenn sich Dinge mal nicht änderten. Sie mochte so was.

Thomas Heinrich Surmann sah an diesem Tag nicht gut aus. »Was ist mit Ihnen?« fragte sie. Surmann winkte ab. »Ich habe Ihnen die Wahrheit über meinen Gesundheitszustand ja noch gar nicht erzählt. Mein Krebs meldet sich wieder zurück. Eigentlich dachte ich, ich würde es bis Weihnachten schaffen, heute habe ich Zweifel, ob ich noch mitbekomme, wer deutscher Fußballmeister wird.« Die Saison endete im Mai, das wusste sie. Dann beeil dich mit den Erzählungen, dachte Anke Dankelmann mitleidlos.

»Ich ahne, was Sie denken«, sagte der alte Mann. »Wenn das so ist, dann soll ich mich mit meinen Berichten ein wenig sputen, oder?« Er sah die Kommissarin mit stechendem Blick an. Die fühlte sich ertappt und schaute an Surmann vorbei an die Wand. Der Mann lächelte. »Recht so«, nickte er. »Ich würde an Ihrer Stelle ja genauso denken, ich mache ja auch schon weiter. Sie waren heute im Staatsarchiv, was haben Sie gefunden?« »Woher wissen Sie das?« Anke Dankelmann war selten verwirrt, aber dies war so ein Moment. »Ich habe immer noch meine Quellen, junge Frau.« »Wie das? Im Staatsarchiv?« »Sagen wir mal so: wenn jemand da in den Akten aus dieser Zeit schnüffelt, dann bekomme ich das mit. Die meisten meiner Verbindungsleute sind zwar tot, aber mein Informations-Netzwerk steht noch.«

Anke Dankelmann fröstelte, das war alles irgendwie unheimlich. Sie wollte fragen, doch Surmann ahnte das und winkte ab. »Das ist jetzt im Augenblick auch ziemlich egal, vielleicht erzähle ich Ihnen später mal etwas davon, jetzt mache ich erst einmal mit der eigentlichen Geschichte weiter.« Er nippte an seinem Sherry, dachte kurz nach und fing an. »Ich habe mich noch den gleichen Abend mit Guntram Köhler verabredet, aber vorher waren wir ja noch bei der Gestapo.«

11

Weinrich, Surmann und die drei anderen Mitarbeiter der Gauleitung hätten die paar Meter bis zur Gestapo im Königstor auch laufen können. Doch sie wollten natürlich Eindruck machen und fuhren mit zwei dunklen Limousinen vor. Das mächtige, bedrohlich wirkende Gebäude trug den Namen Polizeipräsidium, doch seit diesem Jahr war die Geheime Staatspolizei, kurz Gestapo, dort untergebracht. Surmann wusste, dass diese Polizei eher in politischen Dingen unterwegs war, ausgestattet mit mancherlei Sonderbefugnissen, und dass man in der Bevölkerung mit Respekt oder gar Angst von ihr redete. Wer es mit der Gestapo zu tun bekam, der hatte schlechte Karten. Sie saßen zusammen in einem Konferenzraum im ersten Stock, Gestapo-Chef Willi Helfer mit dreien seiner Abteilungsleiter. Zigarren wurden gereicht, es gab Cognac, man bediente sich reichlich, nur Surmann war zurückhaltend. Die Zigarren lehnte er komplett ab, beim Cognac ließ er sich nicht nachschenken. Helfer und Weinrich kannten sich offensichtlich von früher – war das Weinrichs Informant bei der Gestapo? Helfer berichtete stolz, dass der Zellentrakt im Gebäude stets prall gefüllt sei, leider verfüge das Haus aber nicht über eine ausreichende akustische Dämmung, so dass man zu manchen besonderen Verhören die Gefangenen in die Bürgerkeller bringen müsse. »Die Luftveränderung bekommt ihnen allerdings meist nicht so gut«, sagte Helfer, und alle lachten. Surmann hatte von diesen besonderen Verhören gehört: Die Gefangenen wurden gern gefoltert oder zumindest verprügelt. »Es ist eigentlich jammerschade, dass wir nicht ausreichend Lagerkapazitäten haben, um alle Feinde des Reiches schneller bekämpfen und wegschließen zu können.«

Weinrich war aus irgendwelchen Gründen stolz auf seine Meinung. »Glauben Sie denn im Ernst, dass der Führer die Judenfrage lösen will, indem er die Juden in Lager einsperrt? Das finde ich nicht konsequent gedacht.« Helfer blies ein paar Rauchwolken in die Luft. »Wenn Sie mich fragen, dann muss man die Judenfrage konsequenter lösen.« Alle blickten ihn an. »Naja, Arbeitsdienst, einsperren – das führt ja alles nicht dazu, dass sie verschwinden, oder?« Erneute Rauchwolken. »Ich habe gehört, dass es in Berlin durchaus Pläne gibt, die Juden konsequenter, existentieller zu bekämpfen. Aber«, er schaute auf seine protzige Armbanduhr, »das führt jetzt sicher zeitlich zu weit. Meine Herren, wollen Sie einen Rundgang durchs Gebäude machen?« Helfer wartete die Antwort gar nicht ab, stand auf, alle anderen folgten ihm. Surmann war von dem eben Gesagten irritiert. Was hatte Helfer eben gemeint? Die Juden sollten verschwinden? Wollte man sie ausweisen? Er verstand das Ganze nicht, marschierte hinter den anderen her und kam auf andere Gedanken.

Als die kleine Gruppe im Gleichschritt durch die blank gewienerten Gänge marschierte, hallten die Schritte laut wider. Aber dieser gemeinsam erzeugte Klang, diese gemeinsame, flotte, dynamische Bewegung, das strömte Stärke und Macht aus. Genau das liebte Surmann an der Partei, der SA, der Bewegung insgesamt. In einem kleinen Raum im obersten Stockwerk genossen sie die Aussicht auf die Südstadt. Auch hier war die Bebauung der Stadt spärlich, man sah überall die ehemaligen kleinen Dörfer wie in dem Fall Wehlheiden, das sich rechts von ihnen erstreckte. Rund ums Präsidium eine Reihe von eindrucksvollen Bürgerhäusern, aber das ganze Stadtgebiet war keine homogene Einheit, wirkte irgendwie städtebaulich zerrupft. Helfer erzählte etwas von »gutem Standort, man ist zum Eingreifen schnell in jedem Winkel der Stadt«, Surmann aber spürte ein dringendes Bedürfnis und fragte nach der Toilette. »Gang entlang, vierte Tür auf der rechten Seite, junger Mann«, flocht Helfer in seinen nächsten Monolog ein. »Treffen uns dann im Archiv, erster Stock, Zimmer 115.«

Surmann zog los, erledigte sein Geschäft und merkte, als er aus der Toilette auf den Flur trat, dass die Gruppe tatsächlich schon weiter gegangen war – es war totenstill im obersten Stockwerk des Gebäudes. Er ging langsam den Gang entlang Richtung Treppenhaus und schaute sich die Schilder neben den Türen an, die anzeigten, wer hier arbeitete. Er war offensichtlich genau in die falsche Richtung gegangen, denn hinter der nächsten Zwischentür sah er beim Näherkommen die Außenwand des Gebäudes, er drehte um und sah, dass eine Tür geöffnet war.

Er war neugierig, lugte durch den Türspalt und schreckte sofort zurück: Der Mann, den er da von hinten sah und der sich gerade tief über die Schreibtischplatte beugte, war Tristan. Nein, es gab keine Zweifel. Er zog sich langsam vom Türspalt zurück und ging leise weiter. Dennoch musste Tristan etwas gemerkt oder gespürt haben. Er hörte, wie sich hinter ihm die Zimmertür schloss. Surmann grübelte. Das Schild neben der Tür hatte keinerlei Aufschluss darüber gegeben, wer da arbeitete. Es war blütenweiß.

Tristan hatte keinen Namen, keine Funktion. Es gab ihn nicht. Das war die Botschaft.

Wenige Minuten später hatte er das Archiv gefunden, richtig interessieren tat ihn das Ganze nicht, mit einem Abteilungsleiter der Gestapo, einem gewissen Helmut Speck, tauschte er Telefonnummern aus – bei bestimmten Veranstaltungen konnte es sein, dass es nützlich war, vorher oder nachher miteinander zu sprechen. Es war 18 Uhr, als sie das Gebäude der Gestapo verließen. Die Gruppe trennte sich vor dem Haus im Königstor, Weinrich fuhr mit einem Auto zurück in die Parteizentrale, die drei anderen ließen sich zu Lohmann kutschieren, Surmann ging die Wilhelmshöher Allee entlang zur nächsten Straßenbahnhaltestelle. Er hatte sich für 20 Uhr mit Köhler im Gasthaus »Zum Rammelsberg« verabredet, einer kleinen Dorfschänke in Wahlershausen, ein Dorf, das direkt an Wilhelmshöhe angrenzte. Zuhause fand er Henriette in der Küche vor. Sie machte ihm ein kleines Abendessen, Brot, Butter, Käse, zwei Tomaten und vorweg eine kleine Tasse Gemüsesuppe. Sie unterhielten sich kurz über den Tag, er berichtete ihr von dem Besuch bei der Gestapo – er hatte Vertrauen zu Henriette, die seinem neuen Erscheinungsbild mit SA-Uniform ganz offensichtlich viel abgewinnen konnte. Er war in ihrer Achtung gestiegen, das konnte man spüren. »Es ist ein Paket gekommen«, sagte sie dann, »beinahe hätte ich es vergessen. Das ist von Mauz, ich nehme an, da sind Ihre Uniformen drin, die sie bestellt haben.«

Er öffnete das Paket, bei Mauz hatte er zwei weitere Uniformen in Auftrag gegeben, er wollte jeden Tag aussehen wie aus dem Ei gepellt. Bevor er sich umzog, inspizierte er im Mansardenzimmer eine Kiste mit dem Nachlass von Onkel Kurt, er hatte ja gerade angefangen, die Unterlagen zu sichten, und hatte etliche Kisten noch vor sich. Bisher hatte er nichts gefunden, was entweder ihn oder seinen Onkel belasten konnte. Aber er musste alle Kisten durchgehen, um endgültige Sicherheit zu haben. Keine leichte Aufgabe, denn eigentlich wusste er noch nicht einmal so richtig, nach was er suchte.

Er ging zu Fuß zum Treffpunkt und nutzte den lauen Abend, um ein wenig durch Wahlershausen zu schlendern. Es gab hier noch einige Bauernhöfe, kleine Anwesen, in denen um diese Zeit noch Betrieb war. Er mochte dieses Dörfchen mit seinen Kopfsteinpflasterstraßen, und vor allem mochte er das winzige Schulgebäude, ein klobiges Backsteinhaus in der Langen Straße. Jedes Mal, wenn er daran vorbeiging, musste er unwillkürlich an Wilhelm Busch denken – hier hätten Max und Moritz und Lehrer Lämpel prima hingepasst.

Köhler war schon da, als Surmann eintraf. »Lange nicht gesehen«, brummte der, als sie sich begrüßten. Der Polizist sah gar nicht gut aus, wirkte irgendwie eingefallen, seine Gesichtsfarbe war ungesund, er war leicht schwammig geworden. Surmann bestellte ein Bier, Köhler hatte schon eins vor sich, orderte aber gleich ein weiteres. Auf dem Weg hierher hatte sich Surmann überlegt, was und wieviel vor allem er dem Polizisten über den Stand der Dinge erzählen konnte. Sie sprachen zunächst über allgemeine Themen. Bei Surmanns zweitem Bier, Köhler hatte sein viertes in Arbeit, schaute ihn der Polizist an und sagte plötzlich: »Du willst mir doch gar nichts erzählen, selbst wenn du was wüsstest: du würdest mir nichts sagen. Du hast doch längst die Seite gewechselt, oder? Thomas, du kannst das ruhig sagen, das machen so viele im Augenblick, da würde es mich nicht weiter wundern.« Surmann schaute sich im Lokal um. Bis auf einen, den Stammtisch, waren in dem dunkel getäfelten Raum alle Tische frei. Am Stammtisch wurde ein kräftiger Skat gedroschen, die Runde kümmerte sich ausschließlich um sich selbst, aber man wusste ja nie. Irgendwie konnte hier alles und jeder Ohren haben. An der Theke stand der etwas rundliche Wirt, der mit seiner ledernen Schürze eher wie ein Bierkutscher aussah, und zapfte den Skatbrüdern die nächste Runde. Surmann umging eine direkte Antwort, er hätte vermutlich lügen müssen. »Ich habe eine Weile gebraucht, bis ich in die Details eingeweiht wurde, heute hat mir Weinrich alles berichtet.« »Weinrich? du meinst, der Herr Gauleiter in seiner uneingeschränkten Herrlichkeit hat dir alles erzählt? Seine Penetranz haben ausgepackt? du hast mit diesem widerlichen Fettsack zu tun?« »Natürlich. Im Übrigen ist er gar nicht so fett. Ich bin Verbindungsmann zwischen Partei und SA, ich habe fast täglich mit Weinrich zu tun.

Hast du das vergessen?« »Ich wusste, dass du Verbindungsmann bist. Aber dass du da ständig mit den hohen Tieren, ich meine, du bist doch nicht mehr als ein Sturmmann. Mit Verlaub.« »Stimmt. Aber was nicht ist, kann ja noch werden.« Surmann fühlte sich ein wenig in die Enge getrieben. Er erzählte seinem Freund beinahe die ganze Geschichte, der hörte ihm anfangs irritiert, dann fasziniert zu. Er vergaß sogar das Biertrinken. Als Surmann geendet hatte, schaute er Köhler fragend an. »Von all dem ist, soweit ich weiß, bei uns nichts bekannt. Die Fälle gelten ja auch als abgeschlossen, dieser Grabert ist der Mörder, das wurde so beschlossen und damit hat es sich dann. Ich weiß nicht, ob ich das Ganze noch einmal aufrollen kann.« »Bist du verrückt? Das sollst du doch auch gar nicht. Du solltest nur mal versuchen, ob du über diesen Tristan etwas herausbekommen kannst. Das ist der Scharfrichter der Gestapo, das werden auch nicht seine ersten Morde gewesen sein. Und mit Sicherheit auch nicht seine letzten.« »Mal sehen, was ich tun kann.« Köhler klang eher uninteressiert und betrunken als motiviert, Surmann übernahm zum Schluss die Rechnung und ging mit dem leicht schwankenden Polizisten hinaus ins Freie. Sie verabschiedeten sich und verabredeten, Köhler solle sich melden, falls er etwas zu oder über Tristan herausgefunden habe. Surmann ging die Rammelsbergstraße am Friedhof entlang, bog in die Schulstraße ein und ließ den Schulhof der Bürgerschule links liegen. Vom Sportplatz auf der anderen Straßenseite kamen ihm ein paar Fußballer entgegen, die ihr Training wegen der Dunkelheit abgebrochen hatten. Auf den Straßen war noch jede Menge los, er bemerkte es aber kaum, denn er hatte ein mulmiges Gefühl. Warum um alles in der Welt hatte er Köhler gegenüber so viele Details preisgegeben? Das waren Fakten, die außer Weinrich und ihm kaum jemand außerhalb der Gestapo kannte. Was war, wenn

Köhler mit den Informationen falsch umging? Ihm war plötzlich extrem unwohl. Es schauderte ihn, er hatte eine Spur von Angst. Die Nacht zu Samstag schlief er tief und fest. Dabei hätte er wetten können, dass er vor Aufregung kein Auge zumachen würde, hätte man ihn vorher gefragt. Aber diese Woche forderte ihren Tribut, er war fix und fertig.

Surmann verbrachte den Vormittag nach einem ausgiebigen Frühstück mit Zeitungslektüre. Er las die Kurhessische Landeszeitung, eine von drei Blättern, die in Kassel erschienen. Die Landeszeitung hatte einen kleinen Lokalteil für Kassel und einen für Marburg und natürlich jede Menge Anzeigen. Er studierte das Kinoprogramm, er wollte gewappnet sein, falls Martha plötzlich nach einem Kinobesuch war. »Ein Mädchen mit Prokura«, ein Krimi mit Paul Henkels, das schien ihm geeignet. Der Film kam im UFA-Theater. Zufrieden legte er die Zeitung beiseite. Einen flüchtigen Moment erinnerte er sich, dass er selbst vor einigen Wochen noch journalistisch tätig werden wollte – mittlerweile hatte er keinerlei Drang mehr danach. Das Schicksal meinte es wirklich gut mit ihm.

Danach tätigte er ein paar Einkäufe. Auf der Wiese unterhalb des Rammelsberges wuchsen ein paar wilde Frühlingsblumen, er pflückte einen dicken Strauß und warf ihn wieder weg. Was wollte er schon mit einem Strauß Blumen am Nachmittag anfangen? Sollte Martha die ganze Zeit mit immer mehr welkenden Blumen durch die Gegend spazieren? Er würde sie möglicherweise nach Hause bringen und dabei die Gelegenheit haben, ein paar Blumen zu pflücken. War viel romantischer, fand er, und praktischer war es auch. Richtig nervös wurde er gegen Mittag. Henriette hatte aus irgendwelchen Gründen einen Eintopf gekocht – eigentlich ein Essen für kältere Tage, er löffelte ein wenig lustlos drin herum, aß das Fleisch und hatte eigentlich überhaupt keinen Appetit. Um 14 Uhr war er so weit. Er machte sich auf den Weg, ließ das Auto stehen, er wollte nicht protzen. Als er am Wilhelmshöher Bahnhof vorbeikam, blickte er verstohlen auf die andere Straßenseite hinüber zu dem Haus, vor dem er ein paar Tage zuvor Tristan vor seinem Auftritt in Wolters Wohnung gesehen hatte. Einen Moment überlegte er, wie ein Mensch wie Tristan wohl ein Wochenende verbrachte. Ging so jemand ins Theater? Hatte so jemand eine Freundin oder gar eine Familie mit Kindern? War so jemand überhaupt zu normalen Gefühlsregungen fähig? Machte er militärische Übungen im Wald? Tristan machte ihm Angst, und gleichzeitig faszinierte ihn dieser Typ. Er musste vorsichtig sein, aber er würde weiter in dieser Sache forschen.

Natürlich kam Surmann zu früh an der Goetheanlage an. Der Himmel war bewölkt, dennoch wurde der neue Park von vielen genutzt. Manche hatten Decken auf dem Rasen ausgebreitet und machten ein kleines Picknick, andere flanierten einfach nur. Kinder spielten Fangen, es war eine schöne Stimmung spürbar. Er pirschte noch ein wenig um den Park herum. Schaute in die Hauseingänge der großen Wohnblocks in der Herkulesstraße, wunderte sich, dass, abgesehen von manchen Essensdüften, Hausflure immer wie Hausflure rochen. Muffig, verwohnt, und dennoch war immer ein Putzmittel zu erschnüffeln, deutsche Hausfrauen hielten es mit der Hausordnung am Samstagnachmittag außerordentlich genau. Einige wenige Autos waren hier unterwegs, weiter vorn hörte er die Straßenbahn um die Ecke fahren, im Internat in der Schweiz hatte man nachts die Züge gehört, die auf einer nahen Bahnstrecke vorbeifuhren. Das rhythmische Schnaufen der Loks, die Fahrgeräusche – er hatte das immer als beruhigend empfunden. Punkt 15 Uhr bog er wieder auf die Fußwege in der Goetheanlage ein, der Glockenturm der nahen Friedenskirche läutete zur vollen Stunde. Von Martha war nichts zu sehen, er wurde nervös und nervöser. Fünf nach drei – ob etwas dazwischengekommen war? Er saß auf der Bank und bemühte sich, gelangweilt und lässig zu wirken. Irgendwie war das anstrengend, er reckte sich ein wenig gegen die Müdigkeit in den Knochen – und erschrak, als sich plötzlich zwei Hände von hinten über seine Augen legten. »Dreimal dürfen Sie raten, wer das ist?« Ihm fiel ein Stein vom Herzen, am liebsten wäre er aufgesprungen und hätte die Frau umarmt, aber er musste ja lässig bleiben. »Lilian Harvey?« »Falsch.« »Magda Schneider?« »Ganz falsch.« »Heinz Rühmann?« fragte er und wollte lachen, doch da hatte er schon eine sanfte Ohrfeige bekommen. »Habe ich etwa so eine tiefe Stimme?« Surmann stand auf und drehte sich um. Martha Drönner trug ein dunkelrotes Kleid, das ihre schlanke Figur atemberaubend betonte. »Heinz Rühmann hat keine tiefe Stimme«, versuchte er zu retten, was nicht zu retten war. »Tut mir Leid, sollte ein Witz sein.« »Ich bin ja auch gar nicht beleidigt, es tut mir auch Leid wegen der Verspätung, aber ich bin zu Fuß gekommen, und da habe ich mich wohl ein wenig mit der Zeit verschätzt.« Unabgesprochen gingen sie nebeneinander her, und Surmann hatte den Verdacht, dass Martha Drönner genauso nervös war wie er selbst. Sie redeten über die Schule, die SA, das Wetter, und es war irgendwie so, dass das Thema vor Belanglosigkeit strotzen konnte – sobald Martha etwas dazu zu sagen hatte, saugte er jedes Wort in sich auf. Sie tranken später einen Kaffee im Residenzcafe, aßen ein Stück Apfelkuchen mit Schlagsahne, Surmann zahlte. »Ich war noch nie drin«, sagte Martha. »Meine Eltern können sich das nicht leisten. Und bei Ihnen wirkt es so, als seien Sie praktisch Stammgast.« Sie sagte es nicht distanziert, eher interessiert. »Ich bin schon häufiger hier, aber ich habe ja auch ein halbwegs vernünftiges Einkommen für einen allein.« Martha blickte sich noch einmal in dem wunderschönen Cafe um. »Kann man hier auch tanzen?« fragte sie. Surmann nickte. »Vielleicht ...« hob sie an. »Was denn?« Surmann drehte sich um und schaute in ihre klaren Augen. »Ach nichts, vielleicht später mal ...« Sie ging voraus auf die Königsstraße, er ging an ihre Seite und steuerte in Richtung UFA-Kino und schlug vor, den Film zu sehen. Doch Martha überraschte ihn wieder. »Schauen Sie mal: Das Wetter ist richtig schön geworden, viel zu schön, um im dunklen Kino zu sitzen, lassen Sie uns in die Karlsaue gehen, vielleicht können wir auf der Insel Siebenbergen mal schauen, was so alles schon blüht.« Sie gingen über den Friedrichsplatz hinunter in die Karlsaue, tranken unterwegs eine Limonade, setzten mit dem kleinen Fährboot über und landeten schließlich auf Siebenbergen, einer kleinen Insel voller Blumen und Sträucher mitten im barocken Park. »Wissen Sie, was hier fehlt? Stellen Sie sich mal vor, hier gäbe es Pfauen, die in dieser wunderschönen Blütenlandschaft ein Rad schlagen. Ich mag Pfauen. Die sind zwar ziemlich dumm, aber was für eine Farbenpracht!« Martha schwärmte geradezu. »Tja, dumm bin ich nicht und Farbenpracht kann ich auch nicht bieten. Aber vielleicht das ...« Surmann rannte ein paar Meter vor, drehte sich um und schlug selbst ein Rad auf dem Boden. Das Mädchen kicherte. »Was sollen denn die Leute denken?« fragte sie und schaute sich verschämt um. Surmann nahm sein Herz in beide Hände. »Die sollen denken, was sie wollen. Was glauben Sie denn, was die denken, wenn die einen Mann mit so einer schönen Frau am Samstagnachmittag in der Karlsaue treffen und der Mann macht irgendwelche Faxen? Die werden denken, da hat sich jemand verknallt.« Martha schaute ihn einen Moment an. »Und würden die Leute richtig liegen, wenn sie so was denken würden?« Surmann schaute sie an und nickte. Martha nahm zwei Schritt Anlauf und schlug vor Surmann ebenfalls ein Rad. Ihr Kleid wirbelte durch die Luft, gab ein Stück mehr von ihren Beinen frei – einige Passanten schauten irritiert herüber. »Soll das heißen ...« Surmann stellte die Frage nicht zu Ende. Martha sagte nichts. Sie gingen langsam aufeinander zu und nahmen sich kurz in den Arm. »Ging irgendwie ziemlich schnell, oder? Normalerweise, ich meine, da geht man doch erst ein paar Mal miteinander aus und so und dann vielleicht.. Aber wir kennen uns ja kaum.« Martha wich zurück und schaute ihn an. »Aber da gibt es doch kein Gesetz, das so was regelt. Es ist nun mal so. Und jetzt muss ich nach Hause. Es ist schon sieben Uhr.« Surmann stand regungslos vor ihr, er nahm seinen Zeigefinger, drückte einen Kuss darauf und drückte den Finger auf den Mund des Mädchens. »Sittsam und völlig korrekt«, sagte Martha, nahm ihn an der Hand und zog ihn Richtung Ausgang. Sie gingen zurück in die Innenstadt und merkten nichts von dem, was um sie geschah. Sie erzählten sich ihre Lebensgeschichten, hörten einander zu, drückten sich die

Hände. Sie gingen am Bahnhof vorbei und waren eine knappe Stunde später am Rothenberg angekommen. Hier wohnte Martha mit ihren Eltern. »Was hast du denn deinen Eltern erzählt, was du heute machst?« Sie hatten längst die Siezerei gelassen. »Meine Mutter weiß Bescheid, mein Vater muss heute arbeiten, die fahren bei Henschel Sonderschichten, meine Mutter wird es ihm irgendwann erzählen. Doch die beiden sind in Ordnung, du wirst halt irgendwann dich mal vorstellen müssen. Ich meine, falls du mich wiedersehen willst.« Sie drehte sich um und nahm seine zweite Hand, warf den Kopf nach hinten und schaute ihn an. »Du bist wunderschön«, sagte er – dann fielen ihm die Blumen ein. »Warte einen Moment«, sagte er, rannte auf die andere Straßenseite und pflückte wie wild ein paar Gänseblümchen und Butterblumen von der Wiese, machte daraus zwei Sträuße und kehrte zurück. »Einer für dich und einer für deine Mutter.« Martha nahm die beiden kleinen Sträuße und sagte: »Willst du mich denn wiedersehen?« »Was für eine Frage. Ich kann dich ja mal von der Schule abholen.« »Wir können uns nach der Schule treffen, aber abholen, das möchte ich nicht. Ich habe am Montag um viertel nach eins Schulschluss, wir treffen uns dann wieder an der Bank.«

Surmann nahm das Mädchen in die Arme, drückte ihr einen Kuss in ihr Haar und winkte ihr dann nach. Es ging ihm gut. Und was noch viel schöner war: Ihr ging es offensichtlich auch gut.

Er schnupperte, irgendein Geruch lag in der Luft. Es war nicht die Seife, nach der Martha gerochen hatte, nein, bewahre. Irgendwie hatte sich der Duft der Schöfferhofer Brauerei mit Windunterstützung auf den Rothenberg hochgekämpft. Es war dieser typische Maische-Geruch, der aus allen Brauereien wehte. Wenn man das so roch, dachte er sich, konnte man gar nicht begreifen, warum Bier so gut schmeckte.

12

Die Geschichte mit Martha, sie hatte Anke Dankelmann berührt. Bei den Erzählungen hatte sie sich vorgestellt, wie das Mädchen wohl ausgesehen haben könnte. Sie hatte ein Bild und doch keins – und hoffte, dass Surmann ihr mal ein Foto zeigen würde. Am Abend kam Willimowski vorbei. Er sah überhaupt nicht gut aus, grau im Gesicht. Anke Dankelmann hatte ein paar Spaghetti gemacht, sie hatte für die Sauce Bolognese einen besonderen Trick. Sie dünstete die Zwiebeln an, bis sie glasig waren und löschte sie dann mit viel Rotwein ab. Das führte dazu, dass sie erstens nicht braun wurden und zweitens einen leckeren Biss bekamen, und rotwein-süßlich schmeckten. Willimowski liebte diese Sauce eigentlich, aber was liebte er an diesem Abend überhaupt? Ihr Gespräch war zäh, sie versuchte ihm ein wenig von dieser merkwürdigen Geschichte rund um Surmann zu erzählen, doch seine Gedanken waren woanders. »Ich werde mich morgen krankschreiben lassen«, sagte er plötzlich. »Warum?« Anke Dankelmann war nicht sonderlich überrascht. »Ich glaube, dass ich eine richtig heftige Depression habe. Ich schaffe meine Arbeit nicht, fühle mich von allem überfordert, selbst jetzt hier bei dir – das ist mir im Inneren meines Herzens zu viel. Ich habe morgen ein Gespräch mit einem Therapeuten. Ich komme mit all den Dingen, die mir passiert sind, nicht klar. Ich habe Angst vor jedem neuen Tag, habe Angst davor, aufzustehen, und habe Angst, mich ins Bett zu legen. Ich kann dir das alles nicht zumuten. Eigentlich weiß ich aber auch, dass ich dich liebe, doch ich fühle im Augenblick nichts. Alles ist leer, gleichzeitig fühle ich mich in mir so eingeengt, dass ich platzen möchte. Es geht gar nichts.« Anke Dankelmann spürte, wie eine eiserne Hand sich um ihr Herz legte und erbarmungslos zudrückte. »Zu welchem Therapeuten gehst du denn?« »Dr. Kirchgasser, der hat eine Praxis in der Goethestraße unterhalb vom Bebelplatz. Mein Chef, dem ich letzte Woche von allem erzählt habe, ist mit dem befreundet und hat mir einen Termin verschafft. So schnell ein Gespräch zu kriegen, ist bei Therapeuten irgendwie nicht drin. Es sind zu viele Menschen seelisch krank.« »Wie kann ich dir helfen?« Die Kommissarin versuchte, ihre Stimme nicht verzweifelt klingen zu lassen. Willimowski schüttelte den Kopf. »Lass mich da morgen erst einmal hin. Ich melde mich. Sei nicht böse, aber ich gehe jetzt nach Hause, das ist nichts gegen dich, und ich bin sicher, dass ich irgendwann wieder der Alte bin. Aber im Augenblick geht gar nichts.« Als er wenige Minuten später aufbrach, hatte er ihr zum Abschied noch nicht einmal einen Kuss gegeben. Sie räumte das Geschirr weg, machte die restlichen Spaghetti mit der Soße in eine Gefrierbox, beschriftete sie und tat alles in den Gefrierschrank. Essen für Zeiten, in denen keine Luft zum Kochen blieb – jedenfalls besser als Tiefkühlpizza.

Danach griff sie zum Telefon und rief Iris Blaul an, eine Kollegin von der Spurensicherung. Sie hatten sich über die Jahre angefreundet, und Anke Dankelmann hoffte, dass sie Zeit hatte und ihr einfach mal zuhören konnte. Sie trug das Willimowski-Paket nun schon zu lange nur mit sich herum, sie musste es jemandem erzählen. Iris Blaul war zum Glück zuhause, und Anke Dankelmann schüttete ihr Herz aus. Es tat ihr gut, wenngleich die Freundin ihr wenige Ratschläge geben konnte. Aber einer, der saß: »Frag doch mal unseren Polizei-Psychologen, wie man sich als Partner in einer solchen Situation am besten verhalten sollte. Da brauchst du doch keine Sprechstunde abwarten, und der wird dir zumindest irgendeinen Rat geben können.« Das war zumindest eine Idee. Sie würde Dr. Hartwig Bossel morgen früh anrufen. Es war fast 23 Uhr, als sie das Gespräch beendeten. »Tut mir Leid, dass ich dir jetzt den Abend verdorben habe«, sagte Anke Dankelmann zum Schluss. »Es lief eh nix im Fernsehen«, sagte Iris Blaul und lachte. Nach dem Telefonat knipste die Kommissarin das Licht aus und schaute aus dem Fenster auf den dunklen Wehlheider Platz. Und plötzlich liefen ihr Tränen übers Gesicht. Na bitte, dachte sie, wenigstens das klappt ja doch noch. An Schlaf war diese Nacht wohl nicht zu denken, vermutete sie. Und wunderte sich am nächsten

Morgen, dass sie offensichtlich nicht nur schnell eingeschlafen war, sondern auch durchgeschlafen hatte. Ihre Gedanken waren aber sofort wieder bei Willimowski. Sie hatte Angst um ihn. Eine ungewisse Angst, da drohte ihr ein Mensch zu entgleiten, nein, es war mehr, der Mensch drohte dem Leben zu entgleiten – und als ihr das bewusst wurde, hatte sie ein Panikgefühl. Und ein Gefühl größtmöglicher Ohnmacht – sie wusste seit gestern Abend, dass sie wenig helfen können würde. Er selbst musste handeln – und sie selbst brauchte dringend Rat. Sie fuhr ohne Frühstück ins Präsidium.

Dr. Hartmut Bossel war ein attraktiver Mann. Man hätte ihn für einen Schönheitschirurgen halten können, er passte nichts in Bild, das man sich von Menschen machte, die sich mit der Psyche und den Verhaltensweisen anderer auseinandersetzten. Er hätte jedes Casting für eine Vorabend-Arztserie mühelos überstanden, und Anke Dankelmann hatte bisher kaum mit ihm zu tun gehabt. Als sie ihn anrief, bat er sie, sofort vorbeizukommen. Sie ging zu Fuß zu seiner Praxis, die gegenüber dem Hauptbahnhof in einem dieser hässlichen Nachkriegsbauten untergebracht war. Außen pfui, innen hui, dachte sie, als sie die 300 Meter Luftlinie zwischen Präsidium und Ärztehaus zurückgelegt hatte. Die Praxis, die er allein betrieb, war gediegen eingerichtet. Seine Frau saß am Empfang, eine bildschöne, dunkelhaarige, kleine Person, die sie mit wachen Augen anschaute und regelrecht musterte. Bossel war jünger als Anke Dankelmann, hatte trockene, warme Hände und eine angenehm sonore Stimme. »Wie kann ich ihnen helfen?« fragte er und setzte sich auf einen Sessel, Teil einer kleinen Sitzgruppe in einem Zimmer, das gar nicht aussah, als würde es für Sprechstunden genutzt. Anke Dankelmann berichtete von Willimowskis Krankengeschichte, ihrer eigenen Unbeholfenheit im Umgang mit ihm und schaute ihn zum Schluss fragend und ausgesprochen hilflos an. »Zunächst mal das Formelle. Eigentlich ist das, was wir hier besprechen, auch nicht im weitesten Sinne etwas, das mit meiner Tätigkeit für die Polizei zu vereinbaren ist. Verstehen Sie, ich muss das ja irgendwie abrechnen. Aber ich denke mal, da finden wir einen Weg, ich stimme das dann mit Ihnen ab. Damit Sie mich nicht falsch verstehen: Es geht mir nicht ums Geld.« Bossel hatte wohl ihre Verwunderung darüber bemerkt, dass er nicht auf ihr Problem einging, sondern offensichtlich ans Geldverdienen dachte. »Ich muss aber schon aus Eigeninteresse gerade gegenüber der Polizei ein Abrechnungswesen dokumentieren, dass keine Angriffsflächen bietet. Da ihr Freund aber in diesen einen Fall da verwickelt war, da denke ich, dass wir da irgendwas hinbekommen. Das müssen wir dann aber beide decken und absprechen. Nun zu Ihnen.« Er drehte einen langen grünen Bleistift in der Hand und konzentrierte sich.

Als sie eine halbe Stunde später die Praxis in der vierten Etage verließ, war sie wenig klüger. Willimowski, hatte ihr Bossel gesagt, schien tatsächlich unter einer schweren Depression zu leiden. Das konnte man mit Therapie und Medikamenten nicht beheben – aber zumindest eine Besserung erreichen. Es würde ein langer Weg werden, und so, wie Willimowski sich verhielt, war es einer, der manche Gefahren für ihn barg. Bossel war ziemlich radikal gewesen, hatte ihr gesagt, dass es durchaus Suizidfälle gegeben hatte, die am Ende eines solchen Weges gestanden hatten. Auf dem Weg über den Bahnhofsvorplatz war Anke Dankelmann tief in Gedanken versunken. Sie hatte schon Kollegen erlebt, die wegen häuslicher Probleme einfach wochenlang krankgeschrieben worden waren. Doch dieser Typ war sie nicht. Die Vorstellung, jetzt daheim zu sitzen und zu grübeln, ließ sie schaudern. Das würde Willimowski nun gar nicht helfen. Der musste selbst was tun – und das tat er ja heute auch. Ihr Handy zeigte keinen Anruf an, er hatte sich noch nicht gemeldet. Sie holte Bernd Stengel ab, der mal wieder mit wollte, sie setzten sich ins Auto und fuhren in Richtung Augustinum.

»Ah, die Kommissare.« Surmann saß in seinem Rollstuhl, hatte sie schon erwartet. Vor ihm das unvermeidliche Glas Sherry, aber der Mann sah schlecht aus heute. »Sagen Sie, Herr Surmann, was haben Sie eigentlich für eine Krankheit.« »Sehr direkt, wie immer,

meine Kommissarin.« Surmann nippte am Sherry. Anke Dankelmann hatte einen Stein bei ihm im Brett, da war sie sich mittlerweile sicher.

Er schaute kurz aus dem Fenster, nippte erneut am Sherry. »Ich
habe Krebs im Endstadium. Das wissen Sie ja bereits.« »Ja. Aber
was für einen Krebs haben Sie?« »Eigentlich etwas unhöflich diese
Frage. Aber ich sage es Ihnen trotzdem.« Seine Stimme hatte
plötzlich eine Härte angenommen, die man dem alten Mann gar
nicht zutraute. »Es ging los mit Hautkrebs. Vor vielen Jahren. Der
schien besiegt. Dann hatte ich einen Rückfall, später kam Prosta-
takrebs hinzu, mittlerweile habe ich überall Metastasen, auch in der
Leber. Prost!« Er süffelte erneut ein wenig Sherry. »Ich gehe davon aus, dass Sie das, was ich Ihnen jetzt sage, vertraulich behandeln. Wenn ich anfange, Schmerzen zu bekommen, wenn es droht,
qualvoll zu Ende zu gehen, dann werde ich mich umbringen. Ich
habe Vorkehrungen getroffen. Was bei mir dann als Todesursache
festgestellt wird, das ist mir völlig wurscht. Wahrscheinlich bin ich
der Letzte, der noch Zyankalikapseln aus dem Krieg hat. Man wird
es riechen, wenn man mich findet. Man muss dann furchtbar aus
dem Mund stinken. Schlimmer als mit einer Alkoholfahne.« Anke
Dankelmann und Bernd Stengel schauten sich an. Anke Dankelmann war unwohl, die Sache mit den Zyankalikapseln ließ sie
schaudern. Sie hatte von Goebbels und seinen Kindern gelesen, die
er mit seiner Frau vor Kriegsende allesamt damit vergiftet hatte.
»Aber was rede ich da?«, meldete sich Surmann, »Sind Sie soweit?
Er lächelte sie an, und Anke Dankelmann merkte, dass dieser Greis
ihr von Mal zu Mal unheimlicher wurde. Welche Geheimnisse verbarg er, was würden sie an grauenhaften Dingen erfahren?

13

Als Surmann nach seinem Rendezvous nach Hause kam, war Henriette schon schlafengegangen. Er schaltete in seinem Musikzim-
mer das Radio ein und blätterte noch ein wenig in der Zeitung vom

Morgen. Machte dann das Licht aus und saß gedankenverloren im Dunkeln. Er versuchte, die Gedanken zu wechseln. Er hatte einen freien Sonntag vor sich und war irgendwie unausgeglichen. Die Standuhr schlug ein Uhr, als das Telefon klingelte. Er erschrak, stand dann auf, wunderte sich über so einen späten Anruf, dachte, es könnte vielleicht Guntram Köhler sein. Einen Augenblick hoffte er, es wäre vielleicht Martha – aber der Gedanke war natürlich kompletter Blödsinn. Warum sollte sie mitten in der Nacht einen öffentlichen Fernsprecher suchen und ihn anrufen. Er meldete sich. »Surmann, hallo?« Er hörte ein kurzes Schnaufen in der Ohrmuschel, dann machte es Klack, und die Verbindung war unterbrochen. Was war das gewesen? Er dachte nach. Im ganzen Haus war es dunkel, hatte da jemand versucht herauszufinden, ob jemand daheim war? Und wenn ja – dann musste er dies aus nächster Nachbarschaft getan haben, mit Sichtkontakt. Wer wissen wollte, ob jemand ans Telefon ging, musste wissen, wo der Apparat stand und damit rechnen, dass man mitten in der Nacht erst das Licht anmachte und dann zum Telefon schlurfte. Es gab hier im Mulang aber keine öffentlichen Fernsprecher, also musste es aus einem Nachbarhaus passiert sein. Da waren nur wenige Häuser, von denen man seins beobachten konnte, und alle waren bewohnt. Bis auf die Villa des pensionierten Generals Rudelsdorff, der war mit seiner Frau in die Sommerfrische gefahren, irgendwo an der Ostsee ließen sie es sich gut gehen. Henriette hatte davon erzählt. Und Rudelsdorff hatte ein Telefon.

Surmann legte den Hörer auf und ging durch den Flur zur rückwärtigen Front des Hauses. Da gab es eine Tür, die in den Garten führte. Er schloss auf, öffnete und trat ins Freie. Er musste sich beeilen, der andere würde vermutlich Rudelsdorffs Haus sofort verlassen. Er trat auf die steinerne Treppe und erschrak vom Klang des Tritts. Surmann zog seine braunen Halbschuhe aus und schlich auf Strümpfen erst die Treppe hinunter, dann um die Ecke, kletterte über den Jägerzaun des Nachbargrundstücks und pirschte sich an die Buchsbaumhecke, die das Areal zur Straße abgrenzte. Er lugte um die Ecke – nichts. Gegenüber lag das Haus der Rudelsdorffs im Dunkeln. Keine Regungen, keine Geräusche. Er blieb regungslos stehen, beschloss, ein paar Minuten zu warten. Es dauerte nicht lange.

Hinter den dunklen Umrissen des gegenüberliegenden Hauses löste sich plötzlich ein Schatten. Er näherte sich dem Gartentor, öffnete es und trat auf den Bürgersteig. Die Person machte gar keine Anstalten, verborgen zu bleiben. Nach ein paar Schritten erhellte das Licht der Straßenlaterne das Gesicht. Surmann erschauderte: Tristan, ganz eindeutig, keine Zweifel waren möglich. Wie konnte es sein, dass jemand so selbstbewusst, beinahe selbstverständlich in ein fremdes Haus eindrang, das Telefon benutzte und ohne jede Vorsichtsmaßnahme wieder herauskam? Da fühlte sich jemand sicher, so sicher, als würde man einen großen, starken Apparat im Hintergrund wissen, als wäre man gewiss, dass einem nichts widerfahren würde. Surmann beobachtete die Gestalt des Mörders und beschloss, ihm zu folgen. Er blieb auf dem Grundstück und folgte ihm die Straße hinab. Hinter der nächsten Ecke wartete ein Auto. Surmann fühlte sich unwohl, so ohne Schuhe durch das Dunkel zu laufen. Aber es blieb keine Wahl.

Als Tristan kam, ließ der Fahrer den Motor an, Tristan stieg ein, und der Wagen fuhr davon. Surmann hatte den Eindruck, dass es derselbe Wagen war wie vor ein paar Tagen am Bahnhof Wilhelmshöhe. Tristan war nicht allein unterwegs. Was die These bestärkte, dass hier nicht eine Einzelperson agierte, sondern möglicherweise eine Organisation. Surmann hatte plötzlich abgrundtiefe Angst. Er dachte ans Klavierspielen, das würde beruhigen – allerdings um diese Zeit sicherlich nicht die Nachbarn. Er ging zurück ins Haus, schloss die Hintertür ab und setzte sich ans Klavier. Er spielte für sich, ohne die Tasten anzuschlagen. Um seine wirren Gedanken zu ordnen, machte er ein paar Fingerübungen. Mozart, zur Aufheiterung. Dann ging er ins Bett.

Es war das erste Mal, dass er mit einem unguten, beinahe ängstlichen Gefühl zum Dienst erschien. Es war Montag, 8 Uhr.

Den Sonntag hatte er damit verbracht, auf dem Sportplatz in Wilhelmshöhe ein paar Runden zu laufen. Es hatte geregnet, und er war komplett eingesaut, als er zurückgekommen war. Henriette hatte ihn auf der Hausschwelle gestoppt, er hatte die Schuhe ausgezogen, die kurze Hose und sein Hemd – dann durfte er rein. Nachmittags hatte er tatsächlich noch einmal Klavier gespielt. »Sie spielen wie ein junger Gott«, hatte Henriette gesagt, die in der Tür gelauscht hatte. Das schmeichelte ihm, er hörte es gern. Und freute sich schon darauf, eines Tages Martha vorspielen zu dürfen. Ob sie Klavierspiel mochte?

Er saß an seinem Schreibtisch und hatte nur mit Korrespondenz zu tun. Die Gedanken schweiften ab, zu Martha und landeten dann doch bei Tristan. Welches Geheimnis verbarg sich in den Unterlagen des Onkels? Tristan konnte eigentlich nur daran interessiert sein. Er, Surmann, verbarg keine Geheimnisse, selbst seine Vermögensverhältnisse waren hinlänglich bekannt – und auf Geld war dieser Mörder garantiert nicht aus. Er musste bei Gelegenheit in Ruhe weiter suchen. Am Sonntag nachmittag ging er noch einmal aus dem Haus, überquerte die Straße und betrat Rudelsdorffs Grundstück. Er untersuchte das Schloss der Eingangstür – es war unversehrt, hinterm Haus auf der Terrasse wurde er fündig: Die Terrassentür war aufgebrochen worden, es war ein einfaches Schloss, da reichte ein harter Gegenstand zum Aufhebeln. Und genau das hatte Tristan getan.

Er schaute auf die Uhr – es war knapp nach 12 Uhr, er machte sich auf den Weg, denn zum Rendezvous mit dieser wunderschönen Frau wollte er nicht zu spät kommen. Um 15 Uhr war erst der nächste Termin, eine Dienstbesprechung. Es ging um gezielte Aktionen gegen jüdische Geschäfte, vornehmlich in der Innenstadt. Aber vorher würde er Martha wiedersehen. Er fuhr mit der Straßenbahn bis zum Kirchweg, stiefelte die paar Meter zur Goetheanlage und war pünktlich am Treffpunkt. Wie sie wohl aussehen würde, so in Schulkleidung? Er hatte keinerlei Vorstellung. Der Himmel bewölkte sich, und sofort sank die Temperatur ein wenig. Ihn fröstelte, trotz der dicken Uniform. Reine Nervosität, sagte er sich. Und dachte erneut an Tristan. Wenige Minuten später hörte er fröhliches Geplapper, dann bog eine Handvoll junger Frauen in die Goetheanlage ein. Vorneweg Martha, die einen schwarzen Faltenrock, eine weiße Bluse mit langen Ärmeln und unter dem Arm eine schwarze Ledertasche trug. Sie winkte ihm zu, verabschiedete sich von den Mädchen, die in eine andere Richtung weitergingen und natürlich ununterbrochen zurückschauten.

Sie standen voreinander, und er traute sich nicht, sie in den Arm zu nehmen. Martha lächelte, schlang die Arme um ihn und drückte ihn fest an sich. Er wusste gar nicht, ob sich das für einen Uniformträger gehörte, aber es war ihm auch wurscht. »Ich habe dich vermisst«, flüsterte er. Sie drückte ein wenig fester. »Schön«, sagte sie. Und entließ ihn abrupt aus der Umarmung. »Ich habe nicht viel Zeit, jede Menge Hausaufgaben, und ich muss meiner Mutter bei der Wäsche helfen. Wir haben heute die Bleiche für uns, da ist Großkampftag.« »Ich kann dich ja nach Hause fahren«, sagte er und schaute sie an. Irgendwann musste er ja ein wenig mehr von sich erzählen. »Du hast ein Auto?« Surmann nickte. »Was denn für eins?« Sie wirkte begeistert. »Einen Horch.« »Echt? Gehört der dir? Oder deinen Eltern?« »Meine Eltern sind lange tot. Das Auto gehört also mir.« »Verdient man denn bei der SA so viel?« Surmann schüttelte den Kopf. »Ich erzähle es dir ein andermal. Ich habe das Auto eh nicht dabei, es steht bei mir zuhause, da müssten wir erst hinlaufen.« Martha schaute ihn interessiert an, aber ihn irritierte immer noch dieser immer leicht spöttische Blick. Offensichtlich konnte sie den nicht abstellen. »Dann bist du also kein armer SA-Mann, sondern ein wohlhabender? Und was will der von einem armen Arbeitermädchen wie ich es bin?« Sie nahm seine Hand, drehte sich um und schlenderte, ihn im Schlepptau, durch die Goetheanlage. »Was ich will? Darauf kommt es mir gar nicht so an. Mich interessiert, was du willst. Ich habe das ganze Wochenende an dich gedacht. Ich würde dir natürlich gern mal mein Zuhause zeigen, ich möchte für dich Klavier spielen, das kann ich nämlich einigermaßen gut. Und ich möchte, das wäre mein größter Wunsch, dass du mich genauso gern hast wie ich dich.« »Thomas Surmann, du bist ein putziger Kerl. Alle anderen Jungs, die versucht haben, mit mir zu flirten, waren entweder Angeber oder Clowns. Du bist anders. Und ich fühle mich wohl bei dir. Das muss fürs Erste reichen, meinst du nicht?« Sie schauten sich lange an, dann zog sie ihn unter einen Baum mit tief herabhängenden Ästen, sie stellte sich auf die Zehenspitzen, und sie küssten sich. In Ordnung, dachte er sich, fürs Erste reicht das.

Er hatte Martha nicht nach Hause gefahren, das hatten sie für einen anderen Tag vereinbart. Er hatte ihr seine Telefonnummer gegeben – vielleicht brauchte sie die ja einmal. Zurück im Büro, träumte er ein wenig vor sich hin und ging dann in Vogelsangs Büro. Sie planten die Aktion gegen jüdische Geschäfte bis ins letzte Detail. Farbe war schon besorgt worden, genug Pinsel gab es auch, die Trupps wurden zusammengestellt, die Routen festgelegt. Surmann würde eine Gruppe mit fünf Mann führen. Sie würden nicht bis zum Abend warten, sondern noch vor Geschäftsschluss zuschlagen. Die Besitzer mussten noch in den Läden sein, die Passanten sollten ein richtiges Spektakel zu sehen bekommen.

Um 16 Uhr saßen die 25 SA-Männer auf einem Transport-Lkw im Hof des Marstall-Gebäudes auf, die Ausrüstung war schon auf der Ladefläche. Der Lkw fuhr in die Innenstadt, am Königsplatz sprangen die Einsatzgruppen ab und machten sich sternförmig auf den Weg. Surmann war ein wenig nervös, es war sein erster Einsatz. Die Nervosität hatte nichts mit seiner Einstellung zu Juden zu tun. Sie waren ihm im Grund seines Herzens völlig gleichgültig. Allerdings war die ständige Indoktrinierung der jüngeren Vergangenheit nicht ohne Spuren geblieben. In Deutschland, da war er sicher, hatte es schon immer einen unterschwelligen Antisemitismus gegeben. Er fand manches dabei durchaus nachvollziehbar: Die Juden hatten wichtige Positionen in der Wirtschaft besetzt, in Zeiten der Wirtschaftskrise schienen sie die einzigen gewesen zu sein, die davon profitiert hatten. Vor kurzem hatte er einen Vortrag eines ehemaligen Pfarrers gehört, der unzählige Verfahren wegen seiner antisemitischen Agitation hinter sich hatte – in Zeiten der Weimarer Republik. Münchmeyer oder so hatte er geheißen, es war eine politische Fortbildungsveranstaltung der Partei gewesen. Vollbesetzt der Saal – der Mann war natürlich bei den Nationalsozialisten ein Held. Die These des Pfarrers: der Weltkrieg war verursacht worden durch die Juden vor allem in den USA, die in Spitzenpositionen der Wirtschaft und vor allem der Banken ein großes Interesse daran hatten, dass ein langer Krieg die Kapitalnachfrage an den Finanzmärkten belebe und die Rüstungsfirmen – und damit die Juden – satt daran verdienten. Klang logisch, dachte Surmann.

Hitler war nun erst ein paar Monate im Amt – und dennoch begannen im Reich die ersten Maßnahmen zur Bekämpfung der Arbeitslosigkeit bereits zu wirken: Adolf Hitler hatte Wort gehalten, dachte Surmann, die Menschen fanden wieder Arbeit. Da war es nur folgerichtig, den Kampf gegen jüdische Einflüsse zu beginnen, in Kassel wollte man ganz vorn im Reich dabei sein. Sie zogen mit strammem Schritt die Königsstraße hoch. Bogen am Königsplatz in Richtung Entengasse und Oberste Gasse ab. Auf dem Kopfsteinpflaster der Straßen, auf denen überall Überreste von Pferdeäpfeln lagen, ließ sich schlecht marschieren. Entsprechenden Lärm machten die Schritte dennoch, eindrucksvollen Lärm. Sein SA-Trupp bestand aus blutjungen Kämpfern, er fragte sich, ob die bei möglichen Auseinandersetzungen mit den Geschäftsinhabern oder linken Passanten genug Mumm beweisen würden. Es war 17.32 Uhr, die Geschäfte hatten noch alle geöffnet, die Passanten schauten auf den Trupp in den braunen Hemden und den roten Armbinden mit dem Hakenkreuz. Aus manchen Augen blickte die pure Angst, in den vergangenen Monaten, das wusste Surmann, hatten SA und SS in der Stadt Furcht und Schrecken verbreitet. Vor allem im Umfeld der Reichstags- und Kommunalwahlen im März – die NSDAP hatte nicht die absolute Mehrheit der Stimmen erzielt, war knapp unter 50 Prozent geblieben. Aber sie hatten die

Stadt jetzt schon fest in der Hand. Und der Griff wurde eisern. Noch immer gab es jede Menge Sozialdemokraten und ein paar Handvoll Kommunisten. Sie durften in ihren Bemühungen nicht aufhören, das hatte man ihnen auch heute eingebläut. Wer locker ließ, der demonstrierte Schwäche. Man würde es heute den Juden wieder einmal zeigen müssen. Surmann befal »Stopp«, in Windeseile hatten sie sich vor dem Schaufenster eines kleinen Messergeschäftes aufgebaut, die Pinsel in die Farbeimer getaucht und den Judenstern auf die Scheibe gemalt. »JUDA VERRECKE« schrieben sie darunter. Im Geschäft regte sich nichts, die Passanten gingen weiter, einige blieben stehen und klatschten Beifall. »Bravo!« hörte Surmann und fühlte sich stark. Er befal den Weitermarsch, etwa 50 Meter weiter die Straße hinab, mitten in der Kasseler Altstadt, gab es eine Pfandleihe, die, so hatte man es ihnen gesagt, in den Zeiten der größten wirtschaftlichen Depression zu wahren Horrorkonditionen Wertgegenstände in Zahlung genommen und wieder ausgegeben hatte. Hier sollte die Gangart eine härtere sein. Surmann lauschte in die Stadt hinein, die anderen Trupps waren auch unterwegs. Der Geräuschpegel schien wie immer zu sein. Wieder stoppten sie auf sein Kommando, zwei der Männer begannen, eine Scheibe zu beschmieren, ein anderer nahm einen losen Pflasterstein, schaute Surmann fragend an. Der nickte. Der junge Bursche, von dem Surmann nicht einmal den Namen wusste, schleuderte den Stein unter dem Gejohle seiner Kameraden in die zweite Schaufensterscheibe, die in tausende von Splittern zerbarst. Surmann lächelte.

Plötzlich stürmten aus dem Laden zwei dunkelhaarige Männer mit Knüppeln in der Hand und beschimpften die SA-Leute in einer Sprache, von der Surmann keine Silbe verstand. »Hebräisch vielleicht?«, dachte er sich. Einer der SA-Männer schützte seinen Kopf mit beiden Armen, Surmann zog nach einem ersten Schrecken seinen Knüppel, den er am Gürtel band, und eilte, um ins Handgemenge einzugreifen. Sie waren in der Überzahl, aber die beiden Dunkelhaarigen waren kräftig. Einer seiner Männer blutete am rechten Ohr, Surmann drosch einem der beiden Männer den Knüppel auf das Schultergelenk, der ließ seinen eigenen Knüppel fallen und sank zu Boden. Den anderen hatten mittlerweile die restlichen drei SA-Männer überwältigt und begannen, auf ihn einzudreschen. »Stopp!« brüllte Surmann. Er wollte nicht, dass auf offener Straße möglicherweise jemand zu Tode geprügelt wurde. In dem Moment kam ein mit SA-Männern voll besetzter Lkw die Straße hoch. Der Wagen hielt, ein Mann brüllte: »Wer hat hier das Kommando?« Surmann meldete sich, erstattete kurz Meldung und erhielt seine Instruktionen. »Nach dem Einsatz in den Bürgersälen einfinden, verstanden?« Surmann nickte, zeigte den Hitler-Gruß und schaute dem Lkw kurz hinterher. Die Kameraden hatten die beiden Juden mitgenommen. Surmann hatte gehört, was gelegentlich in den Kellerräumen, vor allem im März nach den Wahlen, passiert war. Er war gespannt.

Sie schauten sich die Verletzung ihres Kameraden an, schickten ihn zum nächsten Arzt, weil das Blut unablässig aus einem Riss hinter dem Ohr auf die Uniform tropfte. »Muss wahrscheinlich genäht werden. Geh zum Arzt, hier kannst du uns nicht helfen. Wie heißt du?«, fragte Surmann. »Jens Volkert«, antwortete der Junge, der vielleicht 20 Jahre alt sein mochte. »Gute Besserung!« hatte Surmann gemurmelt. Der SA-Trupp hatte noch ein Geschäft vor sich, wo sie denn auch problemlos ihre Schmierereien anbringen konnten. Dann sammelten sie sich und gingen zu den Bürgersälen in der Oberen Karlsstraße. Auf dem kurzen Weg dorthin machten ihnen die Passanten bereitwillig Platz. Auf halber Strecke trafen sie eine andere Einsatzgruppe, sie begrüßten sich gegenseitig mit viel Gejohle. Surmann bibberte innerlich, dieses unglaubliche Gefühl der Überlegenheit, dieser Korpsgeist, dieser Adrenalinschub bei der Keilerei mit den beiden Juden, die Zufriedenheit über die eigene Skrupellosigkeit, als er einen der beiden niedergeschlagen hatte – das Glücksgefühl war kaum auszuhalten. In den Bürgersälen gab es eine kurze Ansprache Vogelsangs. Danach musste Surmann zusammen mit seinem Trupp in den Keller. Sie gingen die steinerne

Treppe hinab und hörte dann gedämpfte Schreie. Vogelsang öffnete eine Tür, die Schrei hörten sie nun ungedämpft, innen drin standen zwei riesige SA-Männer, die Surmann vorher noch nie gesehen hatte, und vor ihnen saßen auf robusten, in der Erde verankerten Stühlen die beiden Juden von vorhin. Einer hatte völlig zugeschwollene Augen, der andere ließ eine Schulter nach unten hängen, es war der, den Surmann niedergeknüppelt hatte. Ein SA-Mann drückte ihm auf die verwundete Schulter, und der Mann brüllte. Es war eine wortlose Folterung. Surmann musste ihm im Schultergelenk irgendwelche Knochen zumindest angebrochen haben. Niemand stellte Fragen, es gab einfach Schläge, immer wieder, bis dem einen das rechte geschwollene Auge aufplatzte und sich ein Schwall Blut über sein Gesicht auf den Anzug ergoss. Der andere war längst bewusstlos vor Dauerschmerz geworden. Der SA-Mann, der ihn misshandelt hatte, nahm einen Knüppel von der Wand, die mit derartigen Instrumenten gespickt war, holte aus und drosch ihm auf die andere Schulter. Der Jude schrie auf, die SA-Männer wandten sich zum Gehen. Surmann wurde schlecht. Die Männer, das stand für ihn außer Frage, hatten eine Strafe verdient. Sie hatten sich gegen die Herrschenden, gegen die neue Führung, ja, sie hatten sich mittelbar gegen ihn persönlich gewandt, hätten sicherlich gern mehr Menschen verletzt. Aber ob man sie so zurichten musste? Er verdrängte die Zweifel, setzte sich an einen Tisch, ließ sich von der Stimmung gefangennehmen und trank ein Bier. Seine Gedanken wanderten ab zu Martha. Er wüsste in diesem Augenblick gern, was sie von all dem hielt. Wäre sie stolz auf ihn? Würde sie ihn kritisieren? Sollte er ihr alles erzählen?

Später, als er in seinem Bett lag und durchs Fenster hinaus auf die vom Mondschein leicht erleuchtete Nacht schaute, fielen ihm noch einmal die beiden Juden ein. Ob sie lebten? Ob sie im Krankenhaus waren? Er würde morgen Vogelsang fragen. Er horchte noch einmal in sich hinein. Nein, er war einfach nur neugierig. Kein schlechtes Gewissen – das alles machte ihm nichts aus.

Es machte ihm sogar so wenig aus, dass er erst am übernächsten

Tag nach dem Schicksal der beiden schwer Verletzten fragte, da fiel es ihm erst wieder ein. Vogelsang zuckte mit den Schultern. »Irgendein jüdischer Bader wird sich schon um sie gekümmert haben. Und wenn nicht ...«

Er reichte Surmann einen Aktenordner. »Schauen Sie sich das mal an, das ist ein grober Einsatzplan für den Besuch von Göring am nächsten Wochenende. Er macht mit dem Prinzen von Hessen eine Tour durchs Land.« Surmann hatte längst davon gehört, die gesamte Kasseler SA war in heller Aufregung. »Alle Organisationen sind aufgerufen, bei den Kundgebungen dabei zu sein. Wir werden auf dem Friedrichsplatz marschieren. Schauen Sie mal über die Seiten drüber, ich hoffe, ich habe nichts vergessen.« Surmann nickte und ging in sein Büro. Vogelsang hatte längst erkannt, dass der Neuzugang aus reichem Hause ein einmaliges Organisationstalent hatte. Viele Dinge überließ er deshalb Surmann, hier hatte er selbst noch einmal arbeiten müssen, der Neue kannte sich noch zu wenig aus. Surmann freute sich auf den Besuch des preußischen Ministerpräsidenten, nach Hitler die Nummer zwei in der Partei. Auch Röhm sollte kommen, würde er möglicherweise Zeit finden, mit dem SA-Chef ein paar Worte über seinen Onkel zu wechseln?

Er schaute auf die Uhr. Das Wetter war durchwachsen, heute wollte er sich mit Martha mittags treffen, und die Bedingungen waren so, dass sie eine Autofahrt sicher nicht ablehnen würde. Er beglückwünschte sich insgesamt zu seinem Schicksal. Die Frau, die er anbetete, schien ihn zu mögen; im Beruf lief alles nach Plan. Er war, so schien es, angekommen. Und dennoch nutzte er nach wie vor jede Gelegenheit, sich um Tristan zu kümmern und sich über ihn zu informieren – er musste gewappnet sein, der Killer hatte sich nicht ohne Grund in der Nähe seines Hauses rumgetrieben.

Der Aufmarschplan der SA, den Vogelsang entworfen hatte, schien in Ordnung. Surmann hatte nur einen Fehler entdeckt: Nach den im Plan angegebenen Zeiten wäre Göring eigentlich noch gar nicht in Kassel, Vogelsang musste etwas verwechselt haben. Der

Mann war nicht erfreut, als Surmann ihn auf den Fehler aufmerksam machte, war aber insgeheim sicher durchaus froh, dass das Ganze nicht erst an höherer Stelle aufgeflogen war.

Surmann schlenderte mittags in Uniform durch die Stadt. Die Temperaturen stagnierten seit Tagen in einem für diese Jahreszeit zu tiefen Bereich. Er ging die Königsstraße Richtung Friedrichsplatz und kaufte in einem Ledergeschäft eine kleine, mit Stickereien verzierte Geldbörse, die ihm schon vor Tagen in der Auslage aufgefallen war. Er wollte etwas in der Hand haben, wenn er Martha abholte. Kurz nach 13 Uhr parkte er den Wagen vor der Goetheanlage, wenige Minuten später kam das Mädchen. Sie trug diesmal einen beigen Hosenanzug, ein ungewöhnliches Kleidungsstück für junge Frauen in diesen Tagen. Der Anzug aber betonte ihre schlanke Figur und die langen Beine, ihm blieb der Atem weg. »Warst du so in der Schule?« fragte er ungläubig, nachdem sie sich begrüßt hatten. Sie lachte und schüttelte den Kopf, der Pferdeschwanz ihrer Haare wippte von einer Seite zur anderen. »Nein, nein. Wir hatten heute nur zwei Stunden und haben dann den Aufmarsch für Göring geübt. Wir marschieren ja zusammen mit den Jungs aus dem Realgymnasium eins – damit das klappt, musste ein Teil von uns die Jungensgruppe spielen. Da war ich dabei – und die anderen Mädels haben dann auch so was angezogen, damit es echter aussieht.« »Mach die Augen zu!«, forderte er sie auf, nachdem sie ihm ein wenig von ihrem Tag berichtet hatte. Sie schaute ihn fragend an, fügte sich aber. Er drückte ihr das kleine Geschenk in die Hand, das ihm die Verkäuferin in ein fliederfarbenes Geschenkpapier mit einer Stoffschleife verpackt hatte. Martha war geduldig, sie löste erst die Schleife, schlug dann das Papier auf und nahm das kleine Portemonnaie heraus. »Warum machst du das? Das war doch teuer? Aber es ist wunderschön!« »Mir hat es gefallen, und ich wollte dich überraschen.« »Gelungen!« rief sie, »aber mach das nicht zu oft. Eigentlich habe ich nämlich kaum etwas, was ich da rein tun könnte.« Er spürte plötzlich einen Punkt, in dem ihre Beziehung verletzlich war: Sie stammten aus unterschiedlichen sozialen Schichten, er musste aufpassen mit dem, was er tat und wie er es tat. Sie schlenderten Hand in Hand durch die Goetheanlage, und Surmann dirigierte sie langsam Richtung Auto. Als sie vor dem schwarz lackierten Horch ankamen, blieb er stehen. »Was ist?« fragte sie. Er holte den Schlüssel aus der Tasche, schloss die Beifahrertür auf und machte eine einladende Handbewegung. »Bitte einzusteigen, gnädiges Fräulein!« Martha schaute ihn mit einem wie immer leicht spöttischen Blick an und ließ sich in die Polster sinken. Er setzte sich ans Steuer und fragte: »Wo soll die Reise hingehen?« »Eigentlich ans Mittelmeer oder mindestens zum Herkules – aber fahr mal in die Hersfelder Straße, du warst ja schon einmal da.« Er fuhr langsam durch die Hohenzollernstraße Richtung Innenstadt, am Bahnhof vorbei in den Grünen Weg, nahm die Orleansstraße. Am Unterneustädter Bahnhof war reger Betrieb, hier rangierten die Arbeiter etliche offensichtlich aus frischer Produktion stammende Dampfloks aus der nahen Henschelfabrik. Er musste kurz anhalten, hier kreuzten die Gleise die Straße. Als sie an der Schöfferhof-Brauerei ankamen, sagte Martha: »Halt da mal an.« Links neben der Straße war ein Grünzug, es war kein Passant zu sehen. Sie sah ihn an, legte beinahe schüchtern eine Hand auf seinen Haarschopf und streichelte ihn leicht. »Du bist wirklich irgendwie anders, Thomas Surmann. Du bist auch nicht aus meiner Welt, wir sind eine einfache Arbeiterfamilie, und es ist eigentlich schon eine Sensation, dass ich aufs Gymnasium gehe. Was soll aus uns werden? Kann das gutgehen? Hat das Zukunft?« Er hatte einen dicken Kloß im Hals, war unfähig, etwas zu sagen. Diese Frau machte ihn fertig, sie war so jung und doch so unendlich reif und stark. Diese Direktheit, ihre Ehrlichkeit und Geradlinigkeit ... Sie zuckte mit den Schultern, lächelte und sagte: »Lass es uns probieren, was soll's ...« Sie schlang die Arme um ihn und küsste ihn auf die Wange. »Warst du schon mal am Mittelmeer?« fragte sie plötzlich. Er nickte, er war während seiner Internatszeit mehrfach in Italien gewesen. Er war immer noch sprachlos, sie kicherte kurz auf. »War schon am Mittelmeer und hat die Sprache verloren, fasst man es ... Ich war noch nie im Urlaub. Wir waren mal wandern im Knüllgebirge. Sind mit dem Zug hin und es hat stundenlang geregnet. Abends ging es zurück. Fährst du mit mir ans Mittelmeer, mit deinem Auto – wenn ich was in meiner neuen Geldbörse habe? Wenn ich alt genug bin, um allein zu entscheiden?« Er suchte nach Worten. »Ich fahre mit dir auch zum Mars, wenn es sein muss.« »Hauptsache, die Sonne scheint«, meinte sie und strich über die Bügelfalten ihrer Hose. »Ich werde jetzt jeden Tag auf dem Heimweg von der Schule durch die Goetheanlage gehen. Sei da, wann immer es passt. Ich freue mich!« Sie öffnete die Tür und stieg blitzschnell aus dem Auto, winkt noch einmal und hopste über den Grünstreifen davon. Surmann fuhr langsam durch die Stadt zurück. Sie hatte Recht. Was sollte aus ihnen werden? Morgen war Freitag, er musste mittags in die Goetheanlage, wie sollte er sonst herausfinden, ob sie mit ihm am Wochenende ausgehen würde? Er fühlte ein unendliches Gefühl der Verliebtheit in sich und merkte, dass er diese ganze Frau verehrte – er fand sie schön, erotisch auch -, aber das war gar nicht das dominierende Gefühl. Er spürte, wenn er der Topf war, dann hatte der sein Deckelchen gefunden.

Surmann hatte noch Zeit an diesem Nachmittag, er fuhr ein wenig ziellos durch die Stadt, die ziemlich zusammenhanglos wirkte. Neben dieser Innenstadt mit den paar Stadtteilen, in denen zehntausende von Menschen auf engstem Raum lebten, gab es ein paar Stadtteile, die, räumlich betrachtet, wie vorgeschobene Brückenköpfe wirkten. Wehlheiden, Wilhelmshöhe, Niederzwehren – und es gab Ortschaften, die waren eigenständige Dörfer, wie Harleshausen, und gehörten im eigentlichen Sinn nicht zur Stadt. Zwischendrin weite Flächen mit Feldern, die in diesen Wochen von den Bauern bestellt wurden. Diese Stadt wirkte auf ihn an solchen Tagen wie ein lebendig gewordenes Bilderbuch des Lebens in Deutschland: die prachtvolle Innenstadt mit den tausenden von Altbauten, Fachwerk, schön verzierte Fassaden. Quadratkilometer von städtebaulicher Anmutung – und gleich daneben soziales

Elend in den zugebauten Hinterhöfen, und immer im Blick dieser einzigartige Bergpark mit seinem kaiserlichen Schloss – und dann zwischendrin Landleben pur. Er fühlte sich wohl hier, wenn auch die Sprache der Menschen, diese eigentümliche Mundart, keine war, die er jemals sprechen würde. Er fuhr, ohne zu wissen warum, durchs Königstor zurück. Vor ihm baute sich das bedrohlich wirkende Gebäude der Gestapo auf. Am Zebrastreifen hielt er an, weil eine kleine Gruppe Menschen über die Straße in Richtung Eingang gehen wollte. Surmann war in Gedanken und achtete nicht auf die Menschen. Bis er das Gefühl hatte, beobachtet zu werden. Einer aus der Gruppe war am Straßenrand stehengeblieben, überquerte die Straße nicht. Surmann blickte hin, die Augen trafen sich. Tristan blickte ihn ohne eine Miene zu verziehen einen langen Moment an, drehte sich dann um und ging um die Ecke. Surmann hatte sich erschrocken, wollte fahren und würgte den Motor ab. Tristan musste das gehört haben. Wer war dieser Mensch, und was wollte er bloß von ihm?

Abends rief er Guntram Köhler an. Sie sprachen ein paar Minuten über Belangloses, dann fiel Surmann ein, dass dieses Telefon möglicherweise überwacht wurde. Er verabredete sich mit dem Polizisten wieder einmal in der Pinne, er wollte und musste ihn für seine Zwecke einbinden, Tristan wurde in seinem Kopf allmählich zum Virus. Am späten Abend setzte er sich an sein Klavier, spielte ein wenig Chopin rauf und runter. Es lenkte ihn ab, und plötzlich schweiften seine Gedanken ab zu seinem Vorstellungsgespräch bei der Zeitung. Wie schnell sein Leben eine andere Wendung genommen hatte – möglicherweise hätte er sonst den Abend heute in irgendeinem Konzertsaal verbracht und anschließend mit reichen älteren Frauen Sekt getrunken und dummes Zeug über die Aufführung gehört. Nein, es war gut so, wie es gekommen war.

Am nächsten Morgen entdeckte er auf einem Block einen Erinnerungsvermerk aus der Woche – es ging um die beiden verletzten Juden. Aus reiner Neugier fragte er bei der Polizei nach, man kannte ihn mittlerweile dort. »Die beiden sitzen in Wehlheiden ein. Zumindest einer. Der andere ist heute Nacht gestorben. Lungenentzündung.« Surmann legte auf. Soso. Lungenentzündung, dass das so schnell gehen konnte, war sicherlich medizinisch betrachtet ungewöhnlich. Wehlheiden, das war das Gefängnis, und er bezweifelte, ob es da eine akzeptable medizinische Versorgung gab. In allen Häusern, in denen Parteiarbeit geleistet wurde, herrschte helle Aufregung. Am nächsten Morgen wurde Göring erwartet, wieder und wieder wurde die Organisation durchgesprochen, wurden Aufmarschpläne vervielfältigt – es musste einfach alles stimmen, wenn die Nummer zwei der Partei in Kassel auftauchte. Surmann sah sich den Ablauf des Besuchs an und entdeckte, dass ein Empfang um 13.30 Uhr im Rathaus vorgesehen war, in dessen Verlauf er hoffte, mit Röhm sprechen zu können. Vogelsang hatte versprochen, ihn vorzustellen, auch Weinrich wollte sich für ihn verwenden. Seine Absichten errieten sie nicht: Beide glaubten, es ginge ihm nur darum, als Neffe seines Onkels vorgestellt zu werden.

In der Mittagspause fand er keine Zeit, in die Goetheanlage zu fahren, er war sicher, Martha am Samstag beim Göring-Besuch zu treffen. Er schlenderte viel später die Obere Königsstraße hinunter und genoss das Frühlingswetter. Schaute sich immer wieder die Fassaden der alten Residenzstadt an, grüßte Dr. Fritz Heuser, der auf der anderen Straßenseite in Richtung seiner Kanzlei ging. Er fühlte sich mehr und mehr heimisch. Unbewusst war er durch die Stadt gelaufen, plötzlich sah er auf der anderen Straßenseite die Fassade des jüdischen Geschäftes, das sie kürzlich beschmiert hatten. Die Scheiben waren notdürftig repariert worden, im Inneren war es dunkel. Er ging langsam auf die andere Straßenseite und entdeckte auf einem Pappschild den handgeschriebenen Hinweis: Wegen Geschäftsaufgabe geschlossen. Wer waren die beiden Männer gewesen? Söhne, weiter entferntere Verwandte der Inhaber? Gar die Inhaber selbst? Ob man schon wusste, dass einer nie mehr zurückkehren würde? Wegen Lungenentzündung verstorben – wer würde denn so etwas glauben? Wieder horchte er sein Gewissen ab: Die Männer hatten Widerstand geleistet – aber würde er das nicht auch machen, wenn wildfremde Menschen sein Eigentum beschädigen wollten? Das rechtfertigte sicher nicht den körperlichen Angriff auf die SA-Männer – aber durfte man sie wirklich foltern, bis einer von ihnen starb? Andererseits: hörte man nicht in jedem Gespräch, in jeder Rede, las man nicht in jeder Zeitung von dem schweren Schaden, den das internationale Judentum der Weltwirtschaft zufügte? Ging nicht alles Böse in anderen politischen Systemen, beispielsweise der Kommunismus in der Sowjetunion, von Juden aus? Dagegen anzukämpfen konnte doch nur bedeuten, dass man den Juden Lebensgrundlagen nahm, oder? Was wohl Martha von all diesen Gedanken hielt?

Am späten Nachmittag kaufte er sich im Kaufhaus Tietz für ein paar Reichsmark zwei neue Sommerhemden, eines davon trug er am Abend in der Pinne. Guntram Köhler wirkte noch aufgeschwemmter als beim letzten Treffen, es schien, als saufe er ständig mehr, als sein Körper vertragen konnte oder wollte. Surmann hatte an diesem Abend aber auch Durst, und so hatten sie schon reichlich intus, als der SA-Mann endlich zur Sache kam. Es war allerdings auch ein Abend zum Versacken: die Kneipe proppenvoll, die Luft durch die Rauchschwaden zum Schneiden dick, der Lärmpegel immens – und alles redete nur über den Göring-Besuch.

»Guntram, ich muss dich wegen Tristan noch mal was fragen. Ich muss an Informationen kommen, neulich hat er sich nachts in der Nähe meines Hauses rumgetrieben.« Der Polizist winkte ab. »Dachte mir schon, dass du damit wieder ankommst. Lass die Finger davon, rate ich dir, das ist eine Nummer zu groß. Die gehen doch alle über Leichen. Hast du von dem Juden gehört, den sie jetzt in Wehlheiden im Knast zu Tode geprügelt haben? Lungenentzündung steht auf dem Totenschein. Ich habe heute die Akte in der Hand gehabt. Ich war dann im Knast, musste einen Einbrecher verhören und habe mir die Leiche angeschaut. Wusste gar nicht, dass man sich bei Lungenentzündung alle Knochen bricht. Die arme Sau muss gelitten haben ohne Ende. Und sein Bruder ist noch drin. Den brauchen sie wohl, damit der ihnen für billig Geld das Geschäft verkauft und die beiden Häuser in der Stadt. So läuft das doch heute, so machen die Kasse. Wenn er Glück hat, wird er gesund. Wenn er noch mehr Glück hat, dann kann er abhauen. Und dann fühlst du dich bedroht, weil dieser Tristan, dieser Killer, um dein Haus schleicht. Mann, du gehörst doch dazu, was fürchtest du denn?« Surmann beschloss, den Hintergrund, die Verbindung seines schwulen Onkels zu Röhm, die Wahrscheinlichkeit, dass in seinem Haus irgendwelche wichtigen Dinge gelagert waren, für sich zu behalten. Sie tranken noch Bier und ein paar Klare, dann versprach Köhler ihm, sich auf die Suche nach Fakten über Tristan zu machen. Er ließ ihn das aufschreiben, steckte den Zettel in seine Geldbörse, übernahm die Rechnung. »Weißt du was?« Köhler lallte ein wenig. »Danke fürs Bier. Ich bin ohnehin etwas klamm im Augenblick. Hab da so eine nette Nutte aufgetrieben, die is aber nich ganz billig. Eigentlich liebe ich sie, glaube ich. Aber wie kann man eine Nutte lieben. Egal, da will ich noch hin und hab nich genug Geld dabei. Is mir peinlich, Thomas ...« Surmann griff in sein Portemonnaie, holte 20 Reichsmark raus und steckte sie seinem Kumpel zu. Jetzt hab ich dich, dachte er und schmunzelte. Er half ihm gern – aber irgendwann war die Gegenleistung fällig.

Köhler schleppte sich in Richtung Altmarkt, Surmann ging auf die Königsstraße hinaus und beobachtete einen Moment die Vorbereitungen für die Kundgebung am nächsten Morgen. Ein Bautrupp zimmerte eine Bühne zusammen, dort würde Göring am nächsten Tag sprechen. Surmann musste nach Hause, musste schlafen. Er nahm den Zettel mit Köhlers Versprechen, Fakten über Tristan zu recherchieren, riss ihn in hundert kleine Papierfetzen und warf alles durch einen Gullydeckel.

Er erwachte nach langer Zeit mal wieder mit einem dicken Kopf. Henriette hatte ihn mit lautem Klopfen geweckt, er duschte und schlüpfte dann in seine frisch gebügelte Uniform, zog die blank gewichsten Stiefel an, bürstete noch einmal über die braune SA-Mütze, schlang schnell ein Brot mit Marmelade in sich hinein und rannte Richtung Tür. »Herr Surmann, denken Sie bitte dran, ich bin ab heute ein Woche in Urlaub bei meiner Schwester im Harz«, rief Henriette hinter ihm her. »Ich habe so weit alles gewaschen und gebügelt, ich hoffe, Sie kommen alleine klar.« Er wünschte einen schönen Urlaub und eilte die Straße am Mulang hinunter. Er wollte keine Sekunde verpassen.

Immer wieder musste er den Pferdeäpfeln ausweichen, die Straße war von Pferdefuhrwerken stark befahren, die aus dem Bergpark Holz abtransportierten. Die Straßenbahn war überfüllt, Kassel kannte heute nur ein Ziel: den Friedrichsplatz und die Kundgebung mit Hermann Göring. Die Straßenbahn kämpfte sich langsam durch die Stadt. Er hielt sich an einem Lederriemen fest und erfreute sich am Anblick der geschmückten Gebäude. Er schaute die Wilhelmsstraße hinauf, überall hingen die Reichsfahnen aus den Fenstern, meist in Kombination mit Hakenkreuzfahnen. Er erkannte die Mohren-Apotheke, wo er kürzlich ein wenig Bullrich-Salz gekauft hatte und in der ihn die Apotheker-Hilfe, eine kleine schwarzhaarige Frau mit Knopfaugen, vielleicht 20 Jahre alt, ziemlich unverhohlen interessiert in ein Gespräch hatte verwickeln wollen. Dann kam schon der Friedrichsplatz, dieses riesige innerstädtische Areal, umrahmt von Prachtbauten wie dem Roten Palais, dem Weißen Palais, dem Fridericianum. SA- und SS-Verbände sorgten für Ordnung, er selbst hatte seine Aufgabe direkt bei Vogelsang zu erfüllen. Sie trafen sich im unscheinbaren Zelt der Einsatzleitung neben dem Roten Palais. Göring konnte jeden Augenblick eintreffen, es mussten mindestens zehntausend Menschen auf dem Platz sein.

Die beiden SA-Männer betraten die Bühne, die man an der nordöstlichen Seite des Platzes errichtet hatte. In der ersten Reihe der Zuschauer sah er die BdM-Abordnungen und die Gruppen der Hitlerjugend, er nutzte eine Minute, in der es nichts zu besprechen gab, um nach Martha zu suchen. Sein Blick schweifte durch die Reihen der jungen Mädchen, und sein aufgeregtes Herz hüpfte plötzlich noch deutlicher: Martha stand in der zweiten Reihe einer

Gruppe direkt vor dem Rednerpult und winkte ihm strahlend zu. Er war ein Glückspilz, dachte er sich.

Als der Autokorso die Königsstraße heraufkam, brandete immer neuer Jubel auf. Göring stand vor dem Beifahrersitz eines Cabrios, in reich verzierter Uniform. Der Reichsminister, der tatsächlich auch der erste Chef der SA nach deren Gründung gewesen war, hob immer wieder die rechte Hand zum Hitlergruß. Vogelsang und Surmann, die nach der Rede des Ministers Göring ins Rathaus zum Eintrag ins Goldene Buch der Stadt begleiten sollten, standen auf der Bühne am äußersten Rand. Görings Wagen hielt, der Minister stieg aus und ging die paar Stufen empor, die Jubelschreie wuchsen orkanartig an. Surmann hatte sich gewundert, dass er mit seinem vergleichsweise niedrigen Rang zu den Auserwählten zählte, doch Vogelsang hatte ihm erklärt, dies hänge mit der Bedeutung seines Onkels zusammen und möglicherweise ergäbe sich ja tatsächlich ein Treffen mit Ernst Röhm.

14

»Wissen Sie«, sagte Surmann und schaute Anke Dankelmann direkt in die Augen, »diese Rede, die dieser feiste Kerl da hielt: Sie ist mir immer wieder durch den Kopf gegangen. Das waren reine Propaganda-Phrasen. Die tausenden von Menschen waren trotzdem total begeistert, haben geklatscht, geschrien, getobt – auch ich war beeindruckt –, aber im Nachhinein ist mir aufgefallen, dass ich vor allem mal wieder von dieser Massenwirkung begeistert war. Inhaltlich hatte der nichts zu bieten, schwadronierte von Deutschlands Größe und Bedeutung auf der Welt und so weiter und so weiter. Aber die Menschen wollten so etwas hören. Und die Nazis hatten ja auch nach den wenigen Monaten etwas zu bieten: Es gab wieder Arbeit, es ging vielen Menschen wirtschaftlich besser. Diese Zeit wird für jeden, der sie nicht bewusst miterlebt hat, immer ein Rätsel bleiben. Ein Phänomen.« Er nahm einen letzten Schluck aus dem Sherry-Glas. »Wann sehen wir uns wieder?« Die

Kommissarin zuckte mit den Schultern. »Am Wochenende, vorher wird das wohl nichts.« »Sie bekommen wohl Erklärungsnöte, was? Stundenlange Treffen mit einem alten Sack und das ohne jedes ermittlungstechnisch vorzeigbare Ergebnis?« Surmann lachte kurz und trocken. »Verstehe ich, damit habe ich gerechnet. Dann versuche ich mal, alle Kräfte zusammenzunehmen und ihnen beim nächsten Mal ein bisschen mehr zu erzählen. Und vor allen Dingen: das nächste Treffen überhaupt zu erleben.« Anke Dankelmann ging wie immer mit gemischten Gefühlen. Irgendwie empfand sie den Zeitaufwand, den sie betrieb, als zu üppig, andererseits tauchte sie immer mehr ein in die Welt dieses Erzählers. Die Stadt und die Menschen und natürlich auch diese politische Epoche nahmen in ihrer Vorstellungswelt immer festere Konturen an.

Am Nachmittag hatte sie immer noch nichts von Willimowski gehört. Sie hatte ihn auf allen möglichen Anschlüssen zu erreichen versucht. Das Handy war ausgestellt, daheim gab es den Anrufbeantworter, im Büro ging niemand dran. Sie erledigte ihren Bürokram, war in Gedanken aber ständig bei Willimowski. Sie hatte Bernd Stengel von den Dingen erzählt, er schaute sie manchmal kurz nachdenklich an, sagte aber nichts. Sie kannten sich so gut, er wusste, es hatte keinen Sinn, zu fragen. Sie würde etwas sagen, wenn es so weit wäre.

Zuhause rief sie dann Vitali Schewtsow an, Willimowskis besten Freund. Der Deutschrusse, der nach wie vor dicke Geschäfte im Rotlicht-Milieu machte, kannte den Staatsanwalt schon aus Zeiten, als beide noch zur Schule gegangen waren. Sie war sicher, dass Vitali mehr über Willimowski wusste, als sie je erfahren würde. Wenn es einen gab, der wusste, was gerade mit Valentin passierte – dann war es Schewtsow. »Ah, Anke. Hallo, wie geht es?«, meldete er sich fröhlich. Seinen harten Akzent würde er in diesem Leben wohl nicht mehr ablegen können. Er lebte seit Jahrzehnten in Deutschland, sprach grammatikalisch ein perfektes Deutsch, aber eben immer mit diesem typischen, harten osteuropäischen Akzent. »Gut geht es mir, was glaubst du denn? Mein Freund ist reif für die

Klapsmühle, ich sorge mich zu Tode, habe keine Ahnung, was mit ihm passiert, wo er ist, erreiche ihn nicht – und du stellst mir so eine dämliche Frage. Weißt du irgend etwas von Valentin?« »Er hat gestern Abend angerufen, und wir haben lange über seine Situation gesprochen. Ich weiß, dass er heute morgen bei diesem Kirchgasser einen Termin hatte – aber was dabei rausgekommen ist beziehungsweise ob da überhaupt was bei rumgekommen ist ...«

Schewtsow ließ den Satz unvollendet und sagte dann: »Nein, er hat sich nicht noch einmal gemeldet. Du machst dir große Sorgen, das kann ich verstehen. Ich mir im Übrigen auch.« »Meinst du, ich kann bei diesem Arzt mal anrufen? Das ist doch nicht normal dass er sich gar nicht meldet.« In diesem Augenblick merkte sie, wie sich die Anklopffunktion ihres Handys meldete. »Vitali, da kommt ein Gespräch, vielleicht ist es ja Valentin, ich melde mich gleich noch einmal bei dir.«

Grußlos beendete sie das Telefonat und nahm sofort das andere Gespräch an. »Dankelmann, hallo?« »Guten Tag, Frau Dankelmann, hier spricht Kirchgasser, ich weiß nicht, ob Sie mit meinem Namen etwas anfangen können. Ihr Lebensgefährte, Herr Willimowski, war heute morgen zu einem ersten Gespräch bei mir, und er bat mich, Sie anzurufen. Ich gebe zu, das dies ein etwas ungewöhnlicher Schritt ist, aber Herr Wilimowski ist, wie ich selbst feststellen musste, im Augenblick zu einem normalen Leben und damit zu normalen Handlungen nicht immer fähig. Kann ich Sie heute noch persönlich sprechen?« »Klar können Sie das, aber sagen Sie mir doch bitte erst einmal, wie es ihm geht und wo er ist – ich habe ihn telefonisch nicht erreicht.« »Okay, das verstehe ich. Also: ich habe Herrn Willimowski aus dem Verkehr gezogen. Er hat eine schwere Depression, die sich rasend verschlimmert – ich arbeite eng mit einer Einrichtung in Paderborn zusammen, da gibt es Akutplätze, er muss also nicht warten, und er ist heute hingefahren. Alles weitere im Gespräch, sagen wir um 17 Uhr bei mir in der Praxis? Goethestraße 67. Nur so viel noch: diese Klinik ist eine Topadresse, er ist da in besten Händen, und ich sehe nicht, warum er seine Probleme nicht in den Griff bekommen sollte. Mit anderen Worten: er ist kein aussichtsloser Fall – und das dürfte die Hauptbotschaft für Sie sein.« »Gut, dann bis um 17 Uhr.« Als sie auflegte, wusste sie nicht, wie sie ihre Gefühle deuten sollte. Erleichterung? Ja, ein wenig, schließlich hatte sie nicht gewusst, wie es um Willimowski nach dem Therapeuten-Termin bestellt war. Angst und Sorge? Ja, wie sollte das auch anders sein, wenn der Lebensgefährte von einem Tag auf den anderen plötzlich in eine Psycho-Klinik verfrachtet wurde. Ja, es war aber auch ein Stück Verzweiflung, dass einen der eigene Lebensmut zu verlassen drohte. Sie wollte mal ungetrübtes Glück spüren. Und mal lange solide geliebt werden. Verlässlich halt. Sie war alt genug. Sie hatte es sich verdient.

Irgendwie war es ein buntes Gefühls-Gemisch, sie rief Schewtsow an und verabredete sich mit ihm um 19 Uhr im La Cantina, einem italienischer Restaurant in der Wilhelmshöher Allee, das einen Raucherraum besaß – und Schewtsow war ein starker Raucher.

Es war noch Zeit bis zum Termin beim Therapeuten. Sie schaltete einen Hebel im Kopf und im Herzen um und konzentrierte sich auf den Fall Surmann. Falls es denn einer wäre – denn bisher hatte Surmann nichts, aber auch gar nichts darüber gesagt, was in irgendeiner Form zu einem Ergebnis in Form einer Anklage oder ähnlichem münden könnte. Und wenn er etwas mitzuteilen hatte – dann müsste es wegen der Verjährungsfristen schon Großkalibriges sein, Mord zum Beispiel. Derartiges war nicht in Sicht, und plötzlich schoss ihr ein Gedanke durch den Kopf. Wie hatte sich Surmann noch mal bei ihrem ersten Telefonat gemeldet? Am Appartement war kein Namensschild angebracht, sie grübelte. Windisch hatte er sich genannt, richtig. Karl Windisch. Sie fing an, im Intranet der Polizei zu suchen. Es gab den Namen – aber die Personen, zwei an der Zahl, waren jünger. Windisch hatte in der Schweiz gelebt, vielleicht gab es dort Hinweise. Sie war stets so fasziniert von den Erzählungen gewesen, dass sie ihn gar nicht gefragt hatte, wo denn in der Schweiz sein Zuhause gewesen war. Aussichtslos, jetzt den

Behördenweg zu gehen – ohne konkretere Anhaltspunkte. Sie rief Windisch alias Surmann direkt an.

»Herr Surmann, Sie haben mir bisher noch nicht gesagt, wo Sie in der Schweiz gelebt haben.« Der alte Mann schwieg einen Moment. »Wenn ich da etwas kritisch anmerken dürfte, Frau Kommissarin: Eigentlich hätten Sie das schon viel früher fragen müssen, oder?« Er wartete die Antwort nicht ab, er wusste, er hatte Recht. »Ich habe in Schaffhausen gelebt. Das war ein praktischer Platz. Da gibt es jede Menge kleiner deutscher Exklaven, das war dann beinahe so etwas wie ein Stück Niemandsland. Nein, das ist der falsche Ausdruck. Das war eine Art Sonderterritorium. Ich erzähle Ihnen später davon. Und übrigens: ich hieß zu meiner Schweizer Zeit auch anders. Ich hieß Konrad Wallmann. Das wird Ihnen weiterhelfen.« Er verabschiedete sich nicht, legte grußlos auf. Offensichtlich machte ihm das Katz- und Maus-Spiel mit Anke Dankelmann Spaß, sie sah das ein bisschen anders.

Die nächste Recherche im Internet half ihr schnell weiter. Fassungslos las sie die Informationen, die das Netz preisgab. Konrad Wallmann war ein international bekannter Waffenhändler, der schon im Zweiten Weltkrieg aus der Schweiz – nämlich aus Schaffhausen – mit seiner Waffenfabrik die Nazis mit Waffen versorgt hatte. Da er Schweizer Staatsbürger war und die Schweiz im Krieg als neutraler Staat gegolten hatte, die Waffenlieferungen damals aber offensichtlich nicht heimlich, sondern mit Tolerierung der Regierung erfolgt waren, war er unbehelligt geblieben. Er hatte offensichtlich die Schweiz nie verlassen – was ihm mögliche Verhaftungen ersparte. Nur: jetzt war er hier. Es gab aber, trotz aller Vorwürfe, die gegen ihn erhoben wurden, keinen Haftbefehl, sie hatten keine Handhabe. 1944 war Schaffhausen von US-Fliegerverbänden angegriffen und bombardiert worden – angeblich ein Versehen, wie sie aus dem Internet erfuhr. Aber es gab viele Hinweise, die davon ausgingen, dass die Amerikaner die Waffenfabrik Wallmanns zerstören wollten. Der war seit 1934 in Schaffhausen gemeldet, von Anfang an als Schweizer Staatsbürger, hatte vorher ein Internat dort besucht. Surmanns beziehungsweise Wallmanns Weg konkretisierte sich für sie – aber was hatte der Mann heute noch mitzuteilen? Er hatte in Schaffhausen offensichtlich noch reichlichen Besitz: Immobilien, die Nachfolgefirma der Waffenfabrik gehörte ihm immer noch. Irgendwo las sie, seine Frau war bei dem Bombenangriff ums Leben gekommen, ebenso sein einjähriger Sohn: Die Villa des Fabrikanten war getroffen, die Fabrik war schwer beschädigt worden, andere ebenfalls. Die US-Regierung hatte sich für diese Angriffe auf Schaffhausen später entschuldigt, insgesamt 40 Millionen Schweizer Franken als Wiedergutmachung gezahlt. Anke Dankelmann war sicher, dass Surmann oder Wallmann oder Wie-auch-immer einen dicken Batzen kassiert hatte. Die Geschichte wurde immer rätselhafter. War diese Frau die Martha aus Surmanns Erzählungen? Hatte auch sie ihren Namen geändert?

Dr. Kirchgassers Praxis entpuppte sich als Hort der Ruhe. Es gab einen Empfang, im Wartezimmer saß niemand, die Räume waren in Pastelltönen gestrichen, das Mobiliar war karg, aber geschmackvoll. Anke Dankelmann wurde von der Praxishelferin gleich in ein mit Antiquitäten eingerichtetes Behandlungszimmer geführt. Kirchgasser trat um Punkt 17 Uhr ein. Ein dicklicher, kleiner Mann mit gemütlichen dreinblickenden klaren Augen, ungepflegtem Schnauzbart, dessen Borsten in unterschiedlicher Länge über die Oberlippe ragten, und grauen langen Haaren. Er musterte die Kommissarin kurz und setzte sich dann hinter seinen Schreibtisch. »Das mache ich immer so«, sagte er, als ob er ihren etwas verwunderten Gesichtsausdruck gesehen und auch erwartet hätte, »ich möchte erst einmal ein bisschen Distanz zu meinen Gesprächspartnern haben. Liegt vielleicht darin, dass ich als Mann nun mal nicht so besonders groß bin. Da ist man immer gern erst einmal auf der sicheren Seite – und die ist nun mal auf dieser Seite des Schreibtisches.« Er lächelte. »Sie werden Fragen über Fragen haben – und ich kann sie Ihnen zum Teil gar nicht beantworten. Lassen Sie mich deshalb erst einmal erzählen, was ich Ihnen erzählen kann und darf – dann schauen wir weiter. Einverstanden?« Anke Dankelmann nickte und schlug ein Bein über das andere. »Ihr Lebensgefährte ist, wie Sie erahnen können, nach dem grauenhaften Verbrechen des vergangenen Jahres schwerst traumatisiert. Er hat gedacht, dass er alles wegstecken könne – aber, wie sagt man so schön, immer häufiger holen ihn die Stunden ein, und es holt ihn die Zeit des Komas ein. Er hat lange nicht daran gedacht, sich in professionelle Hilfe zu begeben – im Endeffekt sind Sie es aber, die ihn dazu bewegt hat, vermutlich für Sie unbewusst. Eines seiner Hauptmotive für die Therapie ist aber, dass er sich nicht so weit von Ihnen entfernen möchte, dass er Sie verlieren könnte. Er liebt sie und leidet darunter, Ihnen das nicht sagen zu können und nicht der Lebensgefährte sein zu können, der er gern wäre. Die ganze Situation spitzte sich in den letzten Wochen zu, Sie werden es ja selbst gemerkt haben. Er schafft die einfachsten Dinge nicht mehr, im Zweifel ist die Frage, welche Krawatte er anziehen soll, eine zu große Herausforderung. Die Hürden werden immer höher – deshalb muss er raus aus dem Kreislauf des Alltags. Man wird ihn dort in Paderborn in einigen Wochen stabilisieren, er wird danach eine ambulante Betreuung hier in Kassel brauchen, es wird auch Medikamente geben, die ihm helfen, wieder ein fast normales Leben zu führen. Er ist ja aus medizinischer Sicht körperlich völlig gesund, von den Kopfverletzungen sind ja keine bleibenden Schäden wie Epilepsie oder so etwas zurückgeblieben. Was Sie brauchen, ist einfach viel Geduld. Sie können und sollen ihn jetzt erst einmal nicht sehen, bis er die Mechanismen, die er für kritische Situationen zur Bewältigung braucht, gelernt hat. Das kann schnell gehen, es kann aber auch Monate dauern. Die behandelnden Ärzte dort stehen in Kontakt mit mir, und ich halte Sie natürlich auf dem Laufenden. Bringen Sie die Geduld auf? Und haben Sie dafür genug Liebe in sich?« Der gemütliche Blick Kirchgassers war dem eines professionellen und sachlichen Betrachters gewichen. Anke Dankelmann fühlte sich auf diesem Prüfstand unwohl. »Ich weiß es nicht«, antwortete sie nach ein paar Sekunden. »Wie soll ich diese Frage so beantworten? Ich hoffe es sehr. Für ihn, für mich, für uns.« Kirchgasser nickte und lächelte. »Das ist die einzige Antwort, die ich akzeptieren kann. Sie wissen ja nicht, was passieren könnte – und wenn Sie mir jetzt gesagt hätten, ihre Liebe halte ewig und all den ganzen Schmus, dann hätte ich Ihnen nicht geglaubt und Sie für irgendeinen Hallodri gehalten.« Sie besprachen später noch ein paar Regularien, tauschten die Kommunikationsdaten aus, und Anke Dankelmann fragte, ob es im Netz eine Internetseite der Klinik gäbe. »Klar, das ist ein moderner Laden«, sagte Kirchgasser, »ich bin nicht so Internet-affin, da müssen Sie einfach mal googeln oder wie das heißt. Den Namen haben Sie ja, den der Klinik, meine ich.« Als die Kommissarin das Haus verließ, schien die Sonne wärmer als vorher, die Temperaturen zogen an, es wurde merklich Frühling in Kassel. Sie schlenderte um den Goethestern, der einfach so hieß, weil er ein kleiner Kreisverkehr in der Goethestraße war, in den verschiedene andere Straßen mündeten. Sie hatte sich vorher das Haus, in dem der Therapeut seine Praxis hatte, aus Nervosität und Anspannung nicht angesehen, diesmal nahm sie sich die Zeit. Sie stand auf der kleinen Insel in der Mitte des Platzes und betrachtete die wunderschöne Fassade. Weiß verputzt, mit Stuck verziert, fachmännisch perfekt restauriert, eines dieser herrlichen Häuser im Vorderen Westen, dem Stadtteil, in dem die meisten Häuser erhalten waren, die vor den Bombenangriffen des Zweiten Weltkrieges dieser Stadt einen Ruf kaum zu übertreffender architektonischer Schönheit im ganzen Land verschafft hatten. Sie sah auf die Erker und stellte sich vor, wie die Menschen vor 70 Jahren hier gelebt hatten. Ihre Gedanken wanderten weg von Willimowski hin zu der anderen Geschichte, die sie im Augenblick so intensiv beschäftigte. Ja, auch Surmann musste dieses Haus gekannt haben, es war weit vor 1933 entstanden. War er hier mit seinem Auto vorbeigekommen? Wie mochte es damals um diese Jahreszeit gerochen haben? Es war ja beinahe dieselbe Zeit im Jahr gewesen, knapp über 70 Jahre war das her. War Surmann hier mit Martha auf dem Weg zur Goetheanlage vorbeigekommen? Beobachtet von Tristan, aus irgendeinem Hauseingang? Sie hatte ihr Auto vor ihrer nur wenige hundert Meter entfernten Wohnung geparkt und ging zu Fuß zum Italiener in der Wilhelmshöher Allee. Sie lief runter zur Herkulesstraße, ging an der Luisenschule vorbei – richtig, dies war die Anstalt, die Martha besucht hatte. Irgendwie wurde ihr ganz kribbelig. Sie hörte aus dem Mund Surmanns Geschichten aus einer längst vergangenen Zeit und bewegte sich dann, wenn auch unabsichtlich, auf den Spuren dieser beiden durch dieselbe Stadt. Sie hatte getrödelt, sich auf dem Weg durch das Königstor beim Autohaus Glinicke noch ein paar Autos angesehen – ihr Golf kam in die Jahre, und sie hatte Lust auf ein Cabrio. Die Preise holten sie schnell in die Wirklichkeit zurück: Sie lebte zwar sparsam und bildete unablässig Rücklagen – aber eine solche Anschaffung, da musste sie dann doch noch einmal drüber nachdenken. Sie ging am Polizeipräsidium vorbei, ein bedrohlich wirkendes altes Gemäuer, in dem früher die Polizei bis zu ihrem Umzug in das neue Präsidium zuhause gewesen war. Und, wie sie nun aus Surmanns Erzählungen wusste, von wo aus 1933 die Gestapo ihr verbrecherisches Tun steuerte. Hier also hatte Surmann ins Büro von Tristan geblickt. Und auf der Straße musste er ihn aus dem Auto gesehen haben. Es war eine unheimliche Geschichte, die der alte Mann erzählte, und die Polizistin befürchtete, dass es noch unheimlicher werden würde.

Sie kam ein paar Minuten zu spät ins »La Cantina«. Der Wirt Gianlucca stand vor der Tür und fegte ein wenig Staub und Laub beiseite, er begrüßte sie freundlich, sie bog vom Eingang aus ab in den rechten Raum, eine Art Weinhandlung mit unzähligen Flaschen Rotwein aus allen Lagen Italiens in den Regalen. Vitali Schewtsow war schon da, saß an einem Tisch, rauchte und telefonierte. Er winkte ihr zu, murmelte ein paar Worte in sein Handy und klappte es dann zu. »Anke, schön, dass du da bist, ich freue mich, dich zu sehen.« Er stand auf, legte die Zigarette auf einem Aschenbecher ab und umarmte sie fest und herzlich. Sie tranken einen Aperitif, bestellten ein leichtes Menü und berührten das Thema

Willimowski erst gar nicht. »Er hat sich vorhin kurz bei mir gemeldet«, verkündete der Russe dann. Anke Dankelmann war von einer Sekunde auf die andere ein bisschen eifersüchtig. »Mach dir keine Gedanken, dass er dich nicht angerufen hat. Er hat sich einfach nicht getraut, das war auch zu viel Emotion für ihn. Das sind so die Situationen, glaube ich, wo man seinem Partner gegenüber irgendeine Verpflichtung spürt und gleichzeitig ahnt, dass das, was man macht, garantiert das Falsche ist. Wie auch immer, leg es nicht auf die Goldwaage, dass er dich nicht angerufen hat. Ich bin also weitgehend im Bild, habe im Übrigen den Eindruck, dass ihn der Entschluss, etwas für sich zu tun, richtig aufbaut. Er will was ändern, er will an sich arbeiten. Und das Hauptmotiv bist du.« Anke Dankelmann nickte versonnen. »Das ist ein großes Kompliment, weißt du?« Vitali Schewtsow erhob sein Weinglas und stieß mit ihrem, das noch unangerührt auf dem Tisch stand, an. »Sei froh, dass er die Notbremse rechtzeitig zieht. Und wenn du Hilfe brauchst, wenn dir die Decke auf den Kopf fällt, wenn du es nicht mehr aushältst – dann sag Bescheid. Dann bin ich da.« Sie schaute nach oben in seine graublauen Augen und bemerkte darin viel Herzlichkeit und Ehrlichkeit. Ihr wurde warm, und sie fühlte, dass zum ersten Mal an diesem Tag die Anspannung ein wenig von ihr wich. Sie trank einen Schluck des köstlichen, trockenen und vollmundigen Rotweins aus Sizilien, nach dem Essen gönnten sie sich noch einen Grappa.

Sie lehnte das Angebot des Russen ab, sie daheim abzusetzen und nahm die Straßenbahn, fuhr die beiden Stationen bis zum Kirchweg und setzte sich in ihren gemütlichen Fernsehsessel im Wohnzimmer. Von dort hatte sie einen wunderbaren Blick auf den Nachthimmel über Kassel. Sie war dankbar für Schewtsow, dankbar für die Entwicklung mit Willimowski und spürte gleichzeitig, dass sie am Ende ihrer psychischen und physischen Kräfte war. Sie spürte, dass ihr alle Knochen weh taten, dass sie bewegungsunfähig auf diesem Sessel lag und eigentlich nur noch ein paar Tage am Stück schlafen wollte. Als sie um drei Uhr aufwachte, fühlte sie sich bleiern. Ich brauche eine Pause, dachte sie, ja, auch ich bin irgendwann mal kaputt. Kommt Zeit, kommt Pause, sagte eine andere Stimme in ihr. Die Surmann-Story wollte erledigt sein. Es war wie ein spannendes Buch, das man um 22 Uhr anfing zu lesen: Man konnte nicht mehr aufhören – und am nächsten Morgen war man unausgeschlafen. Nur noch diese eine Ermittlung oder vielleicht auch nur noch dieses eine Treffen mit ihm, murmelte sie, und schlurfte ins Schlafzimmer.

»Was wissen Sie eigentlich von Hermann Göring?« fragte Thomas Surmann, als sie am Samstag um 15 Uhr bei ihm in der Seniorenresidenz Augustinum aufkreuzte. »Ach so, bevor Sie antworten: Ich habe Robin gebeten, uns mit ein wenig Kuchen zu versorgen. Schmandkuchen, ich hoffe, Sie mögen so etwas. Ich habe das Jahrzehnte nicht genossen, die Schweizer machen diese Art Kuchen einfach nicht. Ist ja auch ein bisschen typisch Nordhessen, mit einfachsten Mitteln köstliche Dinge zuzubereiten, oder?« Er wies auf die Platte mit dem Kuchen, Anke Dankelmann nahm den Kuchenheber und gab auf jeden Teller ein Stück. »Nun, wie ist es mit Göring?« fragte Surmann erneut. »Dick, feist, süchtig, geisteskrank, selbstgefällig, ein Verbrecher – was man halt so weiß an Eigenschaften über ihn. Und er hat die Bombardements Deutschlands mit seiner Luftwaffe nicht verhindert.« »Stimmt so weit. Das mit dem Luftkrieg – den hätte jeder andere auch verloren, spätestens nachdem die Vereinigten Staaten in den Krieg eingetreten sind. Ich sage Ihnen, was ich bis zu jenem Tag im Frühjahr 1933, als er in Kassel war, über ihn wusste: hochdekorierter Weltkriegs-Veteran, irgendwie 17 oder 18 Abschüsse feindlicher Maschinen, es ging das Gerücht, er sei drogenabhängig, er war ein Lebemann und ein absoluter Parteisoldat. Ein Kämpfer der ersten Stunde sozusagen, Vertrauter des Führers, eine Respektsperson erster Güte.« Surmann nahm ein Stück von dem Kuchen. »Als er da seine Rede hielt, die ein intellektueller Tiefflug war, und ich sah diese tausenden von Menschen, die ihm begeistert zujubelten, an seinen Lippen hingen, glänzende Augen, süchtig nach Führung,

nach Selbstbewusstsein, nach nationaler Stärke, die genug hatten von den Folgen der Wirtschaftskrise und dem Joch des Reparationsdrucks nach dem Ersten Weltkrieg, da geriet ich schon ein wenig ins Grübeln, wie wenig Aufwandes es bedurfte, die Massen zu mobilisieren. In mancher Hinsicht, damit meine ich nicht das politische Umfeld und vor allem nicht den ideologischen Hintergrund der Nazis, hat sich, was Massenbewegungen betrifft, manches nicht verändert. Warum gehen hunderttausend Menschen zu einem Fußballspiel und vergessen zwei Stunden lang alles, was sie an zivilem Benehmen gelernt haben in ihrem Leben? Man muss ein emotionales Bewusstsein, ein gemeinsames Bewusstsein mit nationaler oder, wie im Fußball, regionaler Verwurzelung schaffen, und schon geht bei so vielen ein Teil des Hirns flöten. Aber ich schweife ab. Zurück zu diesem Tag 1933. Wir haben Göring dann in einer Gruppe von vielleicht 20 Mann zum Rathaus begleitet.«
»War denn Röhm, wie versprochen, auch gekommen?« Surmann zuckte mit den Schultern. »Das war ja das Dilemma. Er war nicht da, und es war unklar, ob er kommen würde. Ich hatte Vogelsang mehrfach befragt, und bis zum Abmarsch zum Rathaus waren die Dinge mehr als unsicher.«

15

Surmann verließ als Letzter der Gruppe, die Göring begleiten sollte, das Podium. Er fühlte sich ein wenig unsicher, weil er wusste, dass er nicht wegen seines Ranges, seiner Funktion oder seiner Bedeutung mitkommen durfte, sondern nur, weil Weinrich dies mit Blick auf Surmanns Onkel so arrangiert hatte. Und dann war Röhm gar nicht da!
Die Gruppe der etwa 20 Männer, alle in Uniformen, marschierte zielstrebig durch eine Gasse, die die Menschen auf dem Friedrichsplatz bildeten, in Richtung Königsstraße, dann die Königsstraße hinauf zum Rathaus. Göring redete unentwegt mit seinen Begleitern, beachtete die Menschenmenge überhaupt nicht. Auf

der Rathaustreppe drehte er sich noch einmal um und hob den Arm zum Hitlergruß. Surmann beobachtete den Minister und sah, dass er stark schwitzte. Der kurze Marsch hatte ihn merklich mitgenommen, er war alles andere als körperlich fit. Oberbürgermeister Lahmeyer, mit der goldenen Amtskette des Stadtoberhaupts behängt, strahlte vor Wichtigkeit. Unterwürfig wies er Göring den Weg, das Rathaus war voll mit Würdenträgern, Stadtverordneten, Vertretern der Reichswehr – Kassel war schließlich seit ewigen Zeiten ein wichtiger Standort für alle Armeen gewesen, die hier irgendeine Bedeutung im Wandel der Geschichte gehabt hatten. In Reih und Glied standen im reich dekorierten Stadtverordnetensitzungssaal einige Bürger Kassels, die dem Minister persönlich vorgestellt werden sollten, an vorderster Spitze Gerhard Fieseler, der Luftfahrtpionier. Neben ihm Ernst Udet, der zwar nicht in Kassel lebte, aber offensichtlich eigens angereist war, um Göring, seinen Jagdflieger-Kameraden aus dem Weltkrieg, zu treffen. Udet war eine Fliegerlegende, und auch Göring musste ein passabler Kampfpilot im Ersten Weltkrieg gewesen sein. Der Zufall wollte, es, dass Surmann plötzlich fast direkt hinter Göring hergehen konnte. »Ernst, schön dich zu sehen, ich hatte gehofft, dass du es schaffen würdest, heute nach Kassel zu kommen.« Göring schüttelte Udet die Hand und klopfte ihm jovial auf die Schulter. Der hielt dem Blick des Ministers stand und antwortete: »Eiserner, lass uns die Dinge alle nachher bereden, wir setzen uns ja auch noch mit Fieseler zusammen.« Göring nickte und ging weiter. Offensichtlich gab es einen Teil des Tagesablaufs, den Surmann im Detail nicht kannte. Aber was hatte Udet gesagt? »Eiserner«? War das ein Spitzname aus Fliegerzeiten? Er würde später Vogelsang fragen. Göring ging durch die geöffneten Balkontüren und zeigte sich vom Balkon aus noch einmal den Menschenmassen. Dann begann die Parade der verschiedenen Gruppierungen, Surmann quetschte sich an den Rand des Balkons und hatte so einen guten Blick die Königsstraße hinunter. Er wartete auf die Schülergruppen und natürlich auf Martha. Es dauerte lange, bis die Abordnung der Luisenschule kam, in bunter Reihe mit den Jungen des Realgymnaisums eins – eine ungewöhnliche Formation, die jedoch bei Göring kein Aufsehen erregte. Er grüßte jede Gruppe mit dem Hitlergruß, Surmann sah Martha in der dritten Reihe, strahlend nach oben blickend. Ob sie ihn suchte mit ihren wunderschönen Augen? Er bildete es sich einfach ein, und schon ging es ihm prächtig. Er hatte genug gesehen und quetschte sich wieder in den mittlerweile nicht mehr so vollen Saal, in dem normalerweise die Kasseler Stadtverordneten tagten. In der Mitte sah er Vogelsang im Gespräch mit einem dicken Mann in prachtvoller SA-Uniform, den er nur von hinten sah. Vogelsang erblickte ihn über die Schulter seines Gesprächspartners hinweg und winkte ihm zu. Als er näher kam, drehte sich der dicke Mann um, und Surmann blickte in das verunstaltete, vernarbte Gesicht von Ernst Röhm. Er erstarrte innerlich, ließ sich aber nichts anmerken, nahm direkt vor ihm Haltung an. »Reichsführer, ich möchte Ihnen Sturmführer Surmann vorstellen, ich hatte den Namen vorhin bereits erwähnt. Neffe unseres Kampfgefährten Kurt Otto«, sagte Vogelsang. Röhm musterte ihn kurz und intensiv, die Augen waren gar nicht so brutal, wie man es anhand des durch Kriegsverletzungen und Operationen verunstalteten Restgesichtes hätte vermuten können, dann reichte er die Hand zur Begrüßung. »Freut mich, Sturmführer, Sie kennenzulernen. Sie werden es nicht ahnen, aber Ihr Onkel hat mir viel von Ihnen erzählt, Sie waren sein ein und alles. Und offensichtlich war er zu Recht stolz auf Sie. Wie gefällt Ihnen Ihre Tätigkeit?« Röhm ließ Surmanns Hand nicht los, er antwortete dennoch, so gelassen und souverän wie möglich. »Ich bin der SA sehr dankbar, dass sie mir die Chance gegeben hat, und tue mein bestes. Und ich hoffe, das ist das, was meine Vorgesetzten erwarten. Aber das müssen andere beurteilen, Reichsführer.« »Kommen Sie mal mit, meine Herren, hier hören zu viele zu, die das nichts angeht« Röhm schob die beiden in eine Ecke des Saals, wo außer ihnen niemand stand. »Ich habe hier von dem Debakel mit unseren Leuten in Kassel gehört. Wir müssen da raus aus den Gerüchten, Sie verstehen?«

Der Reichsführer schaute beide prüfend an. »Ich möchte, dass wir hier für andere Nachrichten sorgen, machen Sie Kassel bitte zum Aufmarschgebiet, machen Sie Kassel zum Vorreiter im Kampf gegen Kommunismus und Judentum. Ich erwarte eine Offensive in den nächsten Wochen, das muss Schlag auf Schlag gehen. Bilden Sie schlagkräftige Einheiten, die plötzlich, überraschend und am helllichten Tage zuschlagen. Die Menschen im Land müssen sehen, wo die Macht und vor allem wo die Kraft zuhause ist. Ziehen Sie unsere Gegner aus dem Verkehr. Zu diesem Zweck wird in der Nähe Kassels ein Lager entsprechend eingerichtet. Es heißt Breitenau. Sehen Sie sich das in den nächsten Tagen an, und nach den ersten Aktionen erwarte ich einen Bericht. In dem Fall, Surmann, möchte ich Sie damit betrauen. Das heißt aber auch, dass wir Ihren Dienstgrad erhöhen müssen. Nix dagegen, was? Ha, kann ich mir denken. Aber das bin ich Ihrem Onkel, meinem Freund Kurt, schuldig. So, das wär´s. Noch Fragen?« Surmann nickte. »Jede Menge, ganz ehrlich. Aber die haben nichts mit meinem Auftrag hier zu tun. Ich weiß einfach zu wenig über meinen Onkel. Und finde kaum jemanden, der mir hilft, das unvollständige Bild zu ergänzen.« »Das ehrt Sie, Sturmführer. Und bei Gelegenheit werde ich Ihnen gern berichten. Ich habe ihn sehr geschätzt und habe ihm viel zu verdanken. Er war ein großer Mann.« Röhm sah Surmann direkt in die Augen. Der Reichsführer war einen halben Kopf kleiner als seine beiden Gesprächspartner. Und strahlte eine Mischung aus kalter Macht, tumber Gewaltbereitschaft und Verschlagenheit aus. Das entsprach in etwa dem, was Surmann über den Mann gehört hatte. Röhm war nicht zu unterschätzen, keine Frage.

»Ich erwarte Ihren Bericht, den tragen Sie dann persönlich bei mir vor, da werden wir auch Gelegenheit haben, über ihren Onkel zu reden. Einverstanden? Vogelsang kümmert sich dann um die Termine und soweiter. Heil Hitler!« Röhm drehte sich um und ging in Richtung Göring davon, der gerade vom Balkon hereingekommen war. Aus den Augenwinkeln sah Surmann eine dunkel gekleidete Person mit schwarzen Haaren in Richtung Seitenausgang gehen. Es war zweifellos Tristan. Er musste sie beobachtet haben, möglicherweise hatte er gelauscht, Röhms dröhnende Stimme war schließlich nicht zu überhören. Surmann fühlte sich verfolgt. Diese unklare Bedrohung, die er verspürte, diese aus Ungewissheit resultierende Unruhe – seine Gefühlslage hatte sich von einer Sekunde auf die andere verändert. Tristan war da, war Gegenwart, hatte ihn nicht vergessen. Aber worum ging es dabei?

»Na, Herr Obersturmführer, holen Sie sich morgen mal die Abzeichen ab. Steile Karriere, alle Achtung!« Vogelsang grinste ihn an. »Fehlt nicht mehr viel zum Oberführer – dann haben Sie mich eingeholt.« Vogelsang schlug ihm fest auf die Schulter, der Mann war kein Neider, er war pragmatisch veranlagt und merkte, dass er einen Günstling des Reichsführers im Dunstkreis hatte. Das galt es zu nutzen. Und außerdem: Die beiden, Vogelsang und Surmann, sie mochten sich auch im wirklichen Leben. »Mal was ganz anderes«, sagte Surmann leise. »Ich habe vorhin dicht bei Göring gestanden. Udet hat ihn mit Eiserner angeredet – was bedeutet das denn?« »Das bedeutet genau das, was man meinen könnte: Eiserner ist der Spitzname Görings aus Jagdfliegerzeiten. So weit ich weiß, darf ihn aber nur einer seiner Kameraden von damals so nennen. Udet eben.« Vogelsang schaute Surmann an und zuckte die Schultern. Mehr wusste er nicht.

Göring reiste wenig später wieder ab, Röhm ebenfalls – die beiden hatten noch eine Weile unter vier Augen konferiert. Niemand wusste, um was es ging und was so wichtig war, dass der Reichsführer SA extra für dieses Gespräch aus seinem Urlaub im Harz angereist war. Es interessierte zumindest Surmann auch nicht, der nahm die Straßenbahn Richtung Goetheanlage. Es war später Nachmittag, er hatte sich mit Martha lose verabredet, irgendwann zwischen 15 und 17 Uhr könnten sie sich treffen, das hatten sie sich ausgerechnet. Er ging die Herkulesstraße entlang und bog dann rechts ab auf das Parkgelände. Das Wetter, das bei Görings Auftritt glänzend mitgespielt hatte, war mittlerweile unvorhersehbar geworden. Dicke, hellgraue Wolken zogen über den Talkessel, das versprach zwar keinen Landregen, aber ein paar Tropfen konnten jeden Augenblick vom Himmel fallen. Er dachte ständig wechselnd an Tristan und dessen unerklärliches Auftauchen im Rathaus – und an Martha –, und die Vorfreude wechselte ständig mit Angst. Er blieb kurz stehen und schaute in einen Hausflur, in dem zwei Mädchen, vielleicht zehn Jahre alt, gerade die Treppe zum Hochparterre schrubbten. Samstag war Hausordnungs-Tag, und er war froh, dass er niemals am Wochenende irgendein Treppenhaus hatte schrubben müssen. Die Mädchen sahen ihn erst erstaunt an und winkten ihm dann lächelnd zu. Während der Viertelstunde in der Straßenbahn war ihm noch einmal bewusst geworden, welche Faszination dieses neue Deutschland auf die Menschenmassen ausübte. Er war wieder einmal stolz, dabei gewesen zu sein. Er hatte Göring gesehen, mit Röhm gesprochen. Er war auf dem Weg, mitten ins Machtzentrum des Reiches zu marschieren. Aus dem Studenten in Wien war ein Karriereoffizier der SA geworden. Auf seinen Befehl würden sich in wenigen Jahren tausende Menschen bewegen, er würde Macht haben, und er war gewillt, diese auch auszuüben. Surmann spürte das Adrenalin in seinen Blutbahnen, das Hochgefühl, das es auslöste. Er hatte auch an den Auftrag gedacht, den er von Röhm bekommen hatte, am Montag musste er mit Vogelsang die Details erarbeiten. Er freute sich auf diese Einsätze, schon der erste gegen die jüdischen Geschäfte hatte ihm Befriedigung verschafft. Und er wollte dringend dieses Lager in Breitenau sehen. Keine Ahnung, wo genau sich das befand, aber das war schließlich das geringste Problem.

Er ging über die Straße und sah sie von weitem, diesmal auf der anderen Seite des Parks auf einer Bank sitzen. Es wehte ein leichter Wind, sie hatte den Pferdeschwanz geöffnet, und das Haar umspielte ihr Gesicht. Martha schaute in Richtung Himmel, er wusste nicht, ob sie ihn schon bemerkt hatte und nur für ihn spielte, oder ob sie einfach ihren Gedanken nachhing. Er ging strammen Schrittes durch den Park, es waren nur wenige Menschen unterwegs. Sie sah ihn kommen und winkte ihm zu, sprang auf und lief in seine Richtung. Sein Herz hüpfte, diese Frau strömte so eine bedingungslose Form von Zuneigung aus, dass ihm jedes Mal schwindlig wurde. Sie sank in seine Arme, und ihm fiel nichts Rechtes ein, was er sagen konnte. »Ich habe dich vom Rathaus-Balkon aus gesehen!« Sie schaute ihn an. »Ich habe dich auch gesehen. Aber viel wichtiger ist: Ich sehe dich jetzt. Geht es dir gut? Irgendwie habe ich das Gefühl, das etwas möglicherweise nicht stimmt.« »Was dich betrifft, meine Liebste, ist alles in Ordnung. Aber ich habe halt auch ein paar Sorgen. Eigentlich will ich dir nicht davon erzählen, aber du scheinst ja besondere Antennen für meine Gemütslagen zu haben.« Wieso rede ich eigentlich so gestelzt, fragte er sich. Surmann nahm Marthas Hand und blickte zärtlich in ihre Augen, die ihn konzentriert ansahen. Er hätte sie gern geküsst, aber diese Frau war einfach äußerst pragmatisch, organisiert, logisch denkend. Er spürte so etwas wie das Signal, dass für einen Kuss jetzt nicht der richtige Zeitpunkt war. Er musste jetzt erzählen, Küssen kam später. Er berichtete ihr von den Begegnungen mit Tristan, beschrieb ihn, so gut er konnte, versank in seiner eigenen Erzählung und spürte, wie ihm das gut tat.

Martha wiederum hatte bei der Beschreibung der Person aufgepasst und ließ eine Unruhe stiftende Nachdenklichkeit spüren.

Sie sollte heute früh zuhause sein, das musste sie einerseits diesem so liebenswerten Mann, in den sie, wie sie sich mehrfach eingestanden hatte, rettungslos verliebt war, erst einmal beibringen. Ihr Vater hatte zudem Besuch eingeladen, Martha sollte dabei sein, und sie befürchtete, dass es ein erneuter Versuch war, sie mit irgend jemandem zu verkuppeln. Das konnte sie Surmann nicht sagen, ihre Konzentration bewegte sich zurück auf die Erzählungen des SA-Mannes, und sie bekam gerade noch den Schluss mit. »Ich weiß nicht, was ich dir raten kann. Vielleicht solltest du die Unterlagen deines Onkels weiter nach irgendwelchen Dokumenten oder Dingen durchsuchen, auf die er es abgesehen hat. Das ist natürlich schwierig, weil du ja gar nicht weißt, wonach du suchen musst. Aber falls du etwas findest – dann gib es aus der Hand. Vielleicht gibt er dann Ruhe.« Sie streichelte ihm sanft über das Haar, eine Geste, die ihm unendlich gut tat. »Rede ich Quatsch?« hakte sie nach, als er nichts auf ihre Worte erwiderte. Surmann schüttelte mit dem Kopf. »Nein, ich habe ja selbst schon mal so was gedacht. Eigentlich habe ich aber auch ein wenig Furcht davor, etwas zu finden und dann zu wissen, was ich gefunden habe. Das ist verrückt. Wenn der Kerl wenigstens mal etwas sagen würde.« Sie gingen noch ein wenig durch den wettermäßig etwas trostlosen Nachmittag. Ohne es zu merken, bewegten sie sich auf Mulang zu. »Hier war ich noch nie«, sagte Martha plötzlich. »Das sind ja wunderschöne Häuser!« Die Villen in dieser Siedlung am Rand des Bergparks waren mit die schönsten in Kassel. Fachwerkgebäude, gemauerte Paläste mit kleinen Türmchen, gepflegte Gärten, Eisenzäune, die die Grundstücke voneinander trennten. »Schau mal hier«, sagte Surmann, »das ist hier so etwas wie ein Privatfriedhof.« Er öffnete eine knarzende Tür, und sie blickten auf etliche Gräber, mit unterschiedlich opulenten Grabsteinen dekoriert. Genau an der Stirnseite des kleinen Friedhofs stand auch der größte Grabstein, er erinnerte an den Architekten der Wasserspiele im Bergpark, Karl Steinhofer, nach dem auch ein Wasserfall benannt worden war. Viele Berufe der Verstorbenen waren auf den Grabsteinen angegeben, doch Martha zog es schnell wieder in Richtung Ausgang. »Ich mag keine Friedhöfe«, sagte sie »und solche, wo nicht jeder Normalsterbliche seine letzte Ruhe finden kann, sowieso nicht.« Surmann wunderte sich ein wenig, sagte aber nichts. Sie schauten ein wenig den beiden Tennisspielern zu, die auf der Anlage unterhalb der Burgfeldstraße spielten. Sie hatten den Platz abgezogen und spielten nun. So richtig konnten die beiden es nicht, das sah Surmann, ohne große Ahnung von diesem Sport zu haben. Zu häufig gingen die Schläge ins Aus, zu häufig sprang der Ball von der Schlägerkante in irgendwelche Richtungen. Er nahm Martha an der Hand und zog sie langsam die Straße hinauf, er wollte die Gelegenheit nutzen, und ihr endlich sein Zuhause zeigen. Martha ahnte das und ließ es geschehen, sie grübelte, wie sie am besten sagen konnte, dass sie bald nach Haus musste. Sie fand eines der Häuser schöner als das andere, und als sie dann an der Löwenburgstraße vor einem riesigen Haus stehenblieben, sagte Surmann: »Hier wohne ich.« Er sagte es ohne jeden Stolz in der Stimme, er wusste ja, dass Martha aus einfachsten Verhältnissen stammte, ahnte, dass dies möglicherweise Konfliktstoff sein könnte. Eine Zeitlang verstrich, dann sagte Martha und sah ihn dabei mit leuchtenden Augen an: »Wunderschön! Wohnst du allein hier?« »Nein, mein Onkel hatte eine Haushälterin, die ist im Haus geblieben. Keine Angst«, er lachte, als er sah, wie sie die Stirn runzelte, »Henriette ist weit über 50!« Er holte den Schlüssel aus der Tasche, da sagte Martha: »Thomas, ich musste heute meinem Vater versprechen, spätestens um sechs Uhr zuhause zu sein. Er hat kurzfristig Besuch eingeladen. Ich konnte es ihm nicht ausreden.« Surmann blickte sie enttäuscht an und steckte dann den Schlüssel energisch ins Schloss. »Ich kann dich ja mit dem Auto fahren, komm rein, ich will dir ganz kurz was zeigen.« Martha zögerte kurz, kam dann aber mit. Sie ging beinahe auf Zehenspitzen durch den Flur, Surmann schritt wortlos voran, durch das Esszimmer ins Wohnzimmer, dann ins Arbeitszimmer mit dem Flügel. Er klappte den Deckel hoch, setzte sich hin und strahlte Martha an. Endlich! Endlich konnte er etwas für sie spielen. Seine Finger huschten über die Tasten, sanfte Anschläge, feste Anschläge, er spielte die A-Dur-Sonate von Mozart, Martha hatte sich in einen mit Samt bezogenen Sessel gesetzt, die Beine übereinandergeschlagen und lauschte hingebungsvoll. Als Surmann fertig war, klappte er den Deckel zu und sagte: »Das habe ich für dich in den letzten Tagen immer wieder geübt.« »Du spielst wunderschön«, sagte sie. »Ich habe keine Ahnung, wie gut das wirklich ist. Aber ich habe noch nie so ein schönes Klavierspiel gehört. Danke!« Sie stand auf, ging auf ihn zu und setzte sich auf seinen Schoß. Schlang die Arme um ihn und küsste ihn zärtlich auf den Mund. Er saß stocksteif auf dem kleinen Bänkchen vor dem Klavier. Martha rutschte von seinem Schoß und glitt auf den flauschigen Teppich neben dem Klavier, zog ihn sanft zu sich herab. Ihm flirrten die Gedanken durch den Kopf. Wenn Henriette nun hereinkam – aber die war ja eine Woche verreist. Ihre Hände strichen über seinen Körper, sie nahm seine Hand und legte sie auf ihre Brust. Er spürte, wie er immer erregter wurde, wusste nicht, was er tun sollte. Seine Hände strichen über ihre Brüste, wanderten über ihren Körper nach unten. Er hörte, wie sie schwerer atmete, beide sagten kein Wort. Sie knöpfte seine Jacke auf, sein Hemd, ihre Hände berührten die Haut seines Oberkörpers. Mein Gott, dachte er sich, das ging alles so schnell. Sie kannten sich ja erst kurze Zeit, was passierte heute mit Ihnen? Martha schien diese Gedanken nicht zu haben. Sie richtete sich auf und streifte mit ein paar Bewegungen ihre Kleidung ab, legte sich nackt neben ihn. Sie hatte einen Traumkörper, ihre Brüste streckten sich ihm wie zwei große Äpfel entgegen. Sie legte sich auf den Rücken, breitete die Arme aus und sah ihn lächelnd an. Er riss sich förmlich die Kleidung vom Leib legte sich neben sie und streichelte sie sanft. Martha schloss die Augen, atmete schwer. Dann richtete sie sich auf und bedeckte seinen Körper mit Küssen. Minuten später legte sie sich auf ihn, er drang mühelos in sie ein. Sie japste kurz und lächelte ihn dann an. Sie liebten sich auf eine unbeholfene, leidenschaftliche und verliebte Art, ihre Instinkte funktionierten. Es dauerte nicht lange, dann war es vorbei. Er war noch nie so erregt gewesen in seinem Leben. Martha lag atemlos neben ihm, er sah ein paar winzige Blutflecken auf dem Teppich. »Und wenn du nun schwanger wirst?«, sagte er irgendwann vorsichtig. »Mach dir keine Gedanken«, antwortete sie. »Man wird einen Tag nach der Periode nicht schwanger.«

Er zeigte ihr die Dusche, als sie fertig waren, zeigte die Uhr 20 Minuten vor sechs Uhr an. Sie mussten sich beeilen. Surmann steuerte den Wagen Richtung Rothenditmold, in der Innenstadt waren immer noch Menschenmassen unterwegs. Martha hatte die ganze Zeit, auf ihren rechten Arm gestützt, aus dem Wagenfenster gesehen. Er hatte nicht gewagt, sie anzusprechen. Als sie am Hauptbahnhof vorbeifuhren, sagte sie plötzlich: »Es war wunderschön. Ich habe noch nie mit jemandem geschlafen. Dass das so schön sein kann ... Und ich bereue gar nichts. Das ist das Beste.« Der Wagen hoppelte mehr als er fuhr über das Kopfsteinpflaster an der Schöfferhofer Brauerei. Als sie in die Hersfelder Straße einbogen, sagte Surmann: »Ich fahre dich heute bis vor die Haustür, ist das in Ordnung?« Martha lächelte ihn an. »Ja. Ich denke, ich werde dich sowieso demnächst mal meinen Eltern vorstellen müssen, oder?« Surmann nickte, der Gedanke an so einen offiziellen Termin machte ihn aber nervös. Vor dem Haus, einem Neubau in einer Siedlung, die nach einem völlig neuen Konzept erstellt worden war, hielt er an. Die Häuser waren nach der Idee gebaut, auch in einer Arbeiterfamilie sollte jede Person in einem eigenen Bett schlafen können. Kinder spielten auf der Straße, schauten den großen Wagen neugierig an. Martha legte die Hand auf seinen Schoß. »Mach's gut, bis bald.« Sie streichelte ihm kurz über das Bein, schenkte ihm einen verliebten Blick und stieg aus. In diesem Moment kam eine Gestalt um die Ecke und ging auf den Eingang des Hauses zu, in dem Martha mit ihrer Familie wohnte. Dunkel gekleidet, schwarze Haare. Surmann fuhr der Schreck in die Glieder. Tristan, keine Frage! Der Mann sah Martha herankommen, begrüßte sie freundlich, und dann wanderte sein Blick zum Auto. Die stechenden Augen fixierten Surmann kurz, dann verschwand er hinter Martha im Haus. Wieso kannte Tristan Martha? Wie in Trance lenkte Surmann den Wagen zurück Richtung Wilhelmshöhe. Als er den Wagen abstellte und aufs Haus zuging, grüßte ihn General Rudelsdorff von der anderen Straßenseite. »Haben Sie schon gehört, Surmann? Bei uns ist eingebrochen worden. Haben Sie möglicherweise was gesehen?« Surmann schüttelte den Kopf, ihm war gar nicht nach einer Unterhaltung zumute, dennoch nahm er sich die Zeit, um kurz mit dem General zu reden. »Habe jetzt immer eine Pistole auf dem Nachttisch. Wehe, der Kerl taucht noch mal auf.« »Ist denn was gestohlen worden?« fragte Surmann. »Das ist es ja – kein Stück fehlt. Keine Ahnung, was der Bursche wollte. Die Polizei ist ratlos.« Sie redeten noch ein wenig über das

Wetter, Rudelsdorff schimpfte über die zu erwartende Rechnung wegen der Schäden am Fenster. »Freue mich sehr, dass Sie jetzt bei der SA sind, junger Mann. Ihr werdet schon für Ordnung sorgen. Weg mit diesem Geschmeiß, das muss das Ziel sein. Ganz in meinem Sinne das.« Surmann ging zurück zu seinem Haus und musste breit grinsen. Dieser Mensch hatte eine Ausdrucksweise wie in einem Persiflage-Film über die KuK-Monarchie und deren Armee. Am nächsten Tag rief Surmann auf Verdacht unter Köhlers Nummer bei der Polizei an. Vielleicht musste er ja an diesen Sonntag arbeiten. Er hatte Glück. Köhler schien über den Anruf wenig erbaut. »Surmann, du kriegst dein Geld schon«, flüsterte er ins Telefon. »Darum geht es mir doch gar nicht. Hast du was in Sachen Tristan herausbekommen?« »Zähe Sache, kann ich dir sagen. Überall, wo ich nachfrage, stoße ich auf Ablehnung. Ich denke fast, dass ich schon einen Schritt zu weit gegangen bin. Hoffentlich geht das gut.« »Hast du einen Namen?« »Ja. Kann ich dir aber jetzt nicht sagen. Wir müssen uns treffen. Ich rufe zurück, kann jetzt nicht weiter reden.« Köhler legte auf. Sein Tonfall war zuletzt angestrengt gewesen, beinahe hysterisch. Was passierte da im Revier? Am nächsten Tag fuhr Surmann einfach mit dem Auto spazieren. Es war ein Tag mit wechselnder Bewölkung, nicht richtig warm, aber auch nicht kalt. Er fuhr von Wilhelmshöhe aus über die Fürstenstraße und die Bergstraße Richtung Gartenstadt Brasselsberg. Unterhalb der Wiederholdstraße genoss er den Blick über die Dönche auf die Stadt im Talkessel, er sah die dicht bebaute Innenstadt mit zahlreichen Schornsteinen, aus denen Rauch aufstieg. Weiter hinten die Fabrikschlote von Henschel, in der Ferne die grünen Hügel von Söhre und Kaufunger Wald.

Es war für ihn eine Stadtrundfahrt der besonderen Art. Immerzu dachte er an Martha und natürlich auch an Tristan. Er hatte häufig schon versucht, sich in Marthas Lebenswelt hineinzudenken. Wenn man sie sah, merkte man ihrer Kleidung bei genauem Hinschauen schon an, dass sie aus nicht begüterten Verhältnissen stammte. Er hatte keine Vorstellung, wie es bei ihrer Familie aussah, wie sie miteinander umgingen. Man merkte ihrer Sprache ein wenig an, dass sie aus Kassel stammte, bei manchen Wortendungen konnte sie die nordhessische Herkunft nicht verleugnen. Ihn störte das nicht.

Aber heute wollte er einfach mal der uniformierten Glitzerwelt, die ihn häufig genug umgab, und der Hängematte des Lebens, in der er sich wegen seiner materiellen Absicherung immer sorgenfrei hatte schaukeln können, entfliehen. Er wollte die Stadt kennenlernen. Surmann steuerte den Wagen Richtung Niederzwehren. Hier standen einige kleine Bauernhöfe entlang der Frankfurter Straße, Pferdegespanne waren vereinzelt unterwegs, für die Bauern gab es in dieser Zeit keinen freien Tag am Wochenende. Er musste scharf bremsen, als in der Grunnelbachsenke ein Schwein über die Straße galoppiert kam. Ein Junge in kurzen Hosen mit dreckigen Beinen rannte hinterher.

Über die Karlstraße, entlang an der Waggonfabrik Credé, gelangte er zum Auedamm an der Fulda. Dem folgte er, fuhr unter der Brücke der Kassel-Waldkappeler-Bahn hindurch und musste tatsächlich bis in die Innenstadt, weil es nirgendwo eine autotaugliche Brücke über den Fluss gab. Am Holzmarkt, auf der anderen Fuldaseite angekommen, erinnerte er sich an die Begegnung mit dem kleinen Jungen und an desen geschwollenes Auge. Er hielt an, stieg aus und lief ein wenig herum – doch den Jungen sah er nicht. Was wohl aus ihm geworden war? Die Apotheke war geschlossen, in der er damals das Medikament gekauft hatte. Der Himmel war mittlerweile mit grauen Wolken verhangen, das dunkle Tageslicht verlieh diesem Stadtteil noch etwas Trostloseres: Die Häuser waren schäbig, es war absolut windstill und roch wieder streng nach einer Mischung aus Essensgerüchen, Müll, Fäkalien und penetrantem Körpergeruch der Menschen, die hier auf engstem Raum wohnten. Er setzte sich ins Auto und fuhr langsam Richtung Osten, nach Bettenhausen. Links sah er das Hallenbad mit seinen roten Backsteinmauern – und bereute es, keine Schwimmsachen dabei zu haben. Er hätte sich die Badeanstalt gern von innen angesehen. Die düster-bedrohlich wirkenden Behälter der Städtischen Gasanstalt bauten sich auf der anderen Seite der Leipziger Straße auf, der Bahnhof Bettenhausen daneben war die Endstation der Waldkappeler Bahn. Ein Zug war gerade angekommen, die Lokomotive stieß riesige Schwaden dunklen Rauchs aus, der Bahnsteig füllte sich schnell mit Menschen, die den Sonntag zu einem Ausflug nutzten.

Bettenhausen war ein Arbeiterstadtteil. Industrieanlagen wie die Salzmannfabrik, das Eisenhüttenwerk Uhlendorf und die Deutschen Ton- und Steinzeugwerke standen in direkter Nachbarschaft zur engen Fachwerkbebauung des Dorfkerns. Unmöglich, durch die engen Gassen mit dem Auto zu fahren, zu unwegsam das Pflaster. Er hatte das Fenster geöffnet und roch auch hier das eklige Gemisch aus Industrieabgasen und dreckigem Dorfmief. Er fuhr über die Lossebrücke, der Bach trieb sein schmutziges Wasser Richtung Fulda, und am Ufer spielten einige Kinder in der dreckigen Brühe. Ihn schauderte. Von Bettenhausen aus steuerte er den Horch Richtung Lindenberg, dort hatten einige Kameraden von der SA in einer neuen Siedlung kleine Häuser gebaut und stolz davon erzählt. Es fing an zu regnen, als er von der Leipziger Straße Richtung Lindenberg abbog. Vereinzelt standen hier schon Häuser, auf manchen Grundstücken waren weitere in Bau. Viele der kleinen Häuser schienen keine Kellerräume zu haben, im Garten der Gebäude, die schon bewohnt waren, sah man Gehege, in denen die Bewohner Kaninchen oder Hühner hielten. Man hatte einen guten Blick von dieser kleinen Anhöhe über das Kasseler Becken, und Surmann sortierte mit seinem schlechten Orientierungssinn die Stadtteile. Irgendwo da im Nordwesten musste Rothenditmold liegen, seine Gedanken waren sofort bei Martha, er dachte den ganzen Tag schon an sie und grübelte über dieses unselige Zusammentreffen mit Tristan. Er fuhr nach Hause, es war spät geworden auf seiner Rundtour, er war langsam durch die Stadt gefahren. Er fand auf dem Heimweg noch eine Tankstelle, ließ den Tank komplett füllen, das Öl nachsehen und die Scheiben waschen.

Er gab dem Tankwart ein bescheidenes Trinkgeld, der Mann freute sich riesig über die Gabe – vermutlich war es für Surmann ein kleines Trinkgeld gewesen, für den Mann offenbar ein sehr großzügiger Betrag. Zuhause holte er Brot aus der Brotbüchse, öffnete eine Flasche Limonade, schnitt sich ein Stück Ahle Wurscht ab und stellte das Radio im Wohnzimmer an. Er konnte sich nicht auf die Sendung konzentrieren und stellte wieder ab. Surmann war müde, dabei war es doch erst 8 Uhr abends. Er suchte im Arbeitszimmer nach einem Buch, mit dem er sich noch ein, zwei Stunden vertreiben konnte. Er hörte das Ticken der Standuhr, sonst war es im Haus mucksmäuschenstill. Um so heftiger zerriss das Klingeln des Telefons die abendliche Stille. Er schluckte das letzte Stück Ahle Wurscht hinunter, hob den Hörer ab und meldete sich. Das Schluchzen am anderen Ende der Leitung zerriss sein Herz. Sie musste ihren Namen nicht sagen, er wusste, dass das Martha war. »Du musst zu mir kommen, ganz schnell heute noch«, stammelte sie, »ich bin ans öffentliche Telefon bei der Brauerei gelaufen. Ich muss dir was erzählen, meine Eltern sind heute Abend mit Freunden in der Kneipe, komm schnell. Auf der anderen Seite der Hersfelder Straße ist doch dieses freie Gelände, da steht in der Mitte ein Gartenhaus, da warte ich auf dich. Beeil dich, Liebster!« »Was ist los?« fragte er mit schriller Stimme, voller Sorge, Düsteres ahnend. Doch Martha hatte schon eingehängt. Er riss seine Jacke vom Haken, ließ die Lichter an, schloss die Haustüre kurz ab und startete den Wagen. Er fuhr, nein raste die Serpentinen hinunter zur Wilhelmshöher Allee, viel zu schnell, aber es waren ja ohnehin um diese Zeit in diesem Stadtteil keine Autos unterwegs. Der kürzeste Weg nach Rothenditmold führte an der Stadthalle vorbei, er ließ die Polizeikaserne links liegen und war etwa 20 Minuten nach dem Anruf in der Hersfelder Straße. Er stellte den Wagen auf Sichtweite des Hauses, in dem Martha mit ihrer Familie lebte, ab. Es wurde allmählich dunkel. Auf dem weiten, abschüssigen Gelände gegenüber der Häuserreihe entdeckte er die dunklen Umrisse der Gartenhütte. Er ging langsamer, der Boden war uneben, er wollte nicht stürzen. Der langsame Schritt hatte einen Nachteil: Seine Gedanken arbeiteten wieder fieberhaft, und er dachte unwillkürlich an Tristan. Was war, wenn er hier auftauchte?

Surmann fand Martha auf der Seite der Hütte, die hangabwärts zeigte. Sie saß an der Wand auf einer breiten Holzbank, hatte die Beine angezogen, die Füße auf die Bretter der Bank abgestellt und blickte starr den Hang hinab. Er sah sie von weitem und hatte das unendlich dringende Bedürfnis, sie in den Arm zu nehmen. Sie am Telefon weinen zu hören, war der schrecklichste Moment in den letzten Jahren gewesen. Sie hörte seine Schritte, schreckte kurz auf, blinzelte in die Dämmerung und erkannte ihn. Sie nahm die Füße von der Bank und stand langsam auf. Was für eine anmutige Bewegung, dachte Surmann, und erinnerte sich genau jetzt an den gestrigen Tag. Das Liebesspiel auf dem Teppich. Sie kam wortlos auf ihn zu und presste sich in seine Arme. Schweigend stand das Paar am Hang, auf dem einmal weitere Mietshäuser der gleichen Bauart wie oben am Rothenberg gebaut werden sollten. Irgendwann, er streichelte ihr sanft übers Haar, fragte er: »Was ist los? Sag es mir.« Sie schüttelte den Kopf und zog ihn langsam den Hang hinunter. Hinter einem Busch sank sie ins Gras. »Hier kann uns keiner hören, wenn sich jemand anschleicht, dann werden wir das merken.« Martha legte sich auf den Rücken und starrte an den Himmel. Als er sie streicheln wollte, packte sie seine Hand und hielt sie fest. Am Himmel waren durch das Graublau langsam Sterne zu erkennen. »Mein Vater will mich verheiraten«, sagte sie plötzlich. Surmann fuhr ein eiskalter Blitz durch Hirn und Körper. »Wie bitte?« »Mein Vater will mich verheiraten. Papa war die ganzen letzten Wochen schon so komisch. Er ist ein völlig unpolitischer Mensch, macht seine Arbeit und hält die Klappe. Wir sind ja auch halbwegs gut durch die ganze Wirtschaftskrise gekommen, er hat bei Henschel immer seine Arbeit gehabt. Seit Hitler an der Macht ist, da ist er anders geworden. Hat sich ja vorher nie für Politik interessiert, hat noch nicht einmal gewählt. Die haben mir noch nie geholfen, gleich, wer in Berlin dran war. Das hat er immer gesagt. Ich habe nie verstanden, warum er in letzter Zeit so mürrisch, nachdenklich, unleidlich geworden war. Jetzt weiß ich es.« Surmann hörte ihr atemlos zu. Er spürte, dass sie keine Zwischenfragen brauchte, sie hielt seine Hand mit aller Energie, starrte in den Himmel. Im Schimmer der Sterne und des Mondes sah er, wie ihr eine stumme Träne aus den Augenwinkeln rann. »Weißt du, wir haben nie groß über die Familien gesprochen. Ich habe meine Großeltern nicht kennengelernt, meine Eltern haben ja spät erst ein Kind bekommen, meine Omas und Opas waren schon tot. Ich habe oft nach ihnen gefragt, aber mein Vater hat nur Geschichten erzählt. Papa hat mir gestern gesagt, dass Mama Halbjüdin ist. Ihre Mutter war Jüdin, ihr Vater normaler Deutscher. Heißt das so? Ich weiß nicht, ist auch egal.« Sie zog ein weißes Taschentuch aus dem Ärmel, schneuzte sich kräftig und steckte es wieder weg. Mit der anderen Hand hielt sie ihn fest. »Und jetzt fragst du dich, was das alles mit mir zu tun hat? Du hast doch gestern diesen Mann gesehen, der mich begrüßt hat, als ich nach Hause kam. Das ist der Sohn des besten Freundes meines Vaters. Mit ihm, dessen Frau und meiner Mutter ist er heute in der Kneipe, irgendwo hier am Rothenberg. Papa hat ab morgen Urlaub, er wird sich volllaufen lassen. Karl, so heißt der Mann mit Vornamen, weiß, dass Mama Halbjüdin ist. Er ist seit Jahren in mich verknallt, ist aber gar nicht mein Typ. Er ist irgendein wichtiger Typ bei der Gestapo, hat Papa versprochen, die Papiere zu ändern, die Abstammung der Familie, um damit meine Mutter, meinen Bruder und mich zu retten. Aber nur, wenn ich ihn heirate. Das Schlimme ist, dass Papa nichts dagegen hat. Weißt du, was gestern bei uns los war? Ich will den doch gar nicht, ich will dich.« Surmann war plötzlich eiskalt ums Herz. »Hast du das deinem Vater und diesem Karl gesagt?« »Ich habe gesagt, dass ich ihn nicht liebe. Karl hat dich ja im Auto gesehen, er scheint dich zu kennen, und ich habe das Gefühl, dass du irgendwann mal von ihm erzählt hast.« Surmann nickte, doch sie konnte es wegen der Dunkelheit nicht sehen. »Papa möchte, dass ich ihn nach dem Abitur sofort heirate. Dann könnte ich auch leichter studieren. Das mit der Liebe, das kommt noch, hat er gesagt. Was soll ich nur machen?« Surmann hatte keine Ahnung, aber genau das wären jetzt die falschen Worte gewesen. »Du hast Recht«, sagte er nach einer Weile, »ich habe dir von diesem Mann erzählt. So weit ich weiß, ist er ein Auftragsmörder für die Gestapo. Das ist ein böser Mensch, den darfst du nicht heiraten, niemals, hörst du? Ich werde dich heiraten ...« Mehr fiel ihm nicht ein, aber was gab es auch mehr zu sagen? Sie schwiegen, einige lange Minuten. Und berieten dann doch, was zu tun war. Hatten ein paar Ideen, verwarfen die meisten. Und klügelten dann doch etwas aus, was sie beide ein wenig heiterer stimmte. Zuletzt sagte Martha: »Du hast vorhin gesagt, du willst mich heiraten. War das so etwas wie ein Heiratsantrag.« »Ja, natürlich, was glaubst du denn?« »Und willst du gar nicht wissen, was ich dazu sage?« »Doch, natürlich will ich das.« »Na gut. Ich sage ja.« Er schaute durch die Dunkelheit dahin, wo ihre Augen sein mussten. Er drückte sie an sich, und die beiden Körper und ihre Seelen verschmolzen zu einer Einheit. Surmann dachte, dass man das Wort Glück mit Worten gar nicht beschreiben konnte. Man konnte Glück nur fühlen.

Am Ende des Abends fuhr Surmann langsam durch die schwach beleuchtete Stadt nach Hause. Die Gaslaternen in der Innenstadt machten aus den Fachwerkhäusern und den reich verzierten Fassaden der Patrizierhäuser eine romantische Traumkulisse. Der Mann hatte diesmal kein Auge für die Schönheit, auch kein Auge für die Menschen, die auf den Trottoirs flanierten. Es war Sonntagabend, und viele Menschen flohen noch ein paar Stunden vor der nächsten Arbeitswoche. Montag war morgen, frei war heute – und sie genossen es bis zur Neige.

Karl von Haldorf – das war also Tristans richtiger Name. Martha hatte ihm erzählt, was sie wusste. Die Familie hatte ein kleines Gestüt in der Nähe von Eschwege, verarmter Adel, aber halt Adel. Marthas Vater und Haldorfs Vater kannten sich aus dem Weltkrieg, waren beide verwundet worden, hatten im selben Lazarett gelegen und sich gemeinsam irgendwann aus Flandern zu Fuß in die Heimat durchgeschlagen. Sie trafen sich häufig – und hatten wohl schon vorher Witze über eine Liaison der beiden Familien durch die Kinder gemacht. Surmann wunderte sich ein wenig, denn Haldorf war tatsächlich ein Jahr jünger als er. Obwohl er zehn Jahre älter aussah. Er musste dringend Köhler anrufen, dachte er, er brauchte den Namen nicht mehr, der Freund musste sich nicht mehr durch seine Nachfragen in Gefahr begeben. Er würde jetzt seine eigene Akte Tristan anlegen.

Zuhause schloss er sorgfältig ab, wohl wissend, dass ein geübter Einbrecher über die Türsicherungen nur milde lächeln konnte. Er ging ins Arbeitszimmer und schrieb den Brief, über den er mit Martha gesprochen hatte. Er füllte mehr als vier Seiten mit seiner engen, kleinen Schrift. Am nächsten Tag würde er ihn einwerfen und dabei äußerst wachsam sein: Auf den Umschlag schrieb er beim Absender einen falschen Namen und eine falsche Anschrift, aus dem Brief würde hervorgehen, wer diese Zeilen verfasst hatte. Und der, an den das Schreiben ging, hatte seine Adresse ohnehin. Er adressierte ihn an Professor Dr. Hans Kübler in Zürich. Es war sein alter Klavierlehrer, der ihn über zehn Jahre ausgebildet hatte. Sein letzter richtiger Vertrauter aus seinem früheren Leben.

Wenig später fiel er in einen unruhigen Schlaf. Jene Sorte, die einen müder aufwachen ließ, als man am Vorabend gewesen war.

16

Der alte Mann war in sich zusammengesunken, die Erzählung, vor allem die Passage, als er von Marthas Schilderungen am Rothenberg berichtete, hatte ihn stark mitgenommen. Er trank einen Schluck aus seinem Sherryglas. Anke Dankelmann hatte an seinen Lippen gehangen. Diese Geschichte war einfach unglaublich. Sie hatte eine drängende Frage und wusste nicht, ob dies der richtige Zeitpunkt war, um sie zu stellen. Sie versuchte es einfach. »Ich habe im Internet über sie nachgelesen. Sie haben Ihre Frau und Ihr Kind bei dem Bombenangriff in Schaffhausen verloren. Das muss ein entsetzlicher Verlust gewesen sein, das tut mir sehr Leid, wissen Sie?« Surmann schaute sie an, sagte nichts. »Darf ich Sie etwas fragen? War die Frau, mit der Sie dort verheiratet waren, Martha?« Der alte Mann richtete sich zornig auf. »Zerstören Sie nicht den Zauber der Geschichte, ich kann nur am Stück erzählen, verstehen Sie das denn nicht? Sie werden alles erfahren, Sie können von mir aus recherchieren, wie und wo Sie wollen. Aber stören Sie diese Geschichte nicht. Sie werden schon noch belohnt werden. Gehen Sie. Und kommen Sie morgen wieder. Um 15 Uhr. Bitte. Ich flehe Sie an, Ihre Anwesenheit und Ihr Zuhören tun mir gut.« Seine Stimme, die anfangs zornig gewesen war, wirkte jetzt bittend, bettelnd. Anke Dankelmann nickte und ging. Zerwühlt und aufgeregt und gespannt auf das, was bevorstand. Sie schloss die Tür hinter sich, suchte in ihrer Handtasche, die sie auf dem angewinkelten linken Bein abgestellt hatte, nach dem Autoschlüssel. Als sie zum Fahrstuhl ging, kam der gerade auf der Etage an. Die Tür öffnete sich und ein großer, hagerer Mann, der über 90 sein musste, stieg aus. Er war wohl in Gedanken versunken gewesen, war etwas überrascht, als sie vor der geöffneten Tür stand und wartete. Die Überraschung wich in Millisekunden aus den Augen. Der Blick ließ sie erschaudern. Der Mann durchbohrte sie förmlich, dieser Blick tat körperlich weh. Sie grüßte, er gab keine Antwort und ging mit energischen Schritten den Flur entlang. Sie stieg in den Fahrstuhl und war froh, als der nach unten fuhr. Wer war das gewesen? Mein Gott, dachte sie, was gibt es bloß für Menschen.

Auf dem Heimweg kaufte sie noch ein paar Kleinigkeiten fürs Wochenende ein und fuhr nach Hause. Wie es wohl ihrem Staatsanwalt ging? Sie machte dann doch noch einen Umweg und sah sich die Rothenbergsiedlung an. Die städtische Wohnungsbaugesellschaft hatte die Häuser, die in den 30er Jahren entstanden und von einem Architekten namens Haeseler entworfen worden waren, aufwändig saniert. Sie mochte solche Wohnsiedlungen eigentlich nicht, doch hier sah man dem ganzen Viertel an, dass man mit Sanierung aus einem sozial schwachen Punkt einer Stadt etwas machen konnte. Ein Punkt in der Geschichte von Martha hatte sie besonders interessiert. Martha hatte Surmann erzählt, dass ihre Mutter im Waschhaus der Siedlung arbeitete – und nach kurzem Suchen fand sie das Gebäude an der Hersfelder Straße, jener Straße, in der Martha gewohnt hatte. Sie parkte den Wagen auf einem Randstreifen und schlenderte herum. Eine markante Siedlung, keine Frage, in der Mitte ein Bolzplatz, all die kleinen Annehmlichkeiten, die man jetzt sah, gab es 1933 sicher noch nicht, dachte sie. Wundersamerweise hatte die Siedlung die Bombennächte überlebt – also ein bauliches Relikt aus dem alten Kassel. Nur wusste das mal wieder niemand in dieser Stadt. Gegenüber der Siedlung fand sie eine Schrebergartensiedlung – hier musste also die Wiese gewesen sein, wo sich die Ereignisse abgespielt hatten, von denen sie gerade gehört hatte. Sie war mehr und mehr von Surmanns Enthüllungen gefangen – und wusste immer noch nicht, ob ihr Gesprächspartner nun ein Böser oder ein Guter gewesen war. Das Waschhaus war verschlossen, sie würde es zu einer anderen Zeit erneut versuchen.

Im E-Mail-Account gab es keine Nachricht von Kirchgasser, sie öffnete eine Flasche Rotwein, gönnte sich ein Glas und telefonierte lange mit Bernd Stengel, ihrem Kollegen, mit Iris Blaul und danach noch mit ihrem Bruder. Es war nach 23 Uhr, als sie ins Bett ging. Sie würde Richard Plassek Bericht erstatten müssen und hoffen, dass er sie am Montag nachmittag für die nächste Erzählstunde freistellen würde.

17

Am nächsten Tag versuchte Surmann, vom Büro aus Guntram Köhler zu erreichen. Mittags war er mit Martha verabredet, wieder in der Goetheanlage. Mit Köhler hatte er tatsächlich dienstlich etwas zu besprechen, nur Kleinigkeiten, aber zumindest reichte das als Begründung für ein Telefonat aus. Bis mittags hatte er ihn nicht erreicht, mittags traf er sich kurz mit Martha. Beide waren nach den Enthüllungen des Vortages etwas gehemmt, irgendwie beschäftigte sie auch die Planung, die sie beschlossen hatten. Als sie sich zum Schluss einfach nur fest umarmtem, merkten beide aber, wie inniglich das war und wie sehr sie einander brauchten. Ihr Plan, sie wussten es, war gefährlich.

Am Abend ging Surmann unverrichteter Dinge aus dem Büro. Köhler hatte zwar Dienst, war aber nicht erschienen, hatte man ihm berichtet. Vielleicht war er ja ernstlich erkrankt? Er beschloss, noch einen Tag mit dem Besuch zu warten. Zuhause drehte er noch eine Runde durch den Bergpark, es war schönstes Sommerwetter, die Menschen nutzten jede Minute, um Sonne zu tanken. Auf dem Hügel thronte das Schloss, das einst Kaiser Wilhelm II. als Sommerresidenz gedient hatte. Ihn störte die Kuppel auf dem Mittelbau erheblich, aber wen interessierte das schon. Morgen würde er nach Breitenau fahren, gemeinsam mit Vogelsang, sie wollten herausfinden, wie man dieses Lager, das dort neu entstanden war, für die Aktionen gegen Juden in der Stadt nutzen konnte. Seit er von Marthas Familiengeschichte erfahren hatte, war sein rassistisches Weltbild gehörig ins Wanken geraten. Wie konnte er in SA-Uniform Juden jagen und gleichzeitig eine Frau lieben, die zumindest eine Vierteljüdin war?

Er hatte die Nazi-Philosophie immer akzeptiert, weil sie für ihn einfach und logisch und nachvollziehbar erschienen war. Die Weltwirtschaftskrise lag langsam hinter ihnen, und in allen Zeitungen konnte man lesen, wer sich wie an der Armut anderer bereichert hatte. Aber wenn man, wie er selbst, plötzlich irgendwie direkt betroffen war, dann kippte so manches Argumentationsgerüst einfach zusammen. Als er den Brief an Kübler geschrieben hatte, da war ihm wieder eingefallen, dass auch Küblers Frau Jüdin gewesen war. Sie war in dem Jahr gestorben, als er nach Wien gewechselt war. Surmann hatte sie als liebenswerte, immer hilfsbereite Frau in Erinnerung. Er hatte sie gemocht.

18

Anke Dankelmann hatte Richard Plassek in Kurzform die Geschichte Surmanns erzählt. Zum Schluss sagte er: »Ich hatte am Anfang Zweifel, ob das nicht ein Wichtigtuer sein könnte. Aber ich finde, das Ganze wird immer dichter. Spannend ist es auch. Fahr hin, wir kommen zwar eigentlich nicht ohne dich klar, aber wir werden unser Bestes tun.« Er grinste sie an, dass er ihr ein wenig Freilauf lassen wollte, damit sie mit ihrer privaten Situation besser zurechtkäme, wollte er ihr nicht sagen.

Sie verabschiedete sich von Stengel, der ihr auch Mut gemacht hatte am Vorabend, und fuhr zum Augustinum. Surmann war allein, fing sofort an zu erzählen. »Ich glaube«, sagte er nach den ersten Minuten, in denen er von seinen zunehmenden Zweifeln an der NS-Ideologie berichtet hatte, »ich war noch gar kein richtiger Nazi. Auf dem Weg dahin, ja. Anfällig für dieses ganze Uniformgehabe, die Machtspielchen, die militärischen Aufmärsche. Die Unantastbarkeit im Dienst, was immer man dazu sagen will. Diese gigantische, rasant wachsende Massenbewegung, die faszinierte einen ohne großes Nachdenken, da geriet man hinein in einen Sog, und mich hatte er eigentlich auch schon erwischt. Aber es kam ja alles ganz anders.«

19

Am Abend ging Surmann noch einmal in die Kammer mit den Gegenständen seines Onkels. In einem Samtetui, das ihm bis dahin nie aufgefallen war, fand er einen doppelbärtigen Schlüssel. Der, das wusste er, passte zu keinem Schloss hier im Haus. Hatte sein Onkel etwa ein Depotfach in einer Bank? Und plötzlich fiel es ihm ein. Im Arbeitszimmer seines Onkels stand ein Barschrank, aus massiver Eiche. Darauf eine kleine Standuhr. Und auf der Rückseite dieser Uhr war ein kleines metallenes Schließfach. Surmann hatte in früheren Jahren seinen Onkel mehrfach beobachtet, wie er Dinge in dieses Fach hineintat oder herausnahm. Er rannte die Treppe hinunter, sein Herz klopfte wild, er besann sich dann eines besseren und schloss erst einmal alle Türen ab. Er wollte keine unangemeldeten Besucher haben, schon gar nicht in dieser Stunde. Das Arbeitszimmer seines Onkels hatte er unberührt so belassen, es sollte an ihn erinnern, dazu trug vor allem das große Porträtbild bei, das irgendein Kasseler Künstler von Kurt Otto gemacht hatte. Er blickte sanft auf seinen Neffen herab, das beruhigte Surmann ein wenig. Mit leicht zittrigen Fingern nahm er die Uhr, versuchte den Schlüssel hineinzustecken – mit Erfolg. Er drehte den Schlüssel zweimal im Schloss und zog dann leicht an der Metalltür. Sie ließ sich problemlos öffnen: innen drin ein Büchlein, eines, wie Surmann es in der Schule für Vokabelnotizen genutzt hatte. Er nahm das Buch heraus und blätterte darin. Was er las, haute ihn um. Kurt Otto hatte eine Art Tagebuch geführt. Über Jahre hinweg. Wann er mit welchen Männern im Harz oder in Berlin Urlaub gemacht hatte. Wann er wem wieviel Geld für sexuelle Dienste gegeben hatte. Mit wem er wann in welchen Clubs gewesen war. Surmann kannte viele Namen, Männer, die es jetzt nach der Machtergreifung zu etwas gebracht hatten, waren darunter. Auch Vogelsang tauchte auf – jetzt war ihm klar, warum der ihn so protegierte. Und Röhm natürlich.

Dieses Buch, das wurde ihm schlagartig klar, könnte für jede Form von Erpressung dienen. Es zu besitzen war gefährlich – konnte aber auch eine Art Lebensversicherung sein. Und nach diesem Buch, das war nun sonnenklar, suchte Tristan. Im Auftrag sicherlich höchster Kreise. Ihm selbst, Surmann, konnte er im Alltag normalerweise nichts tun – aber in diesem Haus, in der Anonymität und Abgeschiedenheit der heimischen Umgebung jederzeit. Aber wo sollte er hin? Er nahm das Buch und packte es in einen dicken Umschlag, danach in einen Karton, den er in braunes Packpapier einwickelte. Er versteckte es in der Speisekammer, wo Henriette in ähnlichen Päckchen Essensreste sammelte, um sie den Bauern in Wahlershausen für die Schweine vorbei zu bringen. Im Gegenzug gab es gelegentlich mal ein paar Eier, sie sparte, wo sie konnte. Auch er würde das noch lernen müssen, dachte er sich, die Zeiten würden sich vermutlich bald ändern. Er würde einiges neu lernen müssen, so viel stand fest. Die Existenz des Päckchens, die Existenz dieses Tagebuchs, machte ihn nervös, unruhig. In der Nacht horchte er auf jedes Geräusch im Haus, am Morgen war er alles andere als ausgeschlafen. Dennoch setzte er sich schon vor sechs Uhr an den Schreibtisch und schrieb erneut ein paar Zeilen an Kübler. Dann notierte er etliche Seiten aus dem Buch, er wollte irgend etwas in der Hand haben, das ihm im Zweifel helfen konnte. Die puren Abschriften waren ihm zu wenig, er grübelte und hatte plötzlich die zündende Idee. Er holte seine Kamera, legte einen Film ein und versuchte, die wichtigsten Seiten zu fotografieren. Dann nahm er das Päckchen, legte den Brief hinein und schrieb die Adresse in der Schweiz darauf. Das Problem war, dass er dieses Päckchen niemals auf normalem Postweg würde zustellen lassen können. Er musste einen anderen Weg wählen, einen, der ungefährlich für das Päckchen samt Inhalt und vor allem für ihn war.

Er war früh im Büro, außer den Männern, die die Eingänge bewachten, war noch niemand an der Arbeit. Er wusste, dass er jetzt ein Risiko einging. Er knallte die richtigen Stempel an den richtigen Stellen des kleinen Pakets drauf, imitierte die richtigen Unterschriften an den dafür vorgesehenen Stellen und legte alles in das Fach für die ausgehende Kurierpost. Gleich nach acht Uhr würde der erste Fahrer kommen und die späte Post von gestern und die dringenden Morgendepeschen abholen. Wenn der Kurier unterwegs war, konnte so gut wie nichts mehr passieren. Surmann wurde mit jeder Minute unbehaglicher. Wenn irgend jemand auf die Unterschriften schaute, der auch mal genauer hinguckte und die Fälschungen erkannte – er wäre fällig. Langsam belebten sich die Flure, man hörte zunehmend Stimmen, und irgendwann kam der Kurierfahrer, schnappte sich Briefe und Päckchen. Er schaute auf die Adressen, stutzte bei Surmanns Päckchen kurz. Der hatte den Mann beobachtet, ihm stockte das Herz. Doch der Mann schüttelte nur kurz den Kopf und ging dann durchs Treppenhaus Richtung Ausgang. Surmann spürte, dass er schwitzte. Er hörte das Motorrad auf dem Hof, hörte, wie der Mann langsam durch die Hofeinfahrt knatterte, kurz beschleunigte und dann Richtung Hauptpost entschwand. Es war vollbracht.

Surmann und Vogelsang ließen sich nach Breitenau chauffieren. Das ehemalige Benediktinerkloster gehörte zu Guxhagen im Fuldatal. Vogelsang informierte ihn kurz, dass hier Häftlinge aus dem ganzen Regierungsbezirk Kassel, der bis Hanau reichte, untergebracht werden sollten. Man hatte als Schlafraum für die Gefangenen das Mittelschiff der Kirche gewählt, die Wachmannschaften bestanden aus SA-Männern. Sie fuhren eine knappe halbe Stunde über zum Teil unbefestigte Straßen. Nordhessen war ein armer Landstrich, am besten zu sehen in den Dörfern, die sie passierten. Kleine Bauernhäuser, die Einwohner ausgemergelte Gestalten, gezeichnet von einem harten Arbeitsleben, häufig genug in alten, verdreckten Klamotten. Surmann war sicher, dass sie meist 20 Jahre älter aussahen, als sie es tatsächlich waren. Hühner liefen auf den Straßen herum, und er war einerseits mal wieder froh, keine existenziellen Nöte zu haben – andererseits wollte er diese Seite menschlichen Lebens auch einmal kennenlernen. Nicht als Experiment – nein, er hatte andere Motive. Allein wegen Martha würde er umdenken müssen. Aber vielleicht war es leichter, von einem armen Leben in ein reiches zu wechseln als umgekehrt. Als sie in Guxhagen ankamen, sprach Vogelsang erstmals wieder mit ihm, auch der hatte während der Fahrt seinen Gedanken nachgehangen. »Ein Scheißkaff, ich hasse diese Dörfer, den Dreck, diese baufälligen Hütten. Bin kein Dorfmensch, ich brauche die Stadt.« Er verzog das Gesicht zu einer angewiderten Grimasse. »Na denn, bringen wir es hinter uns.«

Das Lager Breitenau war erst vor wenigen Tagen im Juni in Betrieb genommen worden, dennoch waren die Schlafsäle stark belegt. Es war Platz für mehrere hundert Gefangene. »Hier sollen in erster Linie politische Gefangene behandelt werden«, sagte Vogelsang, als sie über das Gelände gingen. Das Wort »behandeln« hatte im Nazi-Deutsch viele Bedeutungen, Surmann ahnte, was hier gemeint war. »Wir werden natürlich dennoch neben den Aktionen gegen Volksfeinde wie Kommunisten und Juden vorgehen. Schon in den nächsten Tagen. Naja, eigentlich schon morgen, Surmann.« Der blickte ihn überrascht an. »Jaja, richtig gehört, heute Nachmittag werden wir noch den Einsatz besprechen, wir werden ein paar Dutzend von dem Dreckspack verhaften, verhören und dann nach Breitenau bringen. Wird Zeit, dass wir Ernst machen. Wir müssen endlich richtig durchgreifen.« Sie besprachen noch kurz mit dem Lagerkommandanten, wie viele neue Inhaftierte maximal pro Woche gebracht werden konnten, wie die Versorgung funktionierte und sahen sich dann noch ein wenig um. Sie begegneten Häftlingen, die alle noch bei Kräften zu sein schienen, denen aber die pure Angst aus den Augen schaute. Surmann fühlte sich fehl am Platz, dies war nicht seine Welt, soviel stand für ihn fest. Er wollte zurück nach Kassel, musste aber auf Vogelsang warten, der dringend noch auf Toilette musste und dafür erstaunlich lange brauchte. Surmann hatte sofort einen Verdacht, verwarf ihn aber. Hier im Lager würde dieser Kerl doch wohl nicht ... Er hakte das gedanklich ab, es war ihm eigentlich egal. Sie verbrachten die Rückfahrt nach Kassel weitgehend schweigend. Erst an der Fuldabrücke sagte Vogelsang: »Sie sind seit Tagen so verschlossen, was ist mit Ihnen, Liebeskummer?« Surmann erschrak, hatte Tristan geredet? »Bisschen viel im Augenblick, meine Haushälterin ist in Urlaub, ich habe nicht so die Erfahrung mit Wäsche machen und so. Heute morgen habe ich mal versucht zu bügeln. Das Resultat wollen Sie lieber nicht sehen, sage ich Ihnen.« Vogelsang lachte. »Na gut, wenn es das nur ist, geht vorbei und ein bisschen was zu essen werden Sie ja in der Speisekammer haben, oder? Wann trinken wir denn mal wieder ein Bier zusammen?« »Jederzeit, gern. Nur heute Abend geht es nicht. Bin verabredet.« »Ich kann heute auch nicht, aber morgen, nach unserer Aktion, sollten wir ruhig mal ein bisschen feiern.« »Einverstanden«, sagte Surmann, der in

Wahrheit keine Lust hatte. Dem konnte er sich aber jetzt nicht entziehen.

Die Einsatzbesprechung verlief kurz und knapp. Die SA würde am späten Nachmittag an ausgesuchten Stellen in der Stadt Juden festnehmen, die allesamt auf einer Liste vermerkt waren, die jeder in die Hand gedrückt bekam. Surmann musste mit seiner Gruppe einige »Geschäftsleute abarbeiten«, wie Vogelsang das ausdrückte. Sie sollten alle ins Gebäude der Gestapo im Königstor gebracht werden, dort würde man sie »behandeln«. Vogelsang grinste, als er das Wort erneut benutzte. Und Surmann hatte noch weniger Lust, mit dem Mann am nächsten Tag Bier zu trinken. Später versuchte er erneut, Guntram Köhler zu erreichen – vergeblich.

Daheim erwartete ihn eine Überraschung: Henriette war wieder da, früher als geplant, sie hatte sich mit dem Mann ihrer Schwester überworfen. »Ein Taugenichts ist das, ist arbeitslos und hat auch keine Lust, sich eine Anstellung zu suchen. Das hat meine Schwester nicht verdient. Und wenn er dann seinen billigen Fusel trinkt, will er ihr nur noch an die Wäsche. Und das, obwohl ich dabei war. Stellen Sie sich das mal vor, Herr Surmann. Wenn Sie eine Freundin hätten, dann würden Sie doch auch nicht im Wohnzimmer, also so was.« Sie hatte ihren Koffer gepackt und war nach oben entschwunden – Surmann grinste innerlich. »Wenn du wüsstest, liebe Henriette ...«, dachte er sich. Er zog sich schnell um, aß eine Kleinigkeit – das Brot, das er vor Tagen gekauft hatte, war mittlerweile ziemlich hart geworden, er tunkte es in seiner Not in Wasser. Dann verließ er das Haus und fuhr durch die Stadt Richtung Rothenberg. Martha würde er heute nicht sehen, aber sie hatten abgesprochen, dass er im Waschhaus der Siedlung nach ihrer Mutter Ausschau halten sollte. Die Mieter hatten feste Waschzeiten, heute war die Familie Drönner dran. Er parkte den Wagen unten in der Hersfelder Straße und ging langsam den kleinen Hügel hinauf, an dessen Ende linker Hand das Waschhaus stand. Die metallene Eingangstür quietschte ein wenig, innen drin roch es, wie es in Waschküchen im ganzen Land roch: nach Seifenlauge, nach Wäsche, alles war voller Dampf. Er kannte Marthas Mutter nur der Beschreibung nach, Martha hatte ihm versprochen, sie auf seinen Besuch vorzubereiten. »Mutti habe ich schon von dir erzählt, sie kann diesen Haldorf nicht ausstehen, sie sagt, man könne doch keine Heirat erpressen. Aber Papa lässt es mit sich machen, und wir haben zu gehorchen.«

Surmann war unsicher, wen er hier ansprechen konnte. Die Frauen hatten von Dampf und Schweiß glänzende Gesichter, die meisten trugen Schürze und Kopftücher. Im Erdgeschoss wurde er nicht fündig, also stieg er die Treppe hinauf, oben gab es Trockenschränke, in denen man die Wäsche genauso aufhängen konnte wie in den kleinen Käfigen mit Drahtgeflechten als Wänden in den anderen Räumen, in denen kreuz und quer Wäscheleinen hingen. Er musste nicht lange suchen, die erste Frau, die er sah, war ausgerechnet Martha. Auch sie im Kittel und mit Kopftuch, doch er hätte sie unter Millionen anderer Frauen sofort erkannt. Sie lächelte ihn verlegen an und nickte dann mit dem Kopf in Richtung einer anderen Frau, die dann wohl die Mutter sein sollte. Martha war verschwitzt, ihr Haar hing ihr in Strähnen ins Gesicht, sie war ungeschminkt und hatte billigste Kleidung an – und Surmann schmolz dahin, er fand sie wunderschön. Er riss sich zusammen und konzentrierte sich auf die andere Frau, ging näher, die Frau drehte sich um, sah ihn und musterte ihn aus dunklen, warmen Augen. »Sie sind Herr Surmann, oder? Ich bin Marthas Mutter.« Surmann gab ihr die Hand, dann streckte er die Hand Richtung Martha aus. Er wusste absolut nicht, wie er sich in dieser Umgebung richtig benehmen sollte. Martha lächelte genauso verlegen und gab ihm ihre Hand. Sie hielten sich fest, einen Moment zu lange vielleicht. Frau Drönner wischte sich die Hände an der Schürze ab, nahm dann ein Handtuch und versuchte sich das Gesicht zu trocknen. Sie war viel kleiner als Martha und viel pummeliger dazu. »Kommen Sie, da drüben ist ein Raum, da können wir einen Moment ungestört reden. Martha, hängst du bitte den Rest der Wäsche auf? Ist ja nicht mehr viel.« Sie öffnete den Raum, der sich als kleines Büro entpuppte. »Die Leiterin des Waschhauses ist krank, ich vertrete sie in solchen Fällen. Wenn Sie so wollen, dann ist das jetzt mein Büro. Schön, dass Sie nicht in Uniform gekommen sind, ich reagiere ein wenig allergisch darauf, den Grund hat Ihnen Martha ja erzählt, oder?« Sie setzte sich und atmete ein paar Mal tief durch. »Ich bin eine einfache Frau und habe deshalb auch die Neigung, mich kurz und knapp zu fassen. Also: Martha sagt, Sie seien der Mann ihres Lebens. Bisschen starker Tobak für eine so junge Frau, aber ich habe sie noch nie so erlebt. Sie ist ein sehr energisches Mädchen, weiß, was sie will, das hat sie von mir. Und sicher ist nur, dass sie diesen Haldorf nicht will. Verzeihen Sie, wenn ich so direkt zur Sache komme, aber wir müssen die wenige Zeit, die wir haben heute Abend, sinnvoll nutzen.« Sie nahm ein Glas mit Wasser und trank einen Schluck. »Ich kann Ihnen hier nichts anbieten, sehen Sie es mir nach. Also, zurück zur Sache: Mein Mann will sich durchsetzen, weil er glaubt, mir so das Leben retten zu können. Denn er geht davon aus, dass die Nazis irgendwann alles, was nach Jude riecht, massakrieren werden. Sehen Sie das auch so?« »Ich weiß nicht genau, aber bisher sieht es ja nicht so aus. Verzeihen Sie, aber ich bin etwas durcheinander, das alles verwirrt mich hier ganz furchtbar.« Frau Drönner lächelte, tätschelte ihm die Hand, die er auf die Tischplatte gelegt hatte. »Schon gut. Ich weiß nicht, wie man aus dieser Petrullje herauskommen kann.« Surmann grinste innerlich. Alle Welt in Kassel redete von Petrullje, dabei hieß es Bredouille, interessierte die Einheimischen aber nicht. Viel mehr erstaunte ihn Marthas Mutter, die ihn mit ihren klaren Gedanken fesselte. Sie trank gerade einen weiteren Schluck Wasser, die Luft im Waschhaus, die Temperaturen – alles war ein wenig wie Sauna. »Wahrscheinlich müssten wir irgendwo ins Ausland gehen – aber ich kann keine einzige Fremdsprache, und Geld haben wir auch nicht. Also ist das ganze irgendwie aussichtslos. Und es macht mich krank, dass mein Mädchen jetzt diesen Kerl heiraten muss, damit wir möglicherweise die Chance haben, unbehelligt zu leben. Wenn der seine Versprechungen wahr macht –

so richtig glaube ich ja nicht daran. Mein Mann hat im Übrigen einen anderen Grund, Martha zu verheiraten, wie er es möchte. Er glaubt tatsächlich, dass es sein gutes Recht ist, diese Entscheidung für seine Tochter zu treffen. Er kennt das nicht anders, seine Arbeitskollegen sind ähnlich, und bei mir und meinem Vater ist es auch nicht anders gewesen. Ich habe meinen Mann nicht aus Liebe geheiratet, glauben Sie mir. Und er mich auch nicht, Liebe ist auch nie entstanden, wir waren so vernünftig, es miteinander packen zu wollen. Um so höher rechne ich es ihm an, dass er jetzt mit dem höchsten Einsatz, den er zu bieten hat, mein Leben retten will. Aber ich will das nicht, zumindest nicht um diesen Preis. Martha ist ein bildschönes Mädchen, sie ist hochintelligent, und alles, was ich in unserer Familie dazu verdient habe, ist immer in ihre Ausbildung gegangen. Oder glauben Sie im Ernst, ein Kind aus dieser Siedlung könne so ohne Weiteres aufs Gymnasium gehen? Pah ...« Erneut ein Schluck Wasser. »Martha hat mir erzählt, was Sie vorhaben. Passen Sie auf mein Kind auf, ich bitte Sie.« Surmann schluckte. »Und .., und was wird aus Ihnen? Ich meine, falls das doch so kommt mit den Juden?« Sie zuckte mit den Schultern. »Eins nach dem anderen. Eine Mutter will immer das Beste für ihr Kind. Und dann kommt, was kommt. Junger Mann, jetzt gehen Sie bitte. Und beim nächsten Mal benutzen Sie bitte einen Fromser. Ich will noch nicht Oma werden.« Surmann kippte fast vom Stuhl. Auch das hatte Martha ihr also erzählt, erst jetzt wurde ihm klar, welches Vertrauensverhältnis Martha und ihre Mutter verband. Sein Kopf musste dunkelrot sein vor Überraschung und Scham, er wusste nicht, was er sagen sollte, reichte die Hand über den Holztisch, verabschiedete sich kurz und verschwand nach draußen. Martha hatte alle Wäsche aufgehängt, saß auf einem Holztisch und blickte ihn erwartungsvoll an. Er zuckte die Schultern, deutete mit einem Kopfnicken auf zwei andere Frauen, die gerade begonnen hatten, große Betttücher zusammenzulegen. Er wollte hier nicht reden, die Mutter würde eh alles erzählen, da war er sicher. Er flüsterte, dass sie sich morgen nicht würden sehen können, erst übermorgen – und sie nickte. Ihre Miene und ihre Augen waren eine Mischung aus Traurigkeit und Freude, die Augen strahlten, die Mimik war traurig. Er verließ das Haus und schlenderte den Bürgersteig hinunter zu seinem Auto. Es war ruhig geworden in der Siedlung. Die Straßenlaternen warfen ein diffuses Licht in die Häuserreihen hinein, an den Rändern der Siedlung wurden weitere Mieteinheiten errichtet. Er wusste, dass man eigentlich den gesamten Rothenberg bebauen wollte, also auch die Wiese, auf der er sich vor Tagen mit Martha getroffen hatte. Neuen Wohnraum zu schaffen – das war angesichts der dramatischen und qualvollen Enge in der Innenstadt dringend notwendig. Er war jetzt einige Male, wenn er etwas dienstlich zu erledigen hatte, von den Hauptstraßen in die Hinterhöfe gegangen und war entsetzt. Es gab nur wenige Ecken, die nicht bebaut waren. Die Stadt war zugestellt mit Häusern, dass teilweise kein Licht in die Fenster fiel. Man konnte abseits der Wilhelmsstraße, die vom Ständeplatz zum Rathaus führte, vom zweiten in den dritten Hinterhof gelangen, und man kam sich vor wie in einer Bienenwabe. Nur nicht so sauber, nicht so geordnet. Er dachte, als er ins Auto stieg, erneut an den kleinen Jungen am Holzmarkt in der Unterneustadt, dem sicherlich ärmsten Teil der Kasseler Altstadt. Wie es dem Burschen wohl ging? Was hatte ein solches Kind von der Zukunft zu erwarten? Sicher, der Arbeitsmarkt erholte sich, die Inflation war abgeebbt, für Leute mit schlechteren Einkommensverhältnissen glomm ein kleiner Lichtstrahl am Horizont. Ursache, da war sich Surmann sicher, war die radikale Beschäftigungspolitik der neuen Reichsregierung. Eigentlich boten sich für einen jungen Menschen mit Beziehungen beste Karrierechancen. Doch wollte er Karriere machen? Er hatte die Frage mit Martha erörtert. Ihr war Karrieredenken gleichgültig, sie wollte eine funktionierende Beziehung, sie wollte aber auch wirtschaftliche Sicherheit. Das war dann gedanklich schon ein kleiner Widerspruch, aber sie würden alle Zeit der Welt haben, das zu klären. Und kriegsentscheidend war dies ohnehin nicht. Er fuhr mit dem Auto nicht direkt nach Hause. An der Schöfferhof-Brauerei hielt er noch einmal kurz an, nahm Kleingeld und versuchte, von dem Fernsprecher aus Guntram Köhler zu erreichen. Langsam wurde er mehr als nervös, erste panische Gedanken stiegen durch seinen Kopf. Er wusste nicht, was er machen sollte: Offiziell anfragen wäre zu gefährlich gewesen, falls Köhler irgendwas ausgeplaudert hätte. Er wusste, dass Guntram Köhler am Fasanenhof wohnte, in der Böttnerstraße. Er fuhr über Westring und Mittelring, entlang der kleineren Henschel-Fabrik neben Gottschalck und Sohn, fuhr unterhalb des Landkrankenhauses auf dem Möncheberg runter Richtung Fulda. Er fand die Böttnerstraße nicht gleich, kurvte ein wenig durch diesen kleinen Ortsteil, in dem überall Siedlungshäuschen entstanden. Böttnerstraße 6 war die Adresse. Jetzt sah er das kleine Mehrfamilienhaus, wollte schon anhalten und aussteigen, als er am Ende der Straße eine schwarze Limousine erblickte, in der zwei Personen saßen. Im Zwielicht der Dämmerung waren die Silhouetten der beiden Gestalten nicht zu übersehen. Er fuhr langsam weiter und wusste dennoch, dass die beiden, falls sie einen Observierungsauftrag hatten, sein Kennzeichen notieren würden. Adrenalin schoss durch seinen Körper, er hatte nicht die leiseste Ahnung, wie es in all den Angelegenheiten, die er heimlich im Augenblick abwickelte, weitergehen sollte. Er hatte Angst, einfach nur Angst!

20

Anke Dankelmann verließ das Augustinum, wieder einmal nachdenklich. Der merkwürdige Mann von neulich – er blieb ihr diesmal erspart. Sie überlegte, ob sie Surmann nach ihm fragen sollte. Doch welchen Sinn würde das machen? Wie lange hatte der wohl schon sein Appartement nicht verlassen? Langsam verblassten die Gedanken an diese Gestalt. Es war früh genug, um im Büro noch ein wenig zu tun. Und während des Gesprächs, als Surmann mit brüchiger Stimme, aber bestimmtem Ton erzählt hatte, war ihr eingefallen, dass sie zumindest im Internet mal den Namen

Haldorf hätte überprüfen können. Ihre eigenen privaten Probleme lähmten sie tatsächlich mehr, als sie dachte, sie funktionierte nicht so, wie sie es von sich gewohnt war. Sie tadelte sich dafür, war ein wenig sauer. Es konnte ja nicht angehen, dass sie ihre Tage ausschließlich damit verbrachte, einem über neunzig Jahre alten Mann bei seinen Geschichten zuzuhören.

Der Gedanke an Willimowski schoss ihr durch den Kopf, sie rief kurz Vitali Schewtsow an, der aber auch keine Neuigkeiten zu bieten hatte. Dann klingelte sie bei Kirchgasser an – seine Assistentin versprach, er würde zurückrufen, er sei in einer Therapiesitzung. Im Büro war Stengel nicht da, sie schloss die Tür und vergrub sich in ihrer Internetrecherche. Sie fing mit dem Namen Drönner an – aussichtslos, irgendwelche Belanglosigkeiten zu irgendwelchen belanglosen Drönners im gesamten Land, keine historischen Beziehungen, eine Martha Drönner existierte gar nicht. Sie suchte nach Haldorf, fand ein Dorf in der Nähe von Kassel, jeder kleine Verein aus diesem Ort war im Netz vertreten. Sie recherchierte »Karl von Haldorf« und war Sekunden später in die Lektüre vertieft. Karl von Haldorf war lange Jahre ein Sprecher der HIAG gewesen, einer rechten Vereinigung Ehemaliger Nazi-Aktivisten. Hilfsgemeinschaft auf Gegenseitigkeit nannte sie sich, bestand in erster Linie aus Ehemaligen der Waffen-SS. Er war aber offensichtlich nie in eine militärische Organisation gewechselt, es gab jede Menge Verdächtigungen, Vorwürfe, unter anderem auch der VVN, der Vereinigung der Verfolgten des Nazi-Regimes. Haldorf sollte, so hieß es, Gefangene gefoltert, möglicherweise getötet haben, bewiesen wurde nie etwas. Sie rief im Staatsarchiv in Marburg an, dort gab es noch nicht einmal eine Akte Haldorf. Haldorf – Tristan: Beide Akten waren verschwunden oder existierten nicht, eine merkwürdige Kombination. Sie recherchierte weiter: Nach dem Krieg und der HIAG-Tätigkeit verlor sich seine Spur. Die HIAG war erst Anfang der 50er Jahre gegründet worden, dieser Mann war ein Phantom, war er ja schon zu Surmanns Zeiten in Kassel gewesen. Ob er noch lebte, war laut Internet unklar. Das Gut, das der Familie gehörte, war mittlerweile Teil einer Forschungseinheit der Universität Kassel und längst nicht mehr in Familienbesitz. Sie versuchte, über die polizeiliche Schiene mehr über diese Familie herauszubekommen, mit Ergebnissen war heute nicht mehr zu rechnen. Auf dem Heimweg klingelte das Telefon, Kirchgasser rief, wie versprochen, zurück. »Frau Dankelmann, so weit ich weiß, ist Herr Willimowski auf einem guten Weg. Er fragt wohl häufig nach Ihnen – ich würde mal sagen: Er vermisst sie.« Ein warmer Blitz schoss durch Körper und Kopf, sie fühlte sich gleichzeitig sauwohl und schmerzlich getroffen. Immerhin machte er ihr Aussichten, dass sie nächste Woche wohl mal zu Besuch kommen könne. Kurz nur, denn die Betreuer wollten einfach mal sehen, wie sich das Treffen auf Willimowski auswirken würde. Danach sähe man weiter, sagte Kirchgasser und meinte, das seien insgesamt doch gute Nachrichten. Zuhause duschte sie, trank einen Schluck Rotwein, schaute in die Zeitung und entdeckte, dass heute Abend ein Eishockeyspiel war. Kassel Huskies gegen Augsburger Panther – es war der einzige Mannschaftssport, der sie halbwegs interessierter. Sie ging ganz gern in die Eishalle, die Stimmung war meist prima, man kam unverbindlich mit Sitznachbarn ins Gespräch, ohne angemacht zu werden, es gab keine Aggression auf den Rängen, und man hatte kurzweilige Unterhaltung. Sie fuhr hin, musste ein Stück entfernt parken und bekam noch ein Sitzplatzticket an der Abendkasse. Es brauchte mal wieder einige Zeit, bis sie sich an das hohe Tempo dieses Spiels gewöhnt hatte. Am Anfang sah sie den Puck nicht so richtig, Mitte des ersten Drittels ging es. Sie dachte zweieinhalb Stunden weder an Surmann, noch an Martha und auch nicht an Willimowski, am Ende freute sie sich über einen 4:2-Sieg der Huskies und fuhr nach Hause. Wieder so ein komischer Tag, dachte sie. Im Augenblick war sie in mehreren Welten zuhause. Im Dritten Reich, in der Psychiatrie, bei der Polizei und hier in ihrem Nest. Morgen würde sie mal wieder ihre Eltern anrufen, dazu war es heute zu spät. Wie die Zeiten sich ändern, dachte sie. Ich habe Sorgen ohne Ende und werde ihnen nichts davon erzählen. Sie haben ein Stück heile Welt verdient, meine Probleme muss ich selbst lösen.

Am nächsten Morgen wachte sie auf, erfüllt von einem ungeheuren Tatendrang. Am liebsten hätte sie alles gleichzeitig gemacht, in Sachen Haldorf recherchiert, hätte gern ihren Freund besucht, sie würde gern mit Stengel einen Kaffee trinken und vor allem Surmann anspornen, in seinen Erzählungen ein wenig Gas zu geben. Nach einer Nordic-Walking-Runde durch die Goetheanlage duschte sie, machte auf dem Weg zum Polizeipräsidium einen Umweg über die Ludwig-Mond-Straße. Dort gab es einen kleinen Bäckerladen, ziemlich unscheinbar, aber hier wurden die besten Quarkschnecken der westlichen Hemisphäre offeriert. Zwei gleich gönnte sie sich und verschlang sie im Auto, wohl wissend, dass sie wegen der Krümel hinterher erst einmal ihre Garderobe komplett würde abklopfen müssen. Im Präsidium fand sie eine E-Mail vom Staatsarchiv vor: Es gab in den fünfziger Jahren mal einen Haftbefehl gegen Haldorf, angeblich war er beteiligt an so genannten Säuberungsaktionen hinter der Ostfront im Zweiten Weltkrieg. Es ging um Hinrichtungsaktionen, an denen er aktiv teilgenommen haben sollte, das zumindest hatten Zeugen behauptet. Und auch was die Zeugen betraf, kam sie schnell weiter. Die Kollegin, die die Mail geschrieben hatte, hatte auch hier prima Arbeit geleistet: Die Zeugen gab es längst nicht mehr, sie waren vor Jahren verstorben. Es handelte sich auch nicht um Russen, es waren vielmehr deutsche Soldaten, die, offensichtlich vom Gewissen geplagt, gegen Haldorf ausgesagt hatten. Alles sei, so stand es abschließend in der Mail, eigentlich im Staatsarchiv in einer Akte Haldorf zusammengefasst, die Kollegin äußerte sich erstaunt, dass genau diese Akte nicht aufzufinden war. Anke Dankelmann schlug vor Ärger mit der Faust auf den Tisch.

Am Nachmittag machte sie sich wieder auf in Richtung Augustinum. »Na, Frau Kommissarin, haben Sie die Zeit genutzt und ein wenig recherchiert? Wie ich höre, haben Sie im Staatsarchiv nach der Akte Haldorf gesucht. Na, irgendwas gefunden?« Ihr verschlug es mal wieder die Sprache. Was hatte dieser alte Sack eigentlich für Verbindungen? Wer war ihm so verpflichtet oder so ergeben, dass er Spitzeltätigkeiten verrichtete? »Natürlich nicht, das scheinen Sie ja auch zu wissen«, antwortete sie mit bissigstem Unterton. Surmann nickte. »Ja. In der Tat. Erkläre ich Ihnen später. Ich habe heute etwas für Sie.« Er rollte mit seinem Stuhl an einen Sekretär, der im kleinen Wohnzimmer stand. Ein edles Möbelstück, dessen Frontseite mit einer Uhr bestückt war. Ihr kam eine Idee. »Ist das möglicherweise die Uhr, in der ihr Onkel ...« Sie ließ den Satz unvollendet. Surmann lächelte und nahm das Stück in die Hand. »Gut kombiniert, es zeigt sich, dass ich richtig gehandelt habe, als ich Sie angerufen habe. Der Ruf, der Ihnen vorauseilt, ist nicht nur exzellent, er ist auch berechtigt.« Er griff in die Hosentasche, holte ein Schlüsselbund hervor und öffnete an der Rückseite ein kleines Geheimfach. Er entnahm daraus ein vergilbtes Stück Papier. Es war die Kopie eines Ausweises, ausgestellt durch die Republik Paraguay. Ausgestellt auf einen Claudio Saalfeld, das kopierte Bild war nicht gut zu erkennen, zeigte aber einen dunkelhaarigen Mann mit stechendem Blick. »Ist das ...«, fragte Anke Dankelmann und ließ die Frage unvollendet. »Ja, das ist er. Das ist Tristan. Er floh einige Jahre nach dem Krieg wie viele dieser nationalsozialistischen Mörder und Verbrecher nach Südamerika. Recherchieren Sie mal, was sie über den Herrn herausfinden. Wird nicht viel sein, denn selbst der VVN war nie bekannt, dass er unter diesem Namen abgetaucht ist. Man muss ihm eines lassen: in seinem Tätigkeitsfeld war er schon gut. Selbst wenn das jetzt zynisch klingt. Nun aber zurück ins Jahr 1933. Sehen Sie, ich mache mir immer Notizen, damit ich am nächsten Tag noch weiß, wo ich stehengeblieben war und nicht irgendwelche Dinge doppelt erzähle.« »Woher haben Sie diese Kopie?« Anke Dankelmann war von dem Dokument gefesselt. »Schauen Sie, Frau Kommissarin«, Surmann hatte plötzlich einen Schweizer Akzent, »wir haben da in der Schweiz unsere Möglichkeiten gehabt.«

177

21

Die SA-Männer hatten sich mittags getroffen und ihre Instruktionen erhalten. Surmann hatte am Morgen darüber nachgedacht, dass er Tristan nun schon einige Zeit nicht gesehen hatte und sich gefragt, ob sich das am Nachmittag ändern würde. Tristan war nirgends zu sehen – für Surmann gleichermaßen erleichternd wie beunruhigend. Natürlich wollte er diesen Erpresser nicht zu Gesicht bekommen – andererseits wusste er, wenn Tristan im Blick war, dass er nichts hinter seinem Rücken veranstalten konnte.

Sie teilten sich, wie gehabt, auf verschiedene Autos auf. Lkw und Pkw, sie fuhren in verschiedene Richtungen davon. Surmanns Trupp ging vor wie beim letzten Mal. Es war kurz vor 18 Uhr, nur noch wenig Betrieb in den Geschäftsstraßen. Sie hielten vor einem Haushaltswarengeschäft in der Druselgasse. Es war im Erdgeschoss eines Fachwerkhauses, dessen Balken sich in alle Himmelsrichtungen verbogen hatten, als könnten sie die Last dessen, was sich im Haus tat, nicht mehr lange tragen. Zwei Mann stürmten durch die Toreinfahrt und gingen durch den Hintereingang ins Geschäft, zwei andere fingen an, die Fensterscheiben zu zerstören, zwei weitere gingen ins Geschäft. Man hörte Porzellan zerschellen, Schreie, Schläge. Der Inhaber, ein Max Grün, wurde mit erhobenen Händen herausgeführt, gefolgt von seiner Frau und zwei weiteren Erwachsenen, die nach der Liste, die Surmann in der Hand hielt, Max Grüns Brüder sein könnten. Die Familie hatte mehrere Geschäfte in der Stadt, in diesem schiefen Haus war die Zentrale, die beiden anderen, allesamt elegant gekleidet, arbeiteten im Büro. Die vier wurden auf den Lkw gepackt, die Plane wurde geschlossen, Surmann klopfte auf die blecherne Rückfront der Führerkabine und der Fahrer gab Gas. Das Ganze hatte nur drei, vier Minuten gedauert, für manche Nachbarn nicht genug Zeit, um auf die Straße zu laufen und zuzuschauen. Die nächste Station war eine Pfandleihe in der Marktgasse. Der Lkw rumpelte über das Kopfsteinpflaster der kleinen Straße, die Marktgasse war die nächste Querstraße. Surmann blickte in die verängstigten Gesichter der vier Juden, die auf den Pritschen hockten und schwiegen. Ihm war ein wenig übel, er sah Marthas Mutter vor sich, die womöglich irgendwann auf ähnliche Weise abgeholt werden könnte. Was um alles in der Welt hatten diese Menschen verbrochen? Reste der ideologisierten Seite seines Verstandes meldeten sich zu Wort. Es handelte sich schließlich um Menschen, die reich geworden waren, weil sie anderen das Geld abnahmen. Deutsche mussten hungern und waren arbeitslos, weil die Juden ... Er schüttelte heftig den Kopf, um die Gedanken zu vertreiben. Wieder sah er Marthas Mutter vor sich. Und ahnte, dass er die größte Prüfung heute noch vor sich hatte.

Die Pfandleihe gehörte einem Moshe Silberman. Sie gingen genauso vor wie beim ersten Mal. Diesmal allerdings versuchten zwei der Männer, die besten Stücke aus den Auslagen mitgehen zu lassen. Surmann schritt ein, was den Ablauf natürlich verzögerte. Die Männer murrten, gehorchten aber. Es war ihnen schon klar, dass Plünderungen im Zusammenhang mit den Festnahmen strikt verboten waren. Aber die Versuchung für die SA-Trupps, die allesamt aus ärmlichen Verhältnissen kamen, ein wenig von den Schätzen mitgehen zu lassen, war einfach groß. Zehn Gefangene hatten sie gemacht, der Plan war ideal umgesetzt worden. Sie brachten die Menschen ins Königstor. Im Hinterhof wurden die Juden ausgeladen, mit Stockschlägen, Hieben mit den Fäusten und Tritten ins Gebäude getrieben. Im Keller gab es Verhörräume, Surmann hatte eigentlich keine Lust darauf, dem Treiben da zuzuschauen – aber ihm blieb nichts anderes übrig, als sich ebenfalls dorthin zu begeben. Vogelsang wartete schon auf die eintreffenden Trupps, Surmanns Mannschaft war die erste, die ihren Auftrag ausgeführt hatte. »Gute Arbeit, Surmann« meinte Vogelsang und klopfte ihm anerkennend auf die Schulter. Surmann dachte an den Film, den er heute morgen aus der Kamera genommen und bei einem kleinen Fotoladen am Bahnhof Wilhelmshöhe, der einem Freund seines verstorbenen Onkels gehörte, gebracht hatte. Auf den fotografierten Seiten stand Vogelsangs Name – neben anderen. Seit er dies wusste, erschien der Mann für ihn in einem völlig anderen Licht. Er nahm ihn nicht mehr sonderlich ernst, hatte sogar das Gefühl, ihn in Wahrheit in der Hand zu haben. »Wann ist Abschlussbesprechung?« fragte er Vogelsang. »Na, schon durstig, was?« Vogelsang grinste ihn an. »Am besten wir gehen nachher zu Lohmann. Ist ja praktisch um die Ecke.« Surmann hatte es völlig vergessen, er hatte sich ja mit Vogelsang auf ein Bier verabredet. Vogelsang schaute auf die Uhr. »Es ist jetzt 19.30 Uhr. Ich denke mal, dass wir in einer Stunde Besprechung machen können, dann sitzen wir um neun Uhr bei Lohmann. Passt doch prima.« Surmann ging durch den Kellerflur, der mittlerweile völlig überfüllt war. In verschiedenen Räumen wurden die Gefangenen verhört, was nichts anderes war als ein systematisches Verprügeln unter Begleitung einiger Fragen. Beim ersten Mal hatte er die Prozedur noch mit einer gewissen Erregung verfolgt. Heute aber war er ein anderer Thomas Surmann, heute konnte er sich diesen würdelosen Umgang mit Menschen, denen man nichts vorzuwerfen hatte als ihre Zugehörigkeit zu einer bestimmten Religion, nicht ansehen. Nein, es war noch mehr: Er konnte die Schreie nicht hören, das Klatschen der Schläge, er konnte die körperlichen Ausdünstungen, den Geruch nach Schweiß und Angst, nicht ertragen. Er konnte und wollte nicht dazugehören. Er hatte hier nichts mehr zu tun und ging hinauf ins Freie. Er atmete tief durch. Willst du in den nächsten Jahren immer wieder solche Aufträge erledigen?, fragte er sich. Willst du immer wieder zusehen, wie Menschen verprügelt werden, nur weil sie so sind wie die Mutter deiner Geliebten? Die Antworten erübrigten sich. Er hatte sich längst entschieden. Er ging Richtung Wilhelmshöher Allee, schlenderte ein wenig stadtauswärts. Betrachtete das Krankenhaus Kind von Brabant an der Murhardstraße, ging entlang der Hauptfeuerwache an der Nebelthaustraße und der Stadtkaserne zurück zum Königstor. Mit einem ansteigenden Gefühl des Widerwillens, bei jedem Schritt. Was er bei diesem Spaziergang sah, die Menschen, denen er begegnete – das war alles das normale Leben in der Stadt. Aber konnte man das als normal bezeichnen, wenn nur ein paar Meter weiter Verbrechen stattfanden, die der Staat nicht nur tolerierte, sondern die er forderte und förderte? Das Einzige, was ihn aufbaute, war der Gedanke an Martha. Er stellte sich die Frau vor, ihr Lachen, ihre Stimme, ihre Augen, die beinahe sprechen konnten. Es faszinierte ihn immer wieder, wie diese Augen die Stimmungslage Marthas verrieten. Sie blitzten förmlich auf, wenn Martha einfach frech war. Sie waren tiefgründig, gefährlich dunkel fast, wenn sie ihn liebevoll ansah. Sie konnten einen strengen Ausdruck annehmen, Zärtlichkeit vermitteln, Lust und Leidenschaft und, und, und …

Die Abschlussbesprechung war kurz, ein paar verkleinerte Einsatzgruppen erhielten den Auftrag, die Gefangenen nach Breitenau zu bringen, es gab ein Lob für alle – und Vogelsang und Surmann machten sich auf zu Lohmann. Langsam hatte die Dunkelheit von der Stadt Besitz ergriffen. Sie fanden unter einer Birke einen Platz und bestellten Bier. Surmann ließ den Blick schweifen und erstarrte innerlich. Am anderen Ende des Biergartens saß Tristan, der ihn aus eiskalten Augen heraus fixierte. Ihm gegenüber saß ein älterer Mann, und Surmann wusste sofort, ohne den Mann überhaupt persönlich zu kennen, dass dies Marthas Vater sein musste. Walter Drönner machte einen ziemlich angetrunkenen Eindruck, Tristan hielt sich an einer Limonade fest. Solange Tristan in dieser Kneipe saß, würde Surmann mit Vogelsang kein vernünftiges Wort reden können. Doch der war gar nicht auf ein Gespräch aus, er fing nach der Bestellung mit einem seiner Monologe an. Redete ununterbrochen von der heutigen Aktion gegen die Juden in der Stadt, faselte vom judenfreien Deutschland, war in seinen erbärmlichen Äußerungen nur durch Bier zu stoppen. Während Surmann sich an seinem Halbliterkrug festhielt und immer wieder zu Tristan hinüberschielte, goss sich Vogelsang ein Bier nach dem anderen hinein. Surmann wusste, dass er wieder einmal zahlen musste, und beschloss, dies noch einmal hinzunehmen. Es würden andere Zeiten kommen, und die paar Reichsmark für die Zeche heute Abend taten ihm nicht weh. Es war nach Mitternacht, als sie endlich aufbrachen. Tristan saß immer noch an einem Tisch, vor ihm lag Marthas Vater mit dem Kopf auf einem Arm und schlief. Der Wirt hatte schon einige Mal etwas missmutig hingeschaut, doch Tristan hatte ihm in wenigen Worten etwas gesagt und dann einen Ausweis gezückt. Gestapo – wer wollte sich schon mit dieser neuen Macht im Staat anlegen? Vogelsang wankte Richtung Innenstadt, sie hatten sich nicht einmal richtig verabschiedet. Surmann ging zum Rathaus und stieg in die Straßenbahn der Linie eins ein. Es waren kaum noch Leute unterwegs, er zahlte seine Fahrkarte und setzte sich auf die harte, mit Leder bezogene Bank. Es waren acht Stationen bis zur Endhaltestelle, danach lief er noch zehn Minuten die Serpentinen zu seinem Haus. Unterm Dach brannte kein Licht mehr, Henriette schlief schon. Er schloss alle Türen sorgfältig ab, schaute kurz auf die Post, die auf dem Küchentisch lag. Kübler hatte geschrieben, aufgeregt riss er den Umschlag auf. »Viele Grüße aus dem Berner Oberland. Bin gut angekommen.« Das war die Botschaft, und Surmann verstand. Die Post war bei Kübler gelandet. Er grinste und atmete tief durch. So langsam wurde der Plan in die Tat umgesetzt.

Am nächsten Morgen hatte er einen Termin bei Fritz Heuser. Er weihte ihn nicht in alle Details des Plans ein, das, was juristisch abzuwickeln war, wurde aber an diesem Morgen geklärt. Er würde am nächsten Tag noch zur Unterschrift reinschauen müssen, sie verabredeten sich zur selben Zeit. Im Büro erschien ein völlig verkaterter Vogelsang, der sich wortreich für die Einladung bedankte und sich dann für den Rest des Vormittags in sein Büro verzog. Es lag nichts an an diesem Tag, auch bei der Partei gab es keine Termine. Surmann beschloss, zur Bank zu gehen und den nächsten Schritt einzuleiten. Er hinterließ in Vogelsangs Büro den Hinweis, er müsse dringend in die Parteizentrale, in der Parteizentrale rief er an, sagte, er habe vergessen mitzuteilen, dass er bei der SA einen wichtigen Termin habe und war sich sicher, dass damit genug Verwirrung gestiftet war, um sich jederzeit aus irgendwelchen Konflikten herausreden zu können. Mit einem schwarzen Taschentuch wienerte er noch einmal die schwarzen Stiefel blank, richtete seine frisch gebügelte Uniform und machte sich auf zur Sparkasse, wo er einen Teil seiner Konten hatte.

Er ging am Rathaus vorbei, bog in die Wilhelmsstraße ein und wunderte sich, wie all diese kleinen Geschäfte durchhalten konnten in diesen vergangenen, so schweren Jahren. Er hatte ja keinen festen Termin bei der Sparkasse, also ging er mal wieder in die Quartiere hinein. Marschierte durch Torbögen, musterte Hinterhäuser, schaute in Treppenhäuser hinein, sah die Menschen, die selbst hier, im Herzen der Stadt, in unmittelbarer Nähe des Rathauses, in unvorstellbarer Enge lebten. Er dachte an Martha, die es in ihrer neuen Siedlung doch vergleichsweise komfortabel hatte – wenngleich er die Wohnung noch nie von innen gesehen hatte. Surmann wusste, dass ihm zumindest eine Begegnung mit der Familie noch bevor stand, er würde um Marthas Hand anhalten, offiziell, er wollte soviel Rückgrat beweisen. Nein, einer, der die Flucht ergriff, das war er sicher nicht. Vielleicht schon heute Abend, er würde auf Martha warten in der Goetheanlage – dabei war er sicher, dass Tristan diesen Treffpunkt längst herausbekommen hatte, er war sich absolut sicher, dass sie jedes Mal dort beobachtet wurden. Aber sie hatten ihren Plan, mit allen Risiken. Und das mit Kübler schien funktioniert zu haben. Er ging zurück und beobachtete aus seiner schicken Uniform den Tabakladen gegenüber. Eine Viertelstunde lang ging da niemand hinein – wie konnte ein solches Unternehmen überhaupt überleben? Er schüttelte den Kopf und ging die paar Schritte hinüber zur Wolfsschlucht, der Zentrale der Stadtsparkasse. Er fragte nach einem Sparkassenbeamten namens Westermann, den Vornamen kannte er nicht, nannte seinen eigenen Namen, hörte kurz einem Telefonat zu und merkte, wie die Sparkassendame Haltung annahm. Er war ein guter Kunde – und Westermann war wieselflink zur Stelle. Man bot ihm Kaffee an – er lehnte ab. Man bot ihm Zigaretten und

Zigarren an – er lehnte ab. Man bot ihm Cognac an – er nahm einen. Er erklärte Westermann, der mit seinen Ärmelschonern eher wie ein Buchhalter aus den Schreibstuben der zwanziger Jahre aussah, sein Vorhaben. Der runzelte die Stirn. Man müsse den Vorstand befragen, sagte er. Surmann sagte, dann würde er gern die Konten auflösen und zur Konkurrenz im Ort gehen, man müsse ihm dann aber den Kontostand in bar auszahlen. Westermann traten Schweißperlen auf die Stirn. Er entschuldigte sich, kam Minuten später mit einem bleichen Mann mit Anzug, Weste und Fliege zurück, der sich als Vorstandsmitglied Dr. Waldmann vorstellte. »Wissen Sie, Herr Surmann, solche Transaktionen, ähem, in solchem Umfang ins Ausland. Also das muss heute gemeldet werden, da gibt es Restriktionen, da sind uns die Hände gebunden.« »Bis zu welchem Betrag, lieber Herr Dr. Waldmann, sind Ihnen denn nicht die Hände gebunden?« »Naja, das geht natürlich, wenn man Rechnungen begleichen muss im industriellen Sektor. Aber das haben Sie ja nicht. Wenn ich Sie recht verstehe, dann handelt es sich um die Transaktion von einem Privatkonto auf ein anderes Privatkonto.« »Das stimmt nur zum Teil. Ich wollte ursprünglich den Betrag auf mein Privatkonto transferieren und mich dann an einer Firma in Schaffhausen beteiligen. Wenn ich Sie richtig verstehe, dann kann ich also für den Erwerb des Firmenanteils einen namhaften Betrag problemlos überweisen – und einen kleinen Restbetrag auf das Konto, das einem Freund, meinem Treuhänder, gehört ebenfalls anweisen?« Waldmann nickte. »Nun, dann machen wir es doch so. Ich rufe Ihnen in einer halben Stunde die neue Kontonummer durch, erteile Ihnen hier eine Vollmacht – und die Sache ist geritzt.« Seine beiden Gesprächspartner sprangen aus den Sesseln, als er sich erhob. Ein wenig, das gestand er sich ein, genoss er diese Situation. Wer Geld hatte, der war ein anderer Mensch.
Er rannte zur Straßenbahn und fuhr nach Hause. Es waren wichtige Dinge zu klären.

22

»Wie haben Sie das denn hingekriegt? Ich meine, so einfach eine Firma kaufen, wie sollte das ablaufen?« »Kübler hatte vor Jahren schon die Anteile an dieser Rüstungsfirma geerbt. Das Metier behagte ihm nicht, ich habe wirklich einfach gepokert, weil ich nicht wusste, ob er die Anteile noch hatte. Es war jetzt nicht der Großteil meines Vermögens, der da auf dem Spiel stand. Der war stets in der Schweiz, brachte gute Renditen, wurde nicht angetastet, war in diesem neutralen Staat absolut gewinnbringend angelegt. Ich habe aber in diesem Gespräch mit den Bankmenschen einfach angefangen, so einen Adrenalinstoß zu bekommen. Ich dachte zum ersten Mal: Mein Geld macht mich weitgehend unantastbar. Ich hatte der Partei ja zum Einstieg schon ein nettes Sümmchen vermacht, nachmittags hatte ich mich mit Weinrich wegen einer weiteren Spende verabredet. Ich brauchte Sicherheit – vor allem mit Blick auf die Gestapo. Obwohl es keine Sicherheit gab – ich wollte einfach ein wenig Handlungsspielraum.« »Wie, und dann haben Sie von daheim Kübler angerufen?« Surmann nickte. »Nicht ganz. Ich bin zu Rudelsdorff rüber und habe ihm was von Kabelschaden erklärt. Der ließ mich telefonieren, ich musste das Gespräch anmelden – aber bei dieser Adresse in Kassel war wohl alles okay, Rudelsdorffs Ruf war Gottseidank untadelig bis zum Äußersten. Ich habe Kübler erreicht, mich in Schwyzerdütsch mit ihm unterhalten und Rudelsdorff hinterher erklärt, es sei mein alter Lehrer gewesen, der kein Hochdeutsch spreche. Er habe 80. Geburtstag. Was ja beinahe stimmte. Kübler stimmte sofort zu, die vertraglichen Dinge würden wir hinterher regeln, er hatte ein eigenes Geschäftskonto bei einer Bank in Zürich, gab mir die Daten, ich rief in der Sparkasse an und kurze Zeit später war ich Aktionär einer Rüstungsfirma in der Schweiz. Das Notarielle wurde in der Schweiz vorbereitet. Es war natürlich in Anbetracht der Summe dennoch ein gewisses Risiko – aber es ist ja gut gegangen.« Surmann nippte an seinem Sherry. »Ich bin eigentlich ziemlich müde, und ich habe den Eindruck, dass Sie gelegentlich mit den Gedanken auch nicht ganz bei der Sache sind, Frau Kommissarin.« Seine alten Augen blitzten ein wenig auf, und Anke Dankelmann war sich nicht ganz sicher, ob dieser alte Bursche nicht auch heute noch mehr Fäden in der Hand hielt, als man glaubte. Wusste er gar von Willimowskis Schicksal? Der Mann war steinalt und beunruhigte sie immer wieder. Zu was war er noch fähig? Und: zu welchen Dingen war er früher fähig gewesen?

23

Surmann traf sich mittags mit Martha. Er erzählte ihr, als sie um die Goetheanlage liefen, von seinen Aktivitäten und fragte sie, was sie darüber denke, wenn er abends bei ihrem Vater um ihre Hand anhielte. »Thomas, das geht nicht.« Sie war stehengeblieben und hatte beide Hände vor Schreck auf die Wangen gelegt. »Warum nicht?« fragte er. »Ist doch ganz einfach. Ich rausche da rein, stelle deinem Vater die Frage, hole mir meine Abfuhr – und wir wissen nach dieser Reaktion, dass wir alles richtig machen.« »Denkst du wirklich, das ist alles? Denkst du auch an mich? Kannst du dir vorstellen, was dann abends bei uns zuhause los sein wird? Mein Vater wird außer sich sein vor Zorn. Nein, keine Angst, er wird seine Tochter nicht schlagen. Aber meine Mutter wird es genauso ausbaden müssen wie ich. Die wird es ja dann im Endeffekt sowieso ausbaden müssen.« »Ich habe geahnt, dass du so reagieren würdest. Martha, mein Liebling.« Er ging einen Schritt auf sie zu, nahm ihr Gesicht in seine Hände. »Ich muss es tun. Ich muss erfahren, ob es eine Alternative gibt. Vielleicht sagt er ja auch: Natürlich Herr Surmann, nehmen Sie die Dame, ich habe mir nichts sehnlicher gewünscht, als meine Tochter mit jemandem wie Ihnen zu verheiraten. Kommen Sie, darauf trinken wir einen.« Er lächelt sie an, doch sie reagierte nicht. Sie blickte ihn einen Moment an und sagte: »Ich habe mich entschieden und ich stehe zu meiner Entscheidung. Das musst du mir glauben. Aber muss das wirklich sein?« »Nur, wenn er heute auch zuhause ist. Ist er da?« Sie nickte und wand sich ab zum Gehen. »Martha.« Sie blieb stehen. »Ich will dich nicht quälen. Aber wenn ich die Gelegenheit nicht genutzt habe zu sehen, ob es einen zweiten, einen einfacheren Weg vor allem für dich gibt – ich würde mein Leben lang darüber grübeln. Ich will Gewissheit haben. Dann lässt es sich leichter damit leben.« Sie nickte. Und ging mit leicht gesenktem Kopf weiter. Blieb erneut stehen, wandte sich nicht um, als sie sagte: »Um sieben essen wir. Danach kannst du kommen.« Mit leicht herab hängenden Schultern ging sie Richtung Bebelplatz. Es brach ihm beinahe das Herz. Er rannte hinterher, baute sich vor ihr auf. »Mein Gott, Mädchen, Frau, Geliebte, Liebes, ich liebe dich.« Ein wenig kehrte das Strahlen in ihre Augen zurück. Sie nahm den Zeigefinger, hauchte ein Küsschen darauf und drückte ihm den Finger auf den Mund. Nickte und ging weiter.

Surmann blieb stehen und schaute ihr nach. Das Ganze musste bald zuende gehen – nein, nicht die Beziehung zu Martha, dieses elendige Drama, dieses unwürdige Schauspiel mit Tristan. Er schaute auf die Uhr, fast zwei Uhr nachmittags. Er hastete zur Straßenbahn und fuhr ins Büro. Um drei war er mit Weinrich verabredet.

Der Gauleiter empfing ihn beinahe auf die Sekunde genau. Bedankte sich zunächst umschweifig für die gelungene Aktion gegen die Juden. Nippte immer wieder an seinem Kaffee und blickte dann abrupt den SA-Mann an: »Sie hatten den Termin erbeten, was kann ich eigentlich für Sie tun?« »Wissen Sie, Herr Gauleiter, ich habe in den vergangenen Wochen und Monaten so viel Unterstützung und Hilfe durch Partei und SA bekommen, ich weiß eigentlich gar nicht, wie ich mich da bei jedem persönlich bedanken und erkenntlich zeigen könnte. Vor allem der Parteigenosse Vogelsang und Sie – ohne Ihre Unterstützung hätte ich nie so Fuß fassen können. Ich würde gern aus der Erbmasse meines Onkels noch einmal einen Betrag in die Hand nehmen und der Partei in dieser sicherlich durchaus kostenintensiven Aufbauzeit nach der Machtübernahme eine kleine Hilfe zukommen lassen. Ich bin sicher, das wäre auch ganz im Sinne von Onkel Kurt.« Surmann machte eine Pause. »Sie wissen ja sicher auch, dass der Reichsführer SA mir eine Beförderung in Aussicht gestellt hat. Nun, mit Blick auf diese neuerliche Geldspende möchte ich Sie bitten, sich dafür zu verwenden, dass das erst einmal nach hinten gestellt wird. Sollte es, wie auch immer, bekannt werden, dass ich der Partei gespendet habe – naja, man könnte vielleicht den Eindruck erwecken, als seien Beförderungen käuflich. Und das darf nicht sein, sehen Sie das ähnlich, Herr Gauleiter?« Weinrich starrte ihn an. Blickte auf den Briefumschlag, den Surmann auf den Tisch gelegt hatte. Nahm den Umschlag, entnahm einen Bankbeleg. »20.000 Reichsmark? Mannomann, ihr Onkel hat Ihnen ja offensichtlich einiges hinterlassen.« Er steckte den Beleg in seine Anzugtasche. »Vor Ihrer geistigen Haltung habe ich höchsten Respekt, junger Mann. Ich werde sehen, was sich machen lässt. Aber da muss ich natürlich absolut offen mit Vogelsang reden. Beziehungsweise mit dem Büro des Reichsführers. Der scheint Ihr Schicksal ja beinahe als persönliche Angelegenheit zu betrachten.« Weinrich hielt noch einen langen Vortrag über das deutsche Wesen, das frei bleiben müsse von jeder Form der Korruption, materiell wie geistig. »Haben Sie eigentlich einen speziellen Verwendungszweck für Ihre Spende im Auge, oder kann die Partei da nach eigenem Gutdünken agieren?« »Herr Gauleiter, ich weiß das Geld bei Ihnen in den allerbesten Händen. Ich kenne noch zu wenig von Partei und Stadt beziehungsweise ganz wenig nur über den Gau – wie sollte ich mir da anmaßen, eine Vorliebe für ein bestimmtes Projekt zu haben?« Weinrich strahlte wie ein Honigkuchenpferd, vermutlich hatte er das Geld innerlich schon ausgegeben. Für was und für wen auch immer.

Der unvermeidliche Cognac zum Abschluss fiel nach dieser Spende besonders großzügig aus. Surmann fühlte sich beschwipst, als er das Büro am Adolf-Hitler-Platz verließ. Er ging durch die Altstadt und wunderte sich zum wiederholten Mal über die vielen, vielen Stoß- und Pferdekarren, mit denen die Händler ihre Waren transportierten. Für ihn war der Gebrauch eines Autos beinahe selbstverständlich – doch die Inhaber dieser unzähligen kleinen Betriebe in der Altstadt hatten mit den Erträgen ihrer Firmen gerade einmal genug zum Leben für sich und ihre Familien, da mussten alte Transportmethoden genügen. Und viele konnten sich nicht mal ein Pferd leisten.

Manche Haushalte nutzten die warme Jahreszeit, um ohne lange Lieferzeiten einen ersten Kohlevorrat für den nahenden Winter anzulegen. In der Entengasse hockten ein paar Kinder auf einem großen Haufen Kohlen, die jetzt in den Keller transportiert werden mussten. Die Kinder, allesamt Jungs, hatten schon überall Kohlestaub: in den Gesichtern, auf der Kleidung in den Haaren, und sie hatten einen Heidenspaß daran, sich mal mit Erlaubnis der Eltern so richtig dreckig zu machen. Surmann war in der Stimmung, was ähnliches zu tun. Irgendwas Albernes anstellen, bevor es heute Abend ernst wurde. Er betrat das imposante Marstallgebäude und schaute im Büro noch einmal kurz nach dem Rechten. Immer noch keine Nachricht von Köhler – den hatte er aber auch schon beinahe verdrängt. Auch deshalb, weil er mittlerweile auf dessen Informationen nicht mehr angewiesen war. Er wusste, wer sich hinter Tristan verbarg, und das Schlimme war: Dieser Mann machte ihm trotzdem Angst. Er schaute aus dem Fenster und erfreute sich wieder einmal an der Brüderkirche, die majestätisch oberhalb des Fuldaufers thronte und der man anmerkte, dass sie einige hundert Jahre Stadtgeschichte miterlebt hatte. Er hatte keinen Bezug zur Kirche – aber Kirchenbauten mit ihrer unendlichen Geschichte rangen ihm immer Respekt ab. Er stellte sich vor, wie die Menschen vor hunderten von Jahren sich abgemüht hatten, die Steine zu behauen, Mauern nach oben zu ziehen, die Türme zu erbauen – selbst bei dieser vergleichsweise kleinen Kirche war das eine großartige Leistung.

Thomas Heinrich Surmann blickte sich noch einmal um in seinem Büro. Es gab keine persönlichen Gegenstände – andere hatten gerahmte Bilder ihrer Familie auf dem Tisch stehen oder Souvenirs

an Urlaubsreisen, Muscheln etwa oder persönliche Lieblings-
pflanzen. Surmann hatte das Büro nie als Heimat betrachtet, eher
als Mittel zum Zweck. Hier wollte er sich nicht wohlfühlen, drum
belasteten ihn nun auch keine schwermütigen Gedanken. Dann
ging er. Trotz der schweren Stiefel gelang es ihm, beinahe lautlos
durch die Gänge zu laufen. Ein kleiner Seufzer kam ihm über die
Lippen – er hätte jetzt gern alles hinter sich, wäre gern jetzt schon
um die Erfahrung des Abends reicher – oder ärmer.

Er ging zum Königsplatz, in der Entengasse hatten die Jungs mittlerweile die Hälfte des Kohlenberges in den Keller geschafft, billi-
ger Koks war es, staubig und schwer zu schippen, ohne dass man
richtig Dreck anrichtete. Briketts gingen besser zu transportieren
und waren auch leichter im Keller zu lagern. Die Burschen sahen
mittlerweile aus wie Menschen an Karneval, die sich als Schwarze
schminkten. Surmann lachte laut auf, als er die emsigen, völlig verdreckten Gestalten einen Moment beobachtete. Am Königsplatz
stieg er in die Straßenbahn, zeigte seine Netzkarte vor, die er sich
für 27 Reichsmark zugelegt hatte, fuhr bis zur Endhaltestelle und
gönnte sich einen Spaziergang durch den Bergpark nach Hause.
Die Luft war mild, es roch nach Grün, überall verschiedene Düfte,
am betörendsten die Gerüche auf der Roseninsel. Dort hatte er einen Lieblingsplatz, die kleine Bank neben dem Grab von Erd-
mann, dem Dackel Kaiser Wilhelms II., der hier begraben lag. Eine
exklusive letzte Ruhestatt für so eine Töle, hatte er sich beim ersten Mal gedacht. Aber war es andererseits nicht eine tolle, romantische Geschichte: Deutschlands Herrscher versenkt ein Land
in Kriegselend und kümmert sich rührend um seinen toten Dackel?
Sicher, das Ganze passte rein zeitlich nicht direkt zusammen. Aber
dennoch. Wilhelm, den er in den Geschichtsstunden der Schule
hassen gelernt hatte, war ein wenig in seiner Sympathie gestiegen.
Surmann hing seinen Gedanken nach, er hatte noch ein paar Kleinigkeiten zu erledigen.

24

»Wissen Sie, Frau Dankelmann, diese Gespräche mit Ihnen, ich wiederhole mich, tun mir unendlich gut. Sie sind mittlerweile eine gute Zuhörerin geworden, gar nicht mehr so ungeduldig. Ich danke Ihnen!« Anke Dankelmann wusste, dass damit das Ende ihres Besuchs bevorstand. Sie hätte zwar gern noch ein paar Minuten weiter zugehört – andererseits wollte sie aber heute endlich mal was für sich tun. Außerdem hatte sie im Präsidium einiges an Schriftkram zu erledigen. Bernd Stengel hatte zwischendurch eine SMS geschrieben – ein alter Fall wurde von der Staatsanwaltschaft erneut aufgerollt, sie mussten sich in den nächsten Tagen tief in Akten vergraben. Sie hasste diese reine Büro- und Aktenarbeit, aber es musste nun mal sein. Jeder Beruf hatte seine Schattenseiten – und bei diesem war es der mitunter einfach ebenso anstrengende wie nervende Papierkram, das endlose Studium von Unterlagen, langweiligen juristischen Schriftsätzen, Gutachten, die Vernehmungsprotokolle und die genauso endlosen wie mitunter grauenhaft geschriebenen Berichte der Kollegen, nicht nur aus dem eigenen Kommissariat, nicht nur aus dem eigenen Präsidium. Sie wusste noch nicht, um welchen Fall es sich handelte – wenn sie ein wenig Glück hatte, erwischte sie einen Fall, der nicht ganz so langweilig war.

Sie kaufte ein wenig ein, Milch, Quark, Obst, geschnittenes Brot – das hielt sich lange und war ideal für Singles, wie sie dachte. Sie machte sich einen Kräuterquark, nahm ein Glas frische Milch und setzte sich ans Telefon. Sie rief in Borken an, hatte erst die Mutter, dann den Vater am Telefon. Seit sie mit Surmann regelmäßig Kontakt hatte, der ja wesentlich älter war als ihre Eltern, seit sie Surmanns Verfall beobachtete, da hatte sie das dumme Gefühl, sich irgendwann damit auseinandersetzen zu müssen, dass es die Eltern nicht mehr geben würde. Sie verdrängte den Gedanken, der gerade jetzt hochkam, und versuchte sich auf das Telefonat zu konzentrieren. Als sie auflegte, hatte sie nur über Belangloses gesprochen. Sie hatte sich nicht getraut, die volle Geschichte um Valentin zu erzählen. Irgendwann summte ihr Handy, es war eine SMS angekommen. Vermutlich Stengel, dachte sie und ignorierte das Ding, das ohnehin gerade am Ladegerät hing. Sie erledigte ein wenig Hausarbeit, ging mit dem Staubsauger mal durch die Zimmer, sortierte Wäsche und stopfte eine Ladung Buntwäsche in die Maschine. Der Kühlschrank konnte mal eine Säuberung vertragen, und sie hatte gerade so einen Lauf mit der Hausarbeit, dass sie einfach weitermachte. Selbst zum Schuhe putzen hatte sie noch Luft und Lust. Als sie endlich die Wäsche in den Trockner gestopft hatte und beschloss, nach all der gesunden Ernährung des Tages doch noch ein Glas Wein zu trinken, war es bereits nach 22 Uhr. Sie erinnerte sich an die SMS und schaute nach. Es war eine Nachricht von Willimowski. Sie war wie vom Donner gerührt, ein merkwürdiges Gefühl, eine Mischung zwischen tiefem Erschrecken und höchster Aufregung, hatte sie im Griff. »Hallo meine Lieblings-Anke. Das tut mir gut hier, und ich habe bisher alles richtig gemacht, zumindest für mich. Darf jetzt auch mal raus und würde mich freuen, wenn du mich mal besuchen könntest. Hast du mich noch ein bisschen lieb? V.«

Sie nahm ein größeres Glas und schenkte sich den Rotwein aus dem Aldi ein. Er war zwar billig gewesen, schmeckte aber hervorragend, und sie hatte so einen komischen Kloß im Hals, den sie hinunterspülen wollte. So einen, der nicht weh tat, der keine Belastung war, ein Kloß, den man irgendwie glücklich wegatmen konnte. Aber auch das dauerte halt einige Zeit. Sie war sprachlos und glücklich, den Eltern nichts berichtet zu haben. Und wusste nicht, was sie antworten sollte. Irgendwann, kurz vor Mitternacht, fiel ihr etwas ein. Sie nahm das Handy, schaltete auf die SMS-Funktion und tippte ein: »When I'm sixty-four«. Sie gehörten zwar beide einer anderen Generation an – aber sie mochten die Beatles und ihre wunderschönen Lieder mit den teilweise skurrilen Texten. Dieses Lied aber hatte eine klare Botschaft: Wirst du mich noch lieben, wenn ich 64 bin?

Man beantwortete zwar eigentlich keine Frage mit einer Gegenfrage – aber diese Frage war als Antwort aussagekräftiger als jeder andere Gedanke, der ihr in den Sinn gekommen war.

Der nächste Morgen war endlich mal einer, der sie voller Freude in den Tag schreiten ließ – mit Nordic-Walking und einer Tasse Kaffee im Präsidium. Sie wartete auf Bernd Stengel, der sie instruieren musste. Ein kurzes Gespräch mit Plassek folgte, der ihr nach wie vor einige Freiheiten für diesen komischen alten Mann im Augustinum ließ. Kurz vor 9 Uhr erschien Stengel, der seinem Aussehen nach bis in die Nacht gearbeitet haben musste. Gleichzeitig klingelte das Telefon. »Ich bin es, Valentin.« Die Stimme ihres Lebensgefährten hörte sich sanft an wie immer, sie glaubte, eine kleine Unsicherheit heraushören zu können. »Hallo.« Mehr konnte sie nicht sagen, die Freude, die Überraschung raubte ihr kurz den Verstand. »Hast du meine SMS bekommen?« »Ja«, antwortete sie. »Ich habe ja auch geantwortet.« »Ich habe keine Antwort bekommen.« Wieder diese Unsicherheit im Ton. »Moment mal«, sie schaute auf das Handy und sah die fertig geschriebene, aber offensichtlich nicht abgeschickte Nachricht auf dem Display. »Oh nein, tut mir Leid. Ich habe in der Aufregung vergessen, auf den Sendeknopf zu drücken. Soll ich sie jetzt abschicken oder soll ich dir sagen, was drin steht? Ist nur ganz kurz.« Er überlegte: »Sag es mir, bitte, habe deine Stimme so lange nicht gehört. Wenn du mir es sagen willst, dann kann es so schlimm ja nicht sein.« Sie lächelte und sagte nur: »When I'm sixty-four«. Er schwieg. Lange. Dann hörte sie ein leichtes Schniefen. »Du meinst: Will you still need me, will you still feed me when I'm sixty-four?« »Ja, genau«, hauchte sie in den Hörer. Stengel hatte gemerkt, mit wem sie telefonierte und sich längst aus dem Büro verdrückt. »Die Antwort lautet ja. Beziehungsweise: yes.« Sie schwiegen beide, sie hatten sich so viel zu sagen, dass sie keine Worte fanden. »Wann sehen wir uns?« »Wenn du willst morgen Abend, ich kann ab 18 Uhr mal eine Stunde spazierengehen. Sie glauben eigentlich, dass ich gute Fortschritte mache. Ich erzähle dir das alles. Um 18 Uhr?« »Ich bin da.« »When I'm seventy-four?«, fragte er leise durchs Telefon. »Die Antwort lautet ja. Beziehungsweise: yes.« Sie hauchte einen Kuss ins Telefon und legte den Hörer auf den Apparat auf ihrem Schreibtisch. Stengel kam kurze Zeit später wieder herein. Er schaute sie fragend an, sagte aber nichts. Er wusste, dass es gleich aus ihr heraussprudeln würde. Sie nahm sich erst ein paar Akten vom Stapel, betrachtete den Fall – einen unerledigten Mordfall aus den achtziger Jahren – stürmte plötzlich um den Schreibtisch und fiel ihrem Kollegen um den Hals. Der ließ sie gewähren, er kannte die Sprunghaftigkeit, die Launen dieser außergewöhnlichen Frau. Als sie ihn dann ansah und zu erzählen anfing, da merkte er wieder einmal, dass sie eine genauso außergewöhnliche Schönheit war. Unaufdringlich, aber auffällig, strahlende, sprechende Augen, die von einem Moment zum anderen tatsächlich die Farbe wechseln konnten – je nach Stimmungslage. Ihre absolut fraulich-attraktive Figur, die bei ihrer zurückhaltenden Art sich zu kleiden dennoch auf dezente Art zur Schau gestellt wurde. Ihre welligen, dunkelblonden Haare, die immer ein bisschen zu lang, immer ein bisschen zu wirr, immer ein bisschen zu temperamentvoll wirkten. Wenn sie glücklich war, konnte sie unausstehlich sein vor Dynamik. Nur dadurch zu übertreffen, dass sie noch dynamischer wurde, wenn es ihr schlecht ging. Stengel war froh, dass sie an diesem Tag glücklich war.

Irgendwann arbeiteten sie auch wieder, kümmerten sich um all diesen nervigen Papierkram. Eine Frau war erwürgt worden – ohne erkennbares Motiv, in ihrer Wohnung in der Breslauer Straße in Waldau, einer Siedlung der städtischen Wohnungsbaugesellschaft. Hier wohnten einige tausend Menschen, und keiner hatte was gesehen. Die beiden Kinder der alleinerziehenden Frauen waren im Kindergarten beziehungsweise in der Schule gewesen. Als die Tochter aus der Schule kam, hatte niemand aufgemacht. Irgendwann hatten Nachbarn die Polizei verständigt. Sie hatten die Mutter auf dem Sofa gefunden, erwürgt, vergewaltigt. In den achtziger Jahren gab es noch keine Möglichkeiten, DNA-Analysen zu machen. Dennoch waren die Spuren, die man gefunden hatte – Haare, Textilfasern – aufgehoben worden. Und in der vergangenen Woche hatte die HNA, die örtliche Zeitung, in einer Folge einer Serie, in der über unaufgeklärte Mordfälle berichtet wurde, von genau diesem Fall erzählt. Und es hatten sich neue Zeugen gemeldet, kaum zu glauben nach all den Jahren. Und es gab tatsächlich neue Hinweise: auf einen Handelsvertreter, der in dieser Zeit in der Gegend auf Brautschau gewesen war. Das Auto war beschrieben worden, man wusste sogar, welche Firmenaufschrift es getragen hatte. Warum hatte sich dieser Zeuge nicht vor über 20 Jahren gemeldet, fragte sich Anke Dankelmann. Als das Telefon klingelte, hatte sie eine Vorahnung. Er war es. Thomas Heinrich Surmann. Es schien ihm nicht gut zu gehen, und er bat um ein Gespräch. Sofort. Jetzt gleich. In der nächsten Minute.

Anke Dankelmann hatte mittlerweile viele Sympathien für diesen Mann, von dem sie immer noch nicht wusste, ob er möglicherweise ein Gewaltverbrecher war oder nicht. Sie nahm sich aus der Kantine ein Käsebrötchen mit und rannte zum Auto. Sie musste durch die ganze Stadt, überall waren Baustellen, und immer wieder faszinierte es sie, dass man manchmal in einer nie endenwollenden grünen Welle durch die Stadt fahren konnte – und manchmal an jeder Ampel Halt machen musste. Das lag an den Fußgängerampeln und der Bevorzugung von Bussen und Bahnen, hatte sie mal gehört. Sie hätte einen Streifenwagen nehmen sollen, schalt sie sich. Wäre sicherlich schneller gegangen. Es dauerte 20 Minuten, bis sie hoch oben über der Stadt im Druseltal angekommen war. Sie fuhr hinauf zu Surmanns Etage, Robin Englisch nahm sie in Empfang. Der alte Mann erwartete sie im Schlafzimmer, mehrere Kissen im Rücken. »Was ist los?« fragte sie, doch Surmann winkte ab. »Er hatte einen Anfall«, erklärte der Zivildienstleistende. »Was denn für einen Anfall?« »Sein Herzschlag geriet völlig außer Kontrolle, Arhythmien, völlig unregelmäßiger Puls. Sie haben ihn jetzt beruhigt mit einer Infusion, die Pillen wirken ja schon lange nicht mehr bei ihm. Aber er ist bei klarem Verstand.« Englisch schloss die Tür. Anke Dankelmann merkte, dass in diesem Schlafzimmer der Geruch nach altem Mann sich eingenistet hatte. Schwer zu definieren, noch schwerer zu erklären. Aber er war da.

»Klarer Verstand, Frau Kommissarin, Robin, sagt es. Das ist alles, was mir noch bleibt. Noch nicht mal einen Sherry haben sie mir gegönnt. Ist aber heute auch besser so. Morgen trinke ich wieder einen. Aber ich kann Ihnen auch so erzählen. Könnten Sie den Vorhang zuziehen? Das Licht blendet mich ein wenig.« Sie zog die schweren Vorhänge so weit in die Mitte, dass Surmanns Bett im Schatten lag.

»Ich habe mich schon gefragt, wie Ihre Geschichte wohl weitergeht.« »Tja, das habe ich mich damals auch gefragt. Ich hatte Ihnen ja gesagt, dass ich einige Wege erledigt habe. Naja, und dann war der Zeitpunkt gekommen.«

25

Surmann hatte im Arbeitszimmer einen Brief geschrieben, den er am nächsten Tag brauchen würde. Sich dann ins Auto gesetzt und war die Strecke durch die Stadt zur Rothenbergsiedlung gefahren. Hatte das Auto ein Stück entfernt von dem Haus, in dem Martha mit ihrer Familie wohnte, geparkt. Hatte sich in Uniform vor dem Hauseingang postiert und die Klingelschilder studiert. Drönners wohnten in der zweiten Etage. Die Haustür war auf, er ging hinein. Er eilte die Stufen, die zum Teil mit Linoleum belegt waren, hinauf. Jeweils zwei Wohnungstüren nebeneinander. Nüchterne Namensschilder. Er fand vor Drönners Tür die Klingel nicht, klopfte mehrfach an. Er hörte Schritte, offensichtlich die einer Frau. Hoffentlich nicht Martha, dachte er inniglich. Doch Frau Drönner öffnete die Tür. Sah ihn, zog die Augenbrauen hoch, atmete tief durch und nickte in Richtung Wohnung. »Guten Abend, Frau Drönner, entschuldigen Sie die Störung, ich weiß nicht, ob mein Besuch angekündigt wurde.« »Allerdings wurde er das«, dröhnte eine Stimme aus einem anderen Zimmer. Gegenüber der

Eingangstür sah er eine kleine Toilette – immerhin, in den meisten Miethäusern befanden sich Gemeinschaftstoiletten auf den Treppenabsätzen zwischen den Etagen. Vom Flur gingen Türen in andere Zimmer ab, in der Verlängerung des Flurs war offensichtlich das Wohnzimmer. Frau Drönner ging voraus, von Martha nichts zu sehen. Im Wohnzimmer standen einige Möbel, der Raum war spärlich eingerichtet. In einem Sessel saß, ein Bier vor sich, eine unangezündete Zigarre in der Hand, ein Mann mittleren Alters. Das Gesicht, die gesamte Erscheinung geprägt und gezeichnet von einem Leben voller harter Arbeit. Wie alt mochte er sein? Wie unwichtig das jetzt war, schalt er sich. »Mein Name ist Thomas Heinrich Surmann, guten Abend, ich nehme an, Sie sind der Vater von Martha?« Er streckte ihm die Hand entgegen. Drönner rührte sich keinen Millimeter. »Nehmen Sie dort Platz«, sagte Frau Drönner und deutete auf einen Stuhl auf der anderen Seite des Tisches. Drönner warf seiner Frau einen verärgerten Blick zu, er hätte es wohl lieber gesehen, wenn dieser Mensch in Uniform vor ihm stramm gestanden hätte. »Ich bin Marthas Vater, sehr richtig kombiniert. Meine Anerkennung.« Spöttisch schaute er ihm auf die Uniform, dann auf die Rangabzeichen. »Soso, der Herr dient bei der SA. Gehört also den Schlägertrupps an. Sieht man Ihnen gar nicht an. Wen haben Sie denn zuletzt so verprügelt? Juden? Kommunisten?« »Sehen Sie es mir bitte nach, aber ich wollte heute Abend eigentlich nicht ...« Er kam nicht bis ans Ende des Satzes. »Soso, Sie wollten nicht. Na gut, da Sie uns ja offensichtlich nicht verprügeln wollen, obwohl meine Frau Halbjüdin ist, was darf ich dann von Ihnen erwarten?« Frau Drönner hatte bei diesen Worten den Raum verlassen. Von Martha immer noch nichts zu sehen. »Herr Drönner, wie soll ich sagen? Ich mache es kurz, falle mit der Tür ins Haus. Ich habe mich in den letzten Wochen in Ihre Tochter Martha verliebt, und ich habe den Eindruck, dass diese Gefühle auch erwidert werden. Sie ist die Frau meines Lebens, das weiß ich, und ich möchte Sie heute Abend fragen, ob Sie als Vater einer Heirat zustimmen würden.« Drönner schaute ihn an. In seinem Blick eine Mischung aus Entgeistertsein, Zorn, Eifersucht, Aggressivität. Er zündete sich umständlich seine Zigarre an. »Sie haben es Ihrer Uniform und der vorhin geschilderten Tatsache, dass meine Frau Halbjüdin ist und wir uns so unauffällig wie möglich benehmen müssen, zu verdanken, dass ich Sie nicht sofort hinauswerfe. Und zwar eigenhändig, wenn Sie verstehen, was ich meine.« Er hatte mit einer Abfuhr gerechnet, was ihn jedoch maßlos verwunderte, war die Tatsache, dass dieser Mann, der irgendeiner nicht besonders anspruchsvollen Tätigkeit bei Henschel nachging, sich so gewählt ausdrücken konnte. »Ich kann Ihnen nicht verbieten, in meine Tochter verknallt zu sein. Ich kann Ihnen aber verbieten, ihr nachzustellen, denn sie ist nicht volljährig. Ich kann Ihnen außerdem verbieten, sie zu heiraten. Aus demselben Grund. Aber es gibt noch einen anderen: Sie wird einen anderen Mann heiraten, einen Mann, der meiner Familie und besonders meiner Frau nicht so feindlich gesonnen ist wie Ihre SA das ist. Und erzählen Sie mir nicht, Sie seien eine Ausnahme. Sind Sie beileibe nicht. Ich weiß von Ihren Einsätzen gegen Juden in der Altstadt.« Ihm fuhr der Schreck in die Glieder. Die Wohnung war so klein, Martha musste das hören. »Wenn Sie meiner Tochter weiter nachstellen, werde ich ihr von diesen Dingen haarklein erzählen, glauben Sie mir. Und sie wird Sie deshalb verlassen, egal, ob sie etwas für Sie empfindet oder nicht. Wir machen bereits Pläne für die Hochzeit, nach ihrer Heirat wird sie eine von Haldorf sein – nicht schlecht für so ein Arbeiterkind, oder?« Drönner paffte an seiner Zigarre herum und schaute aus dem Fenster. War das Gespräch für ihn beendet? »Verzeihung ...«, fing Surmann an. »Sie finden sicher raus, meine Frau kann Ihnen auch die verschlungenen Pfade aus unserer Wohnung zeigen.« Ironie hatte er also auch noch drauf. Surmann stand auf, deutete eine Verbeugung an – dieser Kerl konnte ihn seine Manieren nicht vergessen lassen. Im Flur wartete Frau Drönner. Sie sah ihn aus enttäuschten Augen an. »Martha?« flüsterte er. »Gehen Sie. Kommen Sie nie wieder. Martha ist im Waschhaus. Besuchen Sie sie nicht. Sie haben mich sehr enttäuscht. Lassen Sie Martha in

Ruhe, lassen Sie mich in Ruhe, lassen Sie uns in Ruhe. Warum haben Sie das mit den Juden mitgemacht? Verstehen Sie nicht, dass mich das bis ins Mark trifft?«

26

»Tja, als ich im Treppenhaus stand, da war mir klar, weshalb ich sie enttäuscht hatte. Ich kam mir so unglaublich schäbig vor. Wenn es eines letzten Anstoßes bedurft hätte, diese ganze Nazi-Ideologie einfach über Bord zu werfen – den hatte ich gerade erfahren. Ich nehme mal an, dass Tristan dahinter steckte. Er wusste von dem Einsatz, er wusste, dass ich mitgemacht hatte, er wusste oder ahnte, dass ich hinter Martha her war. Dieser Mensch war ein so unglaublicher Drecksack. Drönner musste seiner Frau von dem letzten Einsatz gegen die Juden erzählt haben. Das ließ mich in einem anderen Licht da stehen, und ich wusste wirklich nicht, was ich jetzt machen sollte.« »Sind Sie wirklich so gefahren, ohne Martha im Waschhaus aufgesucht zu haben?« »Natürlich bin ich hin. Warum hatte mir die Mutter denn den Tipp gegeben? Sie hat natürlich auch an ihre Tochter gedacht, weil sie wusste, wie wir zueinander standen. Vielleicht aber hat Martha ihr auch von den Plänen erzählt – ich habe es wirklich nie erfahren. Erst habe ich nicht gefragt, dann habe ich nicht mehr daran gedacht, als ich fragen wollte, war es zu spät. Ich bin also hin, es war ja schon leicht dämmerig.«

27

Surmann näherte sich dem Waschhaus mit weichen Knien. Er hatte keine Ahnung, ob Martha von all diesen Dingen wusste. Wenn ja – war er dann ab jetzt unten durch? Es war ein Abend der Entscheidungen, irgendeine nie zuvor erfahrene Gelassenheit packte ihn plötzlich. Soviele existentiell bedeutende Entscheidungen hatte er in seinem ganzen Leben noch nie getroffen – und nun all diese Weichenstellungen in so wenigen Stunden. Er öffnete die Tür zum Waschhaus, er meinte, seinen Herzschlag hören zu können. Wieder umfing ihn dieser eigene Geruch nach Seife, Wasser, Dampf, heißer, nasser Wäsche. Im Erdgeschoss fand er Martha nicht, sie war wieder oben und hängte Wäsche auf. Als er näher kam, sie stand mit dem Gesicht in seine Richtung, sah sie ihn und lächelte ihn an. Ein Stein fiel ihm vom Herzen. Sie wusste von nichts, Gottseidank. Sie wischte sich die Hände an der Schürze ab, schaute sich um, stellte sich kurz auf die Zehenspitzen und linste über seine Schultern hinweg. Nahm ihn in den Arm, lauschte kurz, ob sie Geräusche auf der Treppe hören konnte, und küsste ihn hemmungslos auf den Mund. »Verzeih mir, ich war heute so garstig zu dir. Dabei machst du das doch alles wegen mir.« »Nicht ganz, Liebling. Eigentlich mache ich das wegen uns«, sagte er lachend, als er den Mund wieder öffnen konnte. Sie lächelte. Das schönste, bezauberndste, belohnendste Lächeln, das er je gesehen hatte. Ihre Haare waren feucht, nass, ihre Augen ein wenig müde vom Tag mit all seinen Anstrengungen – und dennoch war sie wunderschön. »War es schlimm?« fragte sie und schaute ihm direkt in die Augen. Diese Direktheit, diese Ehrlichkeit – er konnte in ihren Augen und in ihrem Wesen versinken. »Ging so, hatte ja mit einer Abfuhr gerechnet.« Eigentlich hatte er sie noch fragen wollen, warum ihr Vater sich so gut ausdrücken konnte – doch er verzichtete. Sie hätte es missverstehen können – und er hatte sein Glück heute schon genug strapaziert. Sie redeten leise im ersten Stock des Waschhauses, irgendwann schaute sie auf die Uhr, raffte ihren Rock und ihre Schürze, nahm den leeren Wäschekorb, drückte ihm einen Kuss auf den Mund und murmelte nur: »Ich muss los, alles wie besprochen.« Er folgte ihr eilig, wollte nicht allein im Waschhaus von irgendwelchen Unbekannten angetroffen werden, ging langsam zu seinem Auto und fuhr heim. Es brannte kein Licht mehr, Henriette hatte ein wenig Kopfschmerzen gehabt, als er gegangen war, vermutlich hatte sie ein Aspirin genommen und war zu Bett gegangen. Aus der Nebenstraße hörte er Pferdegetrappel, die berittene Polizei war auch um diese Uhrzeit noch unterwegs. Vermutlich zurück Richtung Schlosshotel, wo die Pferde untergestellt waren. Er gönnte sich einen Schluck Rotwein und holte einen großen Koffer aus dem Ankleidezimmer, das er selbst eigentlich nie benutzt hatte, das aber wichtiger Bestandteil der Lebensgewohnheiten seines Onkels gewesen war: Hier hatte er das Anziehen und Umziehen zelebriert, eine Wand war eine reine Spiegelwand, er konnte sich eigentlich nicht so recht vorstellen, wie Onkel Kurt hier posiert hatte.

Wenig später nahm er sich ein Buch und versuchte, die Zeit totzuschlagen. Nur das Ticken der Wanduhr war zu hören. Mulang war ein Stadtteil voller Ruhe, besonders nachts. Deswegen hörte er die Motorengeräusche sofort. Es waren zwei Autos, sie hielten genau vor seinem Haus. Er hörte schwere Schritte auf dem Weg zur Eingangstür, danach ein kurzes, aber heftiges Klingeln. Er linste kurz aus dem Fenster im unbeleuchteten Nebenraum, sah zwei schwarze Autos, zwei Männer in dunkler Kleidung mit breitkrempigem Hut und wurde nervös. Betont langsam ging er mit lauten Schritten die Treppe hinab. Öffnete langsam die Tür und erstarrte zur Salzsäule. Tristan! Ausgerechnet Tristan an diesem Abend! Wollte er alles verderben?

»Herr Surmann? Geheime Staatspolizei.« Die beiden Worte, die schon wenige Monate nach der Machtübergreifung Angst und Schrecken im Reich verbreiteten, übten auf Surmann keine Wirkung aus. Er hatte Tristan gesehen, er rechnete mit allem. Und sorgte sich um Martha. »Wir müssen Sie bitten, dringend mitzukommen, es geht um eine Gegenüberstellung, die keinen Zeitaufschub verträgt.« Es war nicht Tristan, der gesprochen hatte, der schaute ihn nur aus eiskalten Augen an. Sein Nebenmann hatte seinen Ausweis gezückt, ein gewisser Maiwerth, Surmann wollte etwas sagen, doch zwei weitere Männer, die neben dem Hauseingang gestanden hatten und die er beim Blick aus dem Fenster nicht bemerkt hatte, packten ihn und schleiften ihn sofort in Richtung der Autos. Er war unfähig, sich zu äußern, unfähig zu schreien, er bekam noch mit, dass jemand, eventuell war es Tristan, die Haustür schloss. Man schob ihn in eines der Autos, links und rechts setzte sich jeweils ein Gestapo-Mann, und seelenruhig fuhren die Autos durch den Bergpark Richtung Stadt. Surmann machte das Gefühl wahnsinnig, überhaupt keine Ahnung zu haben, worum es ging. Tristan musste wissen, dass er, Surmann, in der SA eine gewisse Form von besonderer Stellung inne hatte. Er bemühte sich um Haltung, wenn auch die Gedanken durch sein Innerstes flogen wie Zugvogelschwärme über den Herbsthimmel. Sie fuhren über die Wilhelmshöher Allee, kamen irgendwann auf den Steinweg und bogen ab Richtung Karlsaue. Sie ließen die Orangerie und die Hessenkampfbahn, Kassels modernes Stadion, rechts liegen, fuhren um die Arena herum und dann langsam den Auedamm entlang Richtung Süden. Irgendwann hielten die Autos an einem der Bootshäuser. Surmann kannte sich zu wenig in der Stadt aus, um sagen zu können, welches es war. Es gab keine weitere Bebauung links und rechts, das Gebäude lag isoliert. Die beiden Gestapo-Männer führten ihn an einer Wache vorbei ins Innere des Hauses. An den wenigen Tischen saßen einige andere Männer und tranken Bier, einige rauchten. Alle waren mit Sicherheit keine Ruderer oder Kanuten. Sie schauten ihn aus gelangweilten Augen an, was da mit ihm passierte, schien ihnen egal. Menschen, die mit körperlicher Gewalt abgeführt wurden, schienen hier das Normalste auf der Welt zu sein. Surmann wunderte sich, von diesem Bootshaus als Verhöreinrichtung hatte er bisher nichts gehört. Die Bürgersäle, das Präsidium im Königstor – bekannte Orte staatlicher Misshandlungen. Aber hier? Mit sanftem Druck schob man ihn zu einer Treppe, die nach unten führte. Die Bootshäuser hatten allesamt keinen richtigen Keller, wohl aber Abstellräume für die Ruderboote. Der Fluss war etwa 50 Meter entfernt, die letzten Meter führte üblicherweise ein Holzsteg bis zum Wasser, auf dem die Boote transportiert wurden. Surmann konnte nicht sehen, ob das hier genauso war. Der Abstellraum aber war etwas Besonderes. Schallisoliert, so sah es zumindest aus, ähnlich gebaut wie die schallisolierten Räume im Königstor, fester Betonboden, spärlich möbliert, gleißendes Licht. Und in der Mitte stand ein Stuhl, und nun wusste Surmann, was mit Köhler geschehen war. Sein einziger Freund in Kassel saß da, das Hemd blutüberströmt, offensichtlich war er verprügelt worden. Aus verquollenen Augen schaute er ihn an. Seine Lippen, aufgeschlagen, blutend, schienen ein Wort zu formen, das wohl Thomas bedeutete, er schien ihn in seinem jämmerlichen körperlichen Zustand erkannt zu haben..

»Sie kennen den Herrn?« Die schneidende, schnarrende Stimme konnte nur von Tristan kommen. Surmann schaute sich um. Tristan ging lässig in diesem Raum umher. Ein Raum, der durch die spürbare Diskrepanz zwischen Schlichtheit der Ausstattung und der existentiellen Bedrohung derer, die hier gefangengehalten wurden, eine einschüchternde Wirkung hatte. Surmann horchte in sich hinein und fand sich wieder in einer Mischung aus Unsicherheit und Stärke. Man würde ihn nicht einfach abschieben, foltern, ins Gefängnis bringen können – und er musste gegenüber Tristan eine gewisse Überlegenheit, mindestens Stärke demonstrieren. »Natürlich kenne ich den Herrn, das ist Guntram Köhler, wir sind befreundet. Was macht er hier, und was haben Sie mit ihm angestellt? Der Mann ist Polizeibediensteter, ein verdienter Beamter. Sind Sie verrückt, ihn so zuzurichten?« Während der Antwort hatte Surmann beschlossen, dass Angriff die beste Verteidigung sei. Tristan lächelte, schritt langsam im Raum umher und schaute auf den Boden. Stille. Minutenlang. Surmann brach das Schweigen. »Wissen Sie, werter Herr, ich habe nicht vor, meine Zeit hier zu vergeuden, indem ich Ihnen beim Herumschreiten zuschaue. Ich habe zu tun!« Tristan nickte kurz und sah ihn an. »Ist mir bekannt.« Was immer er damit meinte, dachte sich Surmann und wurde nervös. Wieder Schweigen, Surmann fing erneut an: »Verzeihen Sie, wenn Sie nicht in der Lage sind, mir zu sagen, was das hier ...« Weiter kam er nicht. Tristan sprang auf ihn zu, Hass in den Augen, ergriff seinen Kragen und brüllte ihn an: »Halten Sie Ihr widerliches Maul. Wenn Sie dieses Haus lebend verlassen und dann noch Ihre Eier am Körper haben, dann sollten Sie ein glücklicher Mensch sein.« Tristans Knie zuckte hoch und traf ihn in die Hoden, ein erbärmlicher Schmerz machte sich in Körper und Hirn breit, Surmann drohte, in die Knie zu gehen. Nein, sagte ein letzter Rest von Verstand, der nicht schmerzbetäubt war. Diesen Gefallen tust du ihm nicht. »Dieser Verräter hier«, Tristan ging zu Köhler und schlug ihm mit seinen Handschuhen ins Gesicht, sein Opfer war körperlich so am Ende, dass es nicht mehr reagierte, »spioniert mir seit Wochen nach, versucht, meine Identität zu ermitteln, versucht, meine Aufträge zu ergründen und hat Kontakte zu den Kommunisten aufgebaut. Wissen Sie, wo der Herr Kriminalpolizist sich abends rumgetrieben hat, wenn er nicht bei seiner Nutte oder mit Ihnen in der Kneipe war?« Erneut eine Breitseite mit den Handschuhen ins Gesicht. Er riss Köhler am Haarschopf nach oben, schmerzerfüllt schaute der Freund den Gestapo-Mann an, Surmann sah keinen Trotz mehr, Köhler war ein gebrochener Mann. »Altmarkt 1. Kennen Sie das Haus? In dieser Bruchbude tagen die Kommunisten. Wir brauchen keine Kommunistenschweine in der deutschen Polizei!« Tristan knallte seine Stirn auf die Nase seines Opfers, Köhler schrie auf und sackte in sich zusammen. Blut tropfte aus der Nase, das Nasenbein schwoll an. »Und wenn wir Fälle wie die Morde an den schwulen SA-Männern aufgeklärt haben, dann wollen wir nicht, dass ein einzelner Polizist das Ganze noch einmal aufrollt und die Fahndungserfolge in Frage stellt.« Kurze Pause, dann drehte er sich um. »Und nun zu Ihnen, Herr SA.« Tristan kam langsam auf ihn zu. Surmann spürte Angst in sich aufsteigen. »Dieser Parasit hier hat behauptet, Sie hätten ihm den Auftrag erteilt, mir nachzuspionieren. Und Sie hätten sich angeboten, in den Mordfällen ebenfalls herumzuschnüffeln – und zwar als Köhlers Spitzel bei der SA. Ist das richtig?« Die letzten Worte hatte er ihm ins Gesicht gebrüllt, winzige Speicheltropfen seines Gegenübers spürte er auf seinen Wangen. »Nein.« Surmann dachte panisch an Martha, antwortete dennoch trocken und sachlich. »Nein.« Kein Wort mehr.

»Wir haben den Herrn hier mehrfach verhört, er behauptete immer wieder, Sie seien sein Auftraggeber, hätten ihn inniglich angefleht, etwas über mich in Erfahrung zu bringen. Ist das so weit korrekt?« Wieder das Brüllen, wieder der Speichel. Surmann hielt die Vorstellung kaum aus, dass Martha mit diesem Menschen auch nur einen Tag das Leben teilen würde. »Nein.« Er war stolz auf sich, sah in die brennenden Augen des Gestapo-Mannes und wurde langsam sicherer. Offensichtlich hatten sie außer Köhlers unter Folter erzwungenen Vorwürfen nichts in der Hand. Tristan machte noch zwei Versuche, dann marschierte er zu Köhler, haute ihm mit den Handflächen auf die Wange, langsam wurde der Mann wieder wach. »Wasser!« befahl Tristan. Ein anderer Gestapo-Mann holte einen Eimer Wasser und stülpte den über Köhlers Kopf. Prustend und nach Luft hechelnd, kam er irgendwann wieder zum Vorschein. »Ist das der Mann«, Tristan hatte Köhlers Kopf im Schraubgriff und drehte ihn in Richtung Surmann, »der dir den Auftrag gegeben hat, mir nachzuspionieren, die Arbeit der Geheimen Staatspolizei zu durchleuchten, den Staat, das Reich, den Führer zu hintergehen?« Köhler stammelte: »Ja, das isser.« Seine Augen waren leer, der Mann hatte mit allem abgeschlossen, Freundschaft, Vertrauen, Loyalität – sie hatten all das aus ihm rausgeprügelt. Surmann spürte trotzdem die unendliche Gefahr, die sich da aufbaute, er spürte die pure Angst, Panik! Tristan schubste den Körper zurück in seinen Stuhl, Köhler blickte aus emotionslosen Augen Richtung Surmann. »Und nun? Herr SA?« Tristan brüllte ihn erneut an. Surmann schaute ihm fest in die Augen. »Der Mann ist ein Lügner. Ein Verräter. Ein Kommunist. Mithin ein Verbrecher.« Die Worte kamen ihm leicht über die Lippen, er wunderte sich. Er hätte mehr Gefühl, mehr Treue, mehr Skrupel von sich selbst erwartet. Tristan war ein wenig überrascht, wohl mehr über das Auftreten seines Gegenübers als über dessen Worte. Er ging hin und her, überlegte, die Antwort hatte ihn überrascht. »Und?« Die Stimme war leise geworden, gefährlich leise, dachte Surmann. »Was macht man mit Verrätern? Mit Verbrechern?«

Surmann antwortete nach einer Sekunde. »Aburteilen. Ins Gefängnis.« Tristan lächelte, schaute in die Runde, ging mit hinter dem Körper verschränkten Armen im Kreis. »Nein, Herr SA. Hier, in diesem Haus haben wir andere Methoden. Wie Sie vielleicht schon gemerkt haben. Dieser Mann wird abgeurteilt, das ist soweit richtig. Meine Herren!« Er wand sich den anderen Anwesenden zu. »Sie kennen das Verfahren. Was halten wir von dem Angeklagten?« Fünf Hände wurden nach vorn gereckt, die Daumen nach unten gedreht. Tristan nickte. »Einstimmiges Urteil.« Er ging auf Surmann zu. »Und Sie werden es vollstrecken. Wissen Sie, Herr SA, wer nicht für uns ist, der ist gegen uns. Und dass Sie für uns sind, das müssen Sie uns nach all diesen Anschuldigungen sehr, sehr nachhaltig beweisen. Hier«, er griff an seinen Gürtel, nahm seine Pistole, streckte sie Surmann entgegen und sagte: »Tod durch Erschießen, Kopfschuss!« Surmann war geschockt. Was sollte er tun? Zum Mörder werden und riskieren, dass Tristan ihn den Rest seines Lebens in der Hand hatte? Und seine Liebe auf Spiel zu setzen, weil Tristan mit Sicherheit Martha zumindest in Andeutungen berichten würde? Hier gab es fünf Zeugen für einen Mord. Er wäre erledigt. Würde er sich weigern, dann käme Ähnliches möglicherweise auf ihn zu. Man würde ihn vor Gericht stellen. Der Zeuge würde nicht mehr leben. Aber fünf Menschen würden dessen Aussagen beeiden. Er wäre erledigt. Und seine Beziehung zu Martha würde er aus dem Gefängnis nicht führen können. Er hatte mit Martha einen Plan – und für dessen Umsetzung hatte er nur eine Chance: hier rauszukommen und ein wenig Zeit zu gewinnen. Er nahm mit einer langsamen Bewegung die Pistole und schaute Tristan dabei in die Augen. Tristan wirkte unsicher, erneut überrascht, dass dieser Mann offensichtlich härter war, als er sich das vorgestellt hatte. Er hatte wenig Ahnung von Handfeuerwaffen, meinte aber, dass Tristan mit einem Handgriff die Waffe entsichert hatte. Er würde es einfach versuchen müssen. Surmann stand auf und ging mit langsamen Schritten auf den beinahe auf dem Stuhl liegenden Köhler zu. Der hatte die Augen geschlossen, Blut tropfte nicht mehr aus seiner Nase, aber die gesamte untere Gesichtspartie war rot verkrustet. Er stellte sich vor seinen Freund, flüsterte ein leises »Tut mir Leid, Guntram.« Es war aber offenbar laut genug gewesen, dass Köhler irgend etwas bemerkt hatte.

28

»Wissen Sie, Frau Kommissarin, das sind dann ein paar Augenblicke gewesen, die ich in meinem Leben niemals vergessen habe. Sie haben mich verfolgt. Nachts, so oft. Und er hat noch nicht einmal ein Grab bekommen.« »Sie haben Ihren Freund erschossen?« Anke Dankelmann schaute ihn völlig ungläubig an. Da war es nun, das Verbrechen, das den ganzen Zeitaufwand rechtfertigte. Sie fasste es nicht. Surmann nickte, Tränen in den Augen. »Er hatte mich flüstern gehört, schaute mich an. Ängstlich, denn er hatte mich ja öffentlich beschuldigt. Er hob den Kopf, öffnete den Mund, um irgendwas zu sagen. Ich nutzte den Augenblick, schob ihm den Lauf der Pistole in den Mund, richtete ihn nach oben. Guntram schaute mich an. Ungläubig, entsetzt, angstvoll, enttäuscht. Ein Blick war das, das können Sie sich nicht vorstellen.« Dem alten Mann liefen ein paar Tränen die Wange herunter. »Ich hatte vorher noch nie einen Menschen getötet.«

29

Der Knall der Pistole war mörderisch. Surmann hatte nach Sekundenbruchteilen abgedrückt, der Kopf Köhlers flog nach hinten, die Schädeldecke war von der Kugel gesprengt worden, Blut und Hirnfetzen auf dem Boden, an den Wänden, an der Decke. Innerlich zitterte er, doch er nahm alle Kraft zusammen und bewahrte seine Haltung. Den toten Köhler würdigte er keines Blickes, ging zu Tristan und gab ihm die Waffe zurück. »Ich nehme an, dass meine Anwesenheit nicht mehr nötig ist«, sagte er kurz und knapp. Tristan betrachtete ihn wortlos, nickte dann Richtung

Ausgang. Er hatte Surmann für immer in der Hand. »Um die Sauerei hier kümmern wir uns«, rief er ihm nach. Thomas Heinrich Surmann ging aus dem Bootshaus hinaus auf den völlig ruhigen Auedamm. Ob jemand den Schuss gehört hatte, interessierte ihn in diesem Augenblick nicht. Er ging ein paar Schritte auf dem Bürgersteig und bog dann auf einen dunklen Weg in die Karlsaue ein. Er blieb ein paar Mal abrupt stehen, um sicherzugehen, dass ihm niemand gefolgt war. Er kletterte über einen Zaun, schnappte sich einen Kahn, machte die Leine los und ruderte auf die Insel Siebenbergen. Das Blumenparadies entfaltete auch nachts seine zauberhafte, duftende Wirkung. Doch Surmann nahm das nur am Rande war. Aufgewühlt setzte er sich unter die Zweige einer Trauerweide ans Wasser und begann hemmungslos zu weinen. Er hatte mal Klavier studiert, schöne Künste, gehörte einer ganz anderen Welt an und war nun zum Mörder geworden in einem Schurkenstaat, der so etwas auch noch tolerierte. Und war erpressbar geworden, war ausgeliefert einem blutrünstigen Fanatiker, der seine, Surmanns große Liebe heiraten wollte und würde. Er musste etwas tun. Am nächsten Tag noch.

30

»Nun haben Sie Ihren Fall, Frau Kommissarin, hätten Sie das gedacht? Sie haben ungezählte Stunden mit einem Mörder verbracht, wollen Sie mich festnehmen?« Anke Dankelmann fehlten nicht die Worte, aber sie wusste nicht, welchen Ton sie anschlagen sollte. »Ich werde Sie natürlich nicht in Handschellen abführen, das lässt Ihr Gesundheitszustand ja gar nicht zu.« »Das würde ich auch nicht zulassen, Sie erinnern sich an das, was ich mal über Zyankali gesagt habe? Außerdem würden Sie dann nie erfahren, wie es weitergegangen ist. Und das viel größere Verbrechen, das noch zu erzählen ist – Sie würden es nie erfahren.« »Ich gehe mal davon aus, dass Sie für heute genug haben, aber ich möchte Sie so bald wie möglich wiedersehen. Ich werde daraus einen Fall machen müssen, so sind die deutschen Beamten nun mal, ich sage Ihnen dann morgen, wie wir verfahren.« Surmann nickte, sein Blick verlor sich irgendwo außerhalb des Raums, er schaute mit feuchten Augen aus dem Fenster. Er lag da, offensichtlich befreit von einer tonnenschweren Last. Ob er all das schon einmal jemand anderem erzählt hatte? Hoffentlich hielt der kleine Funke Leben sich noch bis morgen. »Wissen Sie denn, was mit der Leiche passiert ist?« Surmann nickte. »Das erzähle ich Ihnen später, ein wenig Geduld bitte.« Anke Dankelmann fuhr ins Büro und telefonierte unterwegs schon mit Plassek. Der hörte zu und sagte: »Irgendwie habe ich so was geahnt, irgendwas in der Richtung musste das sein. Oh Mann, diese Generation kann einen wirklich fertig machen. All diese Geheimnisse, all diese unvorstellbare Gewalt.«

Auch Stengel bekam die Geschichte serviert. Aus der Story einen Fall zu machen, war danach Routine. Plassek hatte bereits mit der Staatsanwaltschaft telefoniert, man war einverstanden, dass Anke Dankelmann zunächst das »Verhör« abschließen sollte, dann würde man entscheiden, was geschehen sollte. Anke Dankelmann hatte vorsorglich nach allen Gesprächen ein Protokoll gemacht – das ersetzte zwar kein offizielles Verhör, war aber ein Anhaltspunkt. Und juristisch gesehen: wenn Surmann diese Zusammenfassungen als wahrheitsgemäß anerkannte, dann war man auf der sicheren Seite. Die Staatsanwaltschaft wollte zudem den zuständigen Arzt ausfindig machen und etwas zum Gesundheitszustand Surmanns hören.

An diesem Abend wollte die Kommissarin später nicht allein zuhause sitzen. Sie ging mit Stengel und Plassek, die sich gern einladen ließen, ins Knösel, einer Kneipe am Stockplatz in Wehlheiden, ein paar hundert Meter von ihrem Zuhause entfernt. Sie war erst einmal hier gewesen, vor Jahren. Niemand kannte sie oder ihre Kollegen, niemand würde Fragen stellen, niemand interessierte sich für solche Themen, die sie zu besprechen hatten. Hier saßen ein paar Gestalten, qualmten vor sich hin, tranken Bier und Kurze, quatschten mit der Wirtin oder der Bedienung.

Anke Dankelmann schüttete ein wenig ihr Herz aus, spendierte ein paar Runden, merkte, dass sie allmählich richtige Bettschwere bekam und wollte los. »Eins noch, ihr beiden«, sagte sie zu Stengel und Plassek. »Danke für die Hilfe in dieser Zeit. Ihr seid nicht nur tolle Kollegen, ihr seid tolle Freunde.« Sie drückte die beiden, die verlegen eine Entgegnung murmelten, kurz, aber intensiv und ging langsam durch den Kirchweg nach Hause. Es war kurz vor Mitternacht, sie widerstand der Versuchung, noch ein Glas Wein zu trinken und ging bald ins Bett. Morgen war wichtig. Und besonders morgen Abend.

Thomas Heinrich Surmann rief in dieser Nacht seinen Arzt. Dr. Hanspeter Nöllke wollte ihn sofort ins Krankenhaus schaffen lassen, aber der alte Mann weigerte sich, nach wie vor bei bester geistiger Verfassung. Nöllke wusste, dass Surmann einen Dickkopf hatte, da er aber außer ein paar Atemproblemen, die er medikamentös bekämpfen konnte, nichts weiter hatte, ließ er ihn in seinem Appartement. Surmann würde in wenigen Tagen sterben, da war sich der Doktor sicher. Er hielt ihn schmerzfrei, und solange der Kreislauf nicht zusammenbrach oder die Organe versagten, gab es keinen Grund, ihn ins Hospital zu bringen. Wahrscheinlich würde der Alte schon aus Trotz auf dem Weg dorthin das Zeitliche segnen, dachte sich der Arzt. Surmann war Privatpatient, hatte sich volle Diskretion in allen Dingen auserbeten und zahlte ihn fürstlich. Warum die Kuh schlachten, die man melken kann, dachte er sich. Und außerdem hatte er durchaus ein Gefühl der Bewunderung für diesen knorrigen Typen. Thomas Heinrich Surmann konnte in dieser Nacht nicht mehr richtig einschlafen. Sein Ende war nahe – aber das Ende von Guntram Köhler hatte ihn wieder einmal eingeholt. Gleichzeitig dachte er an Martha und fand diesen geballten innerlichen Schmerz absolut unerträglich. Er wollte nicht mehr, er konnte nicht mehr. Er fasste einen Entschluss.

Anke Dankelmann wachte früh auf und freute sich auf den Abend. Sie würde Willimowski sehen – aber der Weg dahin war noch weit. Das war das nächste, was ihr einfiel. Sie musste relativ bald den alten Mann anrufen und ihn überreden, sich vormittags mit ihr zu treffen. Sie war um kurz nach acht Uhr im Präsidium, der Vorabend hatte keine Nachwirkungen mehr hinterlassen. Wenige Minuten später kam Stengel, ein Buch unter dem Arm. »Schau mal, das habe ich eher zufällig heute morgen im Keller gefunden. Ich habe ein Fotoalbum gesucht, hab in ein paar Kartons gekramt – und in einer Kiste ganz oben lag dieser Bildband.« Es war ein Buch mit Bildern des alten Kassel vor der Zerstörung. Die Autos auf manchen Bildern mussten aus den dreißiger Jahren stammen, gemeinsam blätterten sie die Seiten durch. »Mein Gott, was wäre das für eine schöne Stadt nach dem Krieg geworden«, sagte Stengel. Anke Dankelmann nickte. Sie studierte die Bildunterschriften und versuchte sich zu erinnern, ob irgendwelche Schauplätze der Surmannschen Erzählungen auftauchten. Sie sah den Friedrichsplatz und dachte an Görings Rede. Die kleinen Gassen der Altstadt mit den krummen und schiefen Häusern, die man heute, nach einer Renovierung, vermutlich als Juwel bezeichnen würde. Sie sah nur ärmliche Leute vor ärmlichen Häusern. Und sah trotzdem ihren Gesprächspartner durch die Straßen schlendern. Dann ein Bild vom Haus Altmarkt 1: ein paar Kommunisten-Fahnen hingen aus den Fenstern, so, wie die Männer auf dem Bild aussahen, war das Bild garantiert vor 1933 entstanden. Auch dieses Haus tauchte in Surmanns Erzählungen auf. Sie sah auf die Uhr, es war spät genug, den alten Mann anzurufen. Er meldete sich mit fester Stimme, erzählte ihr vom Arztbesuch und willigte sofort ein, schon vormittags weiterzumachen. »So, wie es aussieht, sollten wir uns beeilen. Sonst müssen Sie die letzten Kapitel mit einem Toten besprechen.« Surmann willigte auch ein, die Protokolle gegenzulesen und dann zu unterschreiben. Sie setzte sich ins Auto und fuhr bewusst einen anderen Weg. Normalerweise dachte man immer, die Altstadt Kassels sei früher auf das Areal zwischen den großen Verkehrs-Magistralen Steinweg, Fünffensterstraße, Stände- und Scheidemannplatz und Kurt-Schumacher-Straße beschränkt gewesen. Aber sie wusste es jetzt besser. Diese Schneisen hatte es früher nicht gegeben. Die Altstadt war nahtlos in die Areale jenseits dieses heutigen Vierecks übergegangen. Sie durchquerte die Fünffensterstraße, bog an der Trompete ab und fuhr im Geist durch die alten holprigen Gassen. Auf der Tischbeinstraße, als sie Richtung Augustinum den Berg hinauffuhr, kam sie wieder an in der Wirklichkeit. Welches Geheimnis musste heute gelüftet werden? Als das Telefon klingelte, schrak sie dennoch auf. Es war Stengel. »Anke, wir haben mal nachgeforscht in Sachen Guntram Köhler. Da gibt es in den alten Unterlagen der Stadt praktisch nichts, einen Eintrag über seine Geburt und dann hat man ihn praktisch nicht mehr beachtet. Nach dieser Eintragung lebt der noch, im Einwohnerverzeichnis steht als Wohnort noch die Böttnerstraße. Komisch, oder?« »Ja und nein. Vielleicht wollten die den einfach – wie soll ich sagen – zur Karteileiche machen?« »Naja, aber der musste doch als vermisst gemeldet worden sein. Er hat eigentlich zwei Brüder, beide tot. Aber deren Kinder leben noch, eines in Kassel. Ich mache mich mal auf und recherchiere und schaue auch mal bei der Wohnungsbaugesellschaft vorbei, der das Haus gehört. Immerhin seit über 80 Jahren. Die werden doch wohl noch Akten haben.« »Super, Bernd, du bist ein Engel. Ruf mich an, ja?« Sie war mittlerweile am Augustinum angekommen, grüne Welle in Kassel – das gab es praktisch nie. Diesmal hatte sie Glück gehabt.

Surmann lag wieder im Bett, eine Infusionsflasche träufelte unablässig irgendwelche Substanzen in seinen Körper. »Na, haben Sie sich vom gestrigen Schock erholt?« Er schaute sie aus Augen an, die nicht mehr so durchdringend wirkten, auch die Stimme war ein wenig schwächer als sonst. »Habe ich. Wir haben, wie Sie sich denken können, natürlich jetzt die Polizei-Maschinerie in Gang gesetzt. Hier sind im Übrigen meine Gedächtnisprotokolle. Lesen Sie sie einfach durch, und ich komme morgen vorbei und hole sie mir unterschrieben zurück. Okay?« »So ein Quatsch, Sie werden mir schon keinen Unsinn zur Unterschrift vorlegen. Her damit! Ich werde die Folgen eh nicht tragen können, und was die Nachwelt erzählt, das ist mir so was von egal.« Er griff die Plastikordner

– für jedes Gespräch hatte sie einen angelegt – und unterschrieb mit einem Kuli, den er sich offensichtlich schon zurechtgelegt hatte. Er rief Robin Englisch, der ebenfalls als Zeuge unterschrieb. Sicher ist sicher, dachte sie sich, der kann zumindest bezeugen, dass die Unterschrift echt und nicht unter Druck entstanden ist.

»Nun spannen Sie mich bitte nicht auf die Folter. Was passierte weiter?« »Eigentlich hatten Martha und ich alles besprochen. Und so haben wir es dann auch gemacht.«

31

Am nächsten Morgen ging er früh zur Bank und hob eine unverdächtig wirkende Summe Bargeld ab. Parallel dazu überwies er eine andere Summe auf ein Konto einer anderen Bank – dort hatte sein Onkel seinen Geschäftsverkehr abgewickelt. Er tankte den Wagen voll, schaute noch einmal bei Fritz Heuser vorbei und unterzeichnete einige Dokumente. Dann ging er in Uniform zum Dienst und erkundete die Lage. Alles war wie immer, keine besonderen Vorkommnisse. Er war angespannt wie selten zuvor, und seine Bluttat, sein Mord belastete ihn unsäglich. Immer wieder sah er den letzten Blick seines Freundes und hörte den Knall der Pistole. Kurz vor der Mittagszeit ging er aus dem Marstall, lief zur Straßenbahn und fuhr nach Hause. Es war 12.40 Uhr, als er endlich daheim ankam. Henriette hatte einen dicken Koffer gepackt, er schaute nicht nach, auf sie konnte er sich verlassen. Er drückte sie zum Abschied, bedankte sich und fuhr los. Henriette sah ihm nach, hatte Tränen in den Augen. Er hatte ihr nicht gesagt, wohin er fuhr – zu viel Wissen konnte für sie nur gefährlich sein. Surmann schaute sich nicht um. Er steuerte den Wagen zur Goetheanlage. Henriette würde in einer Stunde im Büro anrufen und ihn entschuldigen – ein plötzlicher Infekt, Herr Surmann sei zum Arzt gefahren und würde möglicherweise erst am nächsten Morgen wieder auftauchen. An der Goetheanlage musste er nicht lange warten. Schritte näherten sich, die hintere Tür flog auf, eine dicke Schultasche wurde auf den Sitz abgestellt. Dann stieg Martha auf den Beifahrersitz, ihre Augen blitzten unternehmungslustig – hatte sie denn gar keine Angst? Sie hatten nun ein paar Stunden Zeit, zuhause hatte sie erzählt, einen Badeausflug mit ihren Freundinnen zu machen. Sie fielen sich in die Arme, Surmann vergoss ein paar Tränen auf der Schulter seiner Geliebten. »Ist was?« fragte sie besorgt. Er schüttelte den Kopf und riss sich zusammen.

32

»Wo sind Sie hingefahren?« Surmann trank einen Schluck Wasser. »Ich habe mir gedacht: Wenn man mich sucht, dann im Süden. Also sind wir im Badischen über die Grenze nach Frankreich. Martha hatte ja den Ausweis, in dem war sie 22 Jahre alt. Kübler hatte alles in der Schweiz besorgt, wir hatten sogar eine gefälschte Geburtsurkunde, damit wir später heiraten konnten. Wir sind am nächsten Tag über die französisch-schweizer Grenze und sind dann im Endeffekt in Schaffhausen hängen geblieben. Mit neuem Namen natürlich. Martha ist nie wieder in Deutschland gewesen, ihre Mutter war zwar eingeweiht, aber auch die beiden haben sich nie wiedergesehen. Ich habe dann diese Firma übernommen und Jahrzehnte lang mit Waffenhandel jede Menge Geld verdient. Wir haben noch im selben Monat geheiratet. Und glauben Sie mir: Wir waren das glücklichste Paar, das dieser Kontinent je gesehen hat. Füreinander gemacht. Unser Glück war vollkommen, als Martha nach zwei Fehlgeburten unseren Sohn Adrian auf die Welt gebracht hat. Es war so perfekt. Bis zu diesem Tag, an dem das Schicksal sich an mir gerächt hat.« Er schaute aus dem Fenster. »Aus irgendwelchen Gründen griffen die Alliierten Schaffhausen mit Bomben an. Wir konnten es nicht glauben: Die Schweiz war doch neutral! Natürlich war niemand in irgendwelchen Bunkern. Die hatten wir ja auch nicht wirklich, wer rechnete denn mit so was … Ich arbeitete im Büro, unser Haus war zehn Gehminuten entfernt. Ich weiß das noch ganz genau. Mein Buchhalter und ich, wir saßen da, es war bis dahin ein prima Geschäftsjahr gewesen, wir gönnten uns einen Sherry, da hörte man die Flugzeuge. Ich bin bei den ersten Einschlägen raus, die Fabrik hätte ja explodieren können. Rund um uns herum knallte es ohrenbetäubend, dann sah ich mehrere Rauchwolken in der Gegend, in der unser Haus lag. Ich bin hingerannt, so schnell, dass meine Lungen zu explodieren drohten. Besonders sportlich war ich ja nie. Als ich ankam, brannte das Haus, der Dachstuhl war eingestürzt, der erste Stock nicht mehr vorhanden. Ich wollte in das Gebäude, aber die Feuerwehr hielt mich zurück. Einen Tag später hat man die beiden Leichen geborgen. Sie waren verbrannt, aber identifizierbar. Martha hatte Adrian im Arm, als man sie fand. Sie hatte alles versucht, ihn zu schützen. Ich habe die beiden Körper gesehen, ich hatte ja nicht mehr damit gerechnet, dass man sie lebend aus den Trümmern ziehen würde. Ich war noch nicht einmal in der Lage zu weinen. Die ganzen Jahre nicht, der Schmerz war so groß, dass für Tränen kein Platz war. Ist das nicht erstaunlich?« Surmann schaute sie an und lächelte tatsächlich. »Und so endete dieses Kapitel meines Lebens. Alles, was danach kam, war einfach überflüssig, zu viel. Ich will es jetzt auch beenden. Sie werden mich nicht daran hindern, nicht wahr, Frau Kommissarin?« Er schaute sie an und wartete die Antwort nicht ab, wahrscheinlich war sie ihm auch gleichgültig. »Und wenn Sie es genau analysieren: Tristan hat unser Leben zerstört. So jedenfalls erkläre ich es mir. Alles wäre anders gekommen, wenn er und seine brutale Staatsmacht, die mich anfangs ja auch so fasziniert hat, nicht gewesen wäre. Dieses Regime hat Millionen Menschen auf dem Gewissen, und Tristan hat daran mitgewirkt. Er war kein Mitläufer, er war ein Täter. Und zwar nicht nur wegen Martha und Adrian.« Surmann schwieg und schaute wieder aus dem Fenster. Anke Dankelmann saß auf ihrem Stuhl und hätte heulen können. Es war spürbar, hörbar, dass dieser alte Mann damals tatsächlich alles verloren hatte, was ihm jemals irgend etwas bedeutet hatte. Seine Frau, mit der er auf abenteuerliche Weise geflohen war, seinen Sohn, seinen Lebensinhalt, seinen Glauben an irgendwas. Und irgend jemand hatte ihm verboten zu sterben. Er hatte jahrzehntelang weitergelebt – was war das Motiv zum Durchhalten gewesen? Tristan zu finden?

Sie hatten einige Zeit geschwiegen. Surmann beendete das Schweigen. »Wissen Sie Frau Kommissarin, ich habe in all den Jahren nach Tristan gesucht. Ich wollte mich rächen. Aber was wäre das gewesen? Ich hätte ihn umbringen lassen können, irgendeinen osteuropäischen Killer zu bezahlen – bei meinen Vermögensverhältnissen kein Problem: Ich hatte ja zudem die Kontakte. Wissen Sie, in der Waffenindustrie kennt man nicht nur seriöse Geschäftsleute. Tristan aber hat irgendwann eine Familie gegründet, war nach dem Krieg verheiratet, hatte Kinder und die haben wiederum auch welche. Ich will diese Familie zerstören, wie Tristan meine zerstört hat. Und alles ist vorbereitet.« Anke Dankelmann runzelte die Stirn. »Was ist denn aus Marthas Familie geworden?« »Gute Frage.« Surmann dachte kurz nach, seine Konzentration schien nachzulassen. »Als wir geflohen waren, hat man kurz nach uns gefahndet. Ich war halt weg, es gab keinen Anlass, an ein Verbrechen zu glauben. Das war die offizielle Geschichte. Aber Tristan hat natürlich nicht lockergelassen. Er wollte Martha zurück. Aber wir waren nicht auffindbar, neue Namen, neue Pässe, neue Lebensläufe und Macht in Form von Geld und dann diese Fabrik, auf die die Deutschen ja im Krieg auch angewiesen waren. Irgendwann verebbte die Sache. Marthas Eltern sind beim Bombenangriff am 22. Oktober 1943 ums Leben gekommen. Sie waren an dem Abend im Kino, sind dann raus in einen Bunker, witzigerweise, entschuldigen Sie den Ausdruck, waren sie in einem Keller der Gaststätte Zur Pinne, ich habe ja davon erzählt. Die hatten Keller bis tief unter die Erde, da waren dann ein paar hundert Leute. Einige sind entkommen, Marthas Eltern sind erstickt. Ich habe es relativ früh erfahren, Martha habe ich es nie gesagt. Das war ja ihr größtes Leid: Ihre Eltern nicht mehr zu sehen oder zu sprechen. Sie muss mich unendlich geliebt haben, dass sie dies alles auf sich genommen hat.« Als sie den alten Mann anschaute, sah sie eine Träne die Wange herunterrinnen. Er konnte doch weinen, vielleicht war das auch eine Erlösung für ihn. Eine Träne nach Jahrzehnten des inneren Gefühlsterrors. »Und Köhler? Hat nach dem niemals jemand gefahndet?« Surmann atmete tief durch. »Wie soll ich das erklären? Man hat einen Unfall inszeniert, er ist bei der Reinigung seiner Dienstwaffe ums Leben gekommen. Großes Begräbnis mit allem drum und dran. Kein Mensch hat Verdacht geschöpft, sie haben ihm in seiner Wohnung noch mal durch den Kopf geschossen – stellen Sie sich das mal vor! Man schleppt eine Leiche mit halb zertrümmertem Schädel durch die Stadt und dann so was. Tristan war eine Bestie, nein, er ist es sicher immer noch.« »Lebt er denn noch?« »Sehen Sie, Frau Kommissarin, Sie haben die Akte nicht gefunden. So ein Pech, was?« »Herr Surmann, Sie können mich nicht mehr auf den Arm nehmen oder wie immer man das nennen will. Sie haben all das hier brillant inszeniert, keine Frage. Sie wissen, dass wir Sie in Ihrem Gesundheitszustand sicher nicht mehr vor Gericht bringen können. Aber so, wie Sie das inszeniert haben, muss da doch noch irgendein Höhepunkt kommen: Die Schlussszene, in der sich alles wendet, auflöst, in der der Schurke wegen des Happy Ends hingerichtet werden muss.« »Happy End? Frau Kommissarin, wir reden hier von meiner getöteten Familie, von meinen Hoffnungen, Träumen, meiner Liebe. Von Millionen Toten im Krieg? Da verbietet sich dieses Wort. In einem Punkt haben Sie dennoch Recht. Der Schlussakkord kommt noch. Er ist in Dur und nicht in Moll. Vielstimmig – zumindest was das internationale Echo betrifft.« »Wieso?« Anke Dankelmann war hellhörig geworden. »Wissen Sie, Tristan – oder Herr von Haldorf – war nicht immer nur bei der Gestapo. Er ging später zur Waffen-SS. War im Russland-Feldzug vom ersten Tag an dabei. Er hat jede Menge Einsätze befehligt, in denen hinter der Frontlinie die Säuberungskommandos eine Blutspur nach der anderen hinterlassen haben. Erschießungskommandos, die in den Wäldern zwischen der polnischen Grenze und Moskau tausende und tausende von Juden, Russen, Männer, Frauen Kinder einfach niedergemetzelt haben. Das

Ganze ist dokumentiert, man wird ihm den Garaus machen können. Es gibt eine Aussage eines Zeugen, der sagt, dass die Waffen-SS in einem kleinen Dorf etwa hundert Kilometer westlich von Moskau die gesamte Dorfbevölkerung in einer Kirche inhaftiert hatten, weil sie nicht sagen wollten, wer von ihnen Jude war und wer nicht. Sie haben die Türen abgesperrt, und rundherum Feuer gelegt – und wissen Sie, wer das Feuer angezündet hat? Da gibt es sogar ein Bild, das das belegt. Und wer aus den Fenstern fliehen wollte, der wurde erschossen. 197 Menschen kamen ums Leben, Tristan – oder Herr von Haldorf – hat sie umgebracht.« »Woher wissen Sie das alles?« »Nun, die Akte Tristan, die es mal im Staatsarchiv gegeben hat, die existiert natürlich noch. Ich habe sie mir besorgt vor vielen Jahren, gegen gutes Geld natürlich. Jeder ist irgendwie käuflich, glauben Sie mir. Selbst wenn Sie meinen – und ich eigentlich auch –, dass Sie eine Ausnahme sind.« Anke Dankelmann platzte vor Spannung. »Wo ist die Akte?« Surmann setzte sich im Bett ein wenig auf. »Robin? Es ist soweit.« Robin Englisch kam ins Zimmer und hatte einen Aktenordner in der Hand. Haldorf/Saalfeld stand drauf. Irgend jemand, wahrscheinlich Surmann, hatte mit einem dicken Filzstift die Namen durchgestrichen und »TRISTAN« in Großbuchstaben draufgeschrieben. Robin Englisch drückte ihr die Akte in die Hand. »Wieso heißt der eigentlich Tristan? So richtig verstanden habe ich das nicht.« »Tristan war sein Deckname, als er bei der Gestapo Hinrichtungsaufträge bekommen hat. Ich dachte, das hätte ich erwähnt. Bei der Waffen-SS liefen ebenfalls manche Aufträge unter dem Codenamen Tristan. Aber die Behörden haben natürlich immer nur die Familiennamen benutzt.« »Und sagen Sie: Lebt der denn noch?« Surmann lachte auf. »Natürlich lebt er noch. Als wir das erste Mal telefonierten, da sagte ich Ihnen, dass etwas vorgefallen sei, das all diese Dinge in meinem Gedächtnis neu belebt habe. Sehen Sie, das war der Tag, als Robin mich hier über den Flur fuhr und ich sah, wie ein neuer Bewohner ins Augustinum zog. Er ist alt geworden, aber ich habe ihn sofort erkannt. Tristan! Herr Saalfeld – den Namen hat er weiter benutzt – ist für Sie sogar zu sprechen, denke ich.« Anke Dankelmann war elektrisiert. Warum musste man dem alten Mann alle Details aus der Nase ziehen? »Und wo lebt er? Tatsächlich hier in dieser Seniorenresidenz?« »Mittendrin, Frau Dankelmann. Hier im Augustinum. Hier in dieser Etage. Am Ende dieses Flurs. Klingeln Sie einfach. Er ist fit. Er wird aufmachen. Und seit er weiß, dass ich hier lebe, wird er damit rechnen, dass jemand klingelt. Mich wundert, dass er nicht mehr die Kraft hat, mich umzulegen. Aber vielleicht will er jetzt auch, dass alles rauskommt. Ich weiß es nicht. Es interessiert mich auch nicht. Sie sollten übrigens schnell handeln, Robin hat die Anweisung, die Kopien der Akte nach meinem Tod an deutsche Nachrichtenmagazine zu verschicken. Das wird eine nette Sache. Klingeln Sie einfach an der Tür, wo Saalfeld drauf steht.« Anke Dankelmann hatte ein wenig in der Akte mit den völlig vergilbten Papieren geblättert. In ihrem Kopf schwirrten die Gedanken. Sie hatte Surmanns Erzählungen natürlich immer mit Bildern verknüpft und hatte auch ein Bild von Tristan vor Augen – doch dieses Bild, das sie jetzt sah, war einfach anders. Ein Mann in SS-Uniform, der mit stechendem Blick in die Kamera schaute. Eine Mischung aus Stolz, Überheblichkeit und grenzenloser Brutalität sprach aus diesem Blick. Diesem Kerl traute man alles zu. Weiter hinten das Bild, von dem Surmann erzählt hatte. Tristan warf ein brennendes Stoffbündel in Richtung einer Kirche – gleich darauf würden 197 Menschen sterben. Papiere, die belegten, dass er Erschießungskommandos geleitet hatte – und die Opfer waren alphabetisch geordnet aufgelistet. Genug für den Staatsanwalt, den Fall aufzurollen. Genug für einige Tage Arbeit. Sie schaute Surmann an, der sie interessiert beobachtet hatte. Nun breitete er die Arme aus. »Es ist angerichtet, Madame, Sie müssen nur noch zugreifen. Und jetzt entschuldigen Sie mich bitte. Ich bin einfach müde. Und eigentlich ist auch alles gesagt.« Anke Dankelmann nickte, natürlich war nicht alles gesagt, sie hatte Fragen über Fragen und war sicher, dass sie auf die meisten wahrscheinlich keine Antwort bekommen würde. Wie konnte eine so brisante Akte aus einem staatlichen Archiv so mir nichts, dir nichts verschwinden? Wie hatte Surmann über all die Jahre Saalfeld beobachtet, kontrolliert? Er würde diese Fragen nicht beantworten, da konnte man sicher sein.

Sie stand auf, Robin Englisch stand an der Tür, sie ging zum Bett und reichte dem alten Mann die Hand. Der schaute sie aus müden Augen an, lächelte – und sagte nichts mehr. Wie war das? Alles ist gesagt. Sie nickte Robin Englisch zu und trat hinaus auf den Flur, der wie immer diesen eigentümlichen Geruch aufwies. Eine Mischung aus Reinigungsmitteln, Alter-Mensch-Geruch und irgendwas anderes, sie wollte es nicht wissen und auch nicht raten. Anke Dankelmann ging langsam den Flur entlang und blieb vor der Tür mit dem Namensschild »Saalfeld« stehen. Sie widerstand der Versuchung, gleich zu klingeln, sie wollte erst einmal die Akten studieren und dann dem Mann gegenübertreten. Außerdem hatte sie heute noch etwas vor.

Als sie zwei Stunden später das Präsidium verließ, da herrschte helle Aufregung. Plassek wollte die Akte Tristan noch am selben Abend studieren, auch Bernd Stengel interessierte sich dafür. Damit hatte sie gerechnet, Stengel war immer jemand gewesen, den historische Dinge faszinierten. Sie selbst hatte noch ein letztes Protokoll geschrieben in der Hoffnung, dass Surmann es noch würde unterschreiben können. Sicher war sie sich nicht. Sie fuhr nach Hause, duschte, zog frische Sachen an und fuhr los Richtung Paderborn. Knapp 50 Minuten später näherte sie sich langsam der Klinik und merkte, wie sie langsam nervös wurde. Wie würden sie sich gegenübertreten? Gehemmt? Gefasst? Verliebt? Was sollte man tun – und wie sollte man es anstellen? Sie stellte ihren roten Golf auf dem Besucherparkplatz ab und holte das Handy aus ihrer mal wieder überdimensionierten Handtasche, um ihn anzurufen und mitzuteilen, dass sie jetzt da sei. Es war nicht nötig. Neben einem schmiedeeisernen Gartentor, unter den langen Zweigen einer Trauerweide, sah sie ihn. Er schob sich von dem Tor ab und ging langsam auf sie zu. Er hatte sich nicht verändert, hatte weder zu- noch abgenommen, die Haare konnten mal wieder einen Besuch beim Friseur vertragen – mehr fiel ihr nicht auf. Erst, als er näher kam. Er strahlte übers ganze Gesicht und von der Unsicherheit, die er ausgeströmt hatte und die sie noch vor Wochen so unendlich verunsichert und verletzt hatte, schien nichts mehr vorhanden zu sein. Sie wusste, dass dies möglicherweise eine unwirkliche Fassade sein könnte – aber das war ihr im Augenblick egal. Sie fielen sich in die Arme, ungehemmt und widerstandslos, als wollten sie ineinander kriechen. Nach endlosen Minuten, in denen sie Tränen in den Augen verspürte und sich nicht traute, ihnen ihren Lauf zu lassen, flüsterte sie: »Geht es dir besser?« Er nickte, schluckte ein paar Mal, so als ob er ebenfalls einen dicken Kloß im Hals habe, sagte dann: »Ja. Ich bin auf einem guten Weg. Und dass du heute gekommen bist, das ist der größte Brückenschlag zurück ins alte Leben. Mit dir.« Sie gingen Hand in Hand unter dem grauen ostwestfälischen Himmel entlang, irgendwann fing er an zu erzählen. Irgendwann berichtete sie ihm, irgendwann wurde es Nacht, und er musste zurück. Es fing an zu regnen, sie setzten sich noch ins Auto, hätten stundenlang weiter reden können. Kuschelten im Dunkeln miteinander und fanden dann, dass sie zu alt waren für Sex im Golf. Anke Dankelmann fuhr nach Hause und dachte erst bei der Abfahrt Zierenberg wieder an Surmann und Saalfeld. Es war nach Mitternacht, als sie endlich ins Bett ging. Sie war froh, dass die Krankenakte »Willimowski« möglicherweise doch keine so dicke werden würde.

Am nächsten Morgen diskutierten sie um 9 Uhr in einer extra angesetzten Lagebesprechung das Vorgehen in Sachen Saalfeld. »Der Mann ist ein Massenmörder, Anke. Da ist dir ein ganz dicker Fisch ins Netz gegangen. Wenn der noch fit ist, dann nehmen wir ihn heute zumindest fest und sehen dann, was Ärzte und Gutachter veranstalten. Aber diese Taten müssen öffentlich werden, ich habe Euch allen Teile aus der Akte kopiert. Das sind eindeutige Beweise, Belege für seine Straftaten. Männer, Frauen, Kinder – der hat alles gemeuchelt und umbringen lassen, was er zu fassen bekam.

Es ist unglaublich. Viele beeidete Zeugenaussagen, das ist gerichtsverwertbar, keine Frage. Kommt, lasst uns ihn holen.« Plassek wirkte zornig, erschüttert – diese Akte hatte es in sich. Sie brachen zu dritt auf, Stengel, Plassek und Anke Dankelmann. Am Augustinum stellten sie das Auto aufs Parkdeck und schauten hinunter ins Tal, wo sich die Stadt, von deren Geschichte sie in den vergangenen Wochen so viel gehört hatte, ausbreitete. Trotz diesigen Wetters ein herrlicher Anblick. Schweigend fuhren sie mit dem Fahrstuhl nach oben, die beiden Polizeifahrzeuge auf dem Parkplatz sorgten für Unruhe im Haus. Sie hatten extra offizielle Autos gewählt, keine Zivilfahrzeuge. Plassek hatte das vorgeschlagen, er war gewillt, die Sache von Anfang an so öffentlich wie möglich zu machen, gleich, was andere Vorgesetzte möglicherweise davon hielten. Wenn die Öffentlichkeit jetzt früh genug davon erfuhr, dann war nichts mehr zu vertuschen. Sie stellten sich zu dritt vor der Türe auf und klingelten. Ein paar Augenblicke verstrichen, dann öffnete ein großer, alter Mann die Tür. Er fixierte sie mit starrem Blick, und Anke Dankelmann zuckte zusammen. Es war der Mann, der ihr im Fahrstuhl mit seinem eisigen Blick diese unbegreifliche Angst eingejagt hatte. Sie hatte plötzlich eine Ahnung, wie diese Augen vor über 60 Jahren gewirkt hatten. »Sie wünschen?« Die Stimme war fest und klar, die hagere Gestalt des Mannes keineswegs gebeugt, er war in guter Verfassung, trotz seines Alters. Plötzlich schien ihm irgend etwas zu dämmern. »Sie sehen offiziell aus, wollen Sie mir vielleicht sagen, worum es geht, oder soll ich die Heimleitung bemühen?« »Nicht nötig, die ist informiert«, sagte Plassek und stellte die drei Beamten vor. »Sind Sie Karl von Haldorf, alias Tristan, alias Claudio Saalfeld?« der Mann schaute Plassek einen Moment versteinert an. »Der bin ich. Und?« »Wir nehmen Sie fest wegen des Verdachts des hundertfachen Mordes, begangen in den Jahren 1933 bis 1945. Bitte kommen Sie mit, mit der Heimleitung ist vereinbart, dass Ihnen ein Koffer mit den nötigsten Sachen gepackt wird. Die Angelegenheit duldet keinen Aufschub.« »Wie haben Sie mich gefunden?« schnarrte die

Stimme sie an. »Ich dachte, meine Akte wäre verschwunden?«
»Das ist eine längere Geschichte«, sagte Anke Dankelmann.
»Nein, ist es nicht.« Hinter ihr, von Haldorf nicht zu sehen, hatten sich Robin Englisch und Surmann in einem Rollstuhl genähert. Haldorf schaute um den Türrahmen und versuchte, den alten Mann zu identifizieren. »Du hast mein Leben zerstört, Tristan, und jetzt zerstöre ich deines, solange es noch geht. Erkennst du mich?« Tristan schien keinen blassen Schimmer zu haben, Surmanns Verdacht, er wisse, wer da sein Mitbewohner sei, war unbegründet gewesen. »Ich bin Thomas Surmann, der Mann, der deine Martha entführt und geheiratet hat. Ich hoffe, du schmorst in der Hölle.« Englisch wendete auf ein Zeichen Surmanns hin den Rollstuhl und fuhr ihn zurück ins Appartement in der gleichen Etage. Haldorf stand da, schaute Surmann mit nicht interpretierbarem Blick hinterher. Plassek nahm ihn am Arm – und wenn er vorher noch so etwas wie Widerstand ausgestrahlt hatte, Surmanns Auftritt hatte ihn offensichtlich erledigt. Schweigend fuhren sie ins Präsidium. Für 15 Uhr hatte Plassek eine Pressekonferenz anberaumt, bis dahin mussten die ersten Verhöre durch sein.

Am nächsten Morgen klingelte das Telefon an Anke Dankelmanns Bett bereits um 6.30 Uhr. Sie bekam einen Schrecken – war etwas mit den Eltern in Borken? Aber es war Robin Englisch. »Herr Surmann bat mich, Ihnen sofort zu sagen, wenn etwas mit ihm passieren würde. Er ist heue Nacht gestorben, allem Anschein nach hat er sich umgebracht. Der Heimarzt meint, es könne eine Zyankalikapsel gewesen sein. Ich denke mal, er hätte auch so nicht mehr lange gelebt.« Anke Dankelmann bedankte sich und legte auf. Sie hatte von der Existenz dieser Kapsel gewusst, hatte das aber unbewusst verschwiegen, lediglich Bernd Stengel wusste noch davon. Vielleicht wollte sie insgeheim dem alten Mann, den sie irgendwann ins Herz geschlossen hatte, den Ausweg lassen. Sie war ein wenig traurig, stellte ihn sich vor, wie er zunächst im Sessel gesessen und Sherry getrunken, später nur noch im Bett gelegen hatte.

Ein langes Leben, ein langes Leiden, eine ungewöhnliche Geschichte ging zu Ende. Ihr Beruf, fand sie, hatte immer irgendwie mit Leid zu tun. Vielleicht, dachte sie, bin ich deshalb so eine Frohnatur. Die Mischung musste stimmen. So musste es sein, dachte sie, und ging unter die Dusche.

Tatort Kassel in den dreißiger Jahren

Bilder und Dokumente

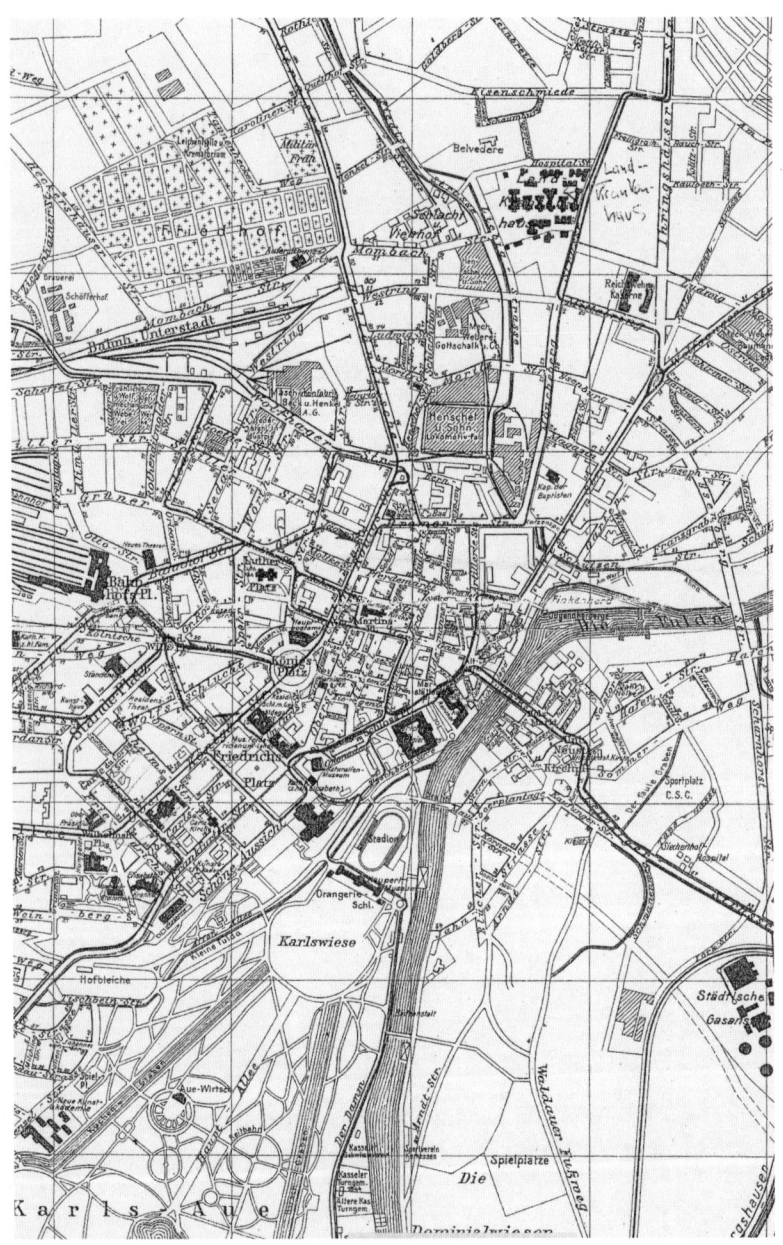

Karte der Kasseler Altstadt, 1930.

Ein Blick aus Wilhelmshöhe Richtung Schloss und Herkules, der bebaute Bereich am Rande des Bergparks ist die Villensiedlung Mulang.

Ein Blick auf den Marställer Platz, rechts das Marstall-Gebäude, in dem die Zentrale der SA untergebracht war. Das Gebäude ist in Teilen erhalten und wird freitags und samstags als Markthalle genutzt.

Ein Blick in die Wildemannsgasse oberhalb des Altmarkts. Das reich stuck-
verzierte Gebäude links beherbergt die Gaststätte *Pinne*. Das Haus verfügte
über mehrere Kellergeschosse, die in den Bombennächten als Bunker
genutzt wurden. In der verheerenden Bombennacht des 22. Oktober 1943
fanden hier mehrere hundert Menschen den Tod.

Der Friedrichsplatz mit Blick auf das alte preußische Staatstheater, links in der Mitte dass Museum Fridericianum, das den Krieg überstanden hat und Herz einer jeden documenta ist.

Der Holzmarkt in Kassel am Beginn der Unterneustadt, die über die Fuldabrücke von der Altstadt aus erreicht wurde.

Der von den Nationalsozialisten eingesetzte Oberbürgermeister Lahmeyer bei seiner Rede zur Eröffnung der Goetheanlage im Mai 1933.

Ein Blick in die Obere Königsstraße Richtung Friedrichsplatz und Königsplatz. Das mittlere Gebäude auf der linken Seite (rechts neben dem Haus mit den geöffneten Fensterläden) beherbergte das berühmte Residenzcafe (*Resi*).

Ein Blick auf den Königsplatz mit all seinen Marktständen, Symbol für das prickelnde Leben im Herzen des alten Kassel.

Eine Szene aus der Kasseler Innenstadt, Ecke Friedrichsplatz/ Obere Königsstraße

Ein Blick auf die Altstadt in Richtung Westen: Der große Bau in der Mitte ist das Rathaus, an der unteren Bildkante rechts der Friedrichsplatz.

Dieses Luftbild zeigt die unglaublich enge Bebauung in der Altstadt mit Hinterhöfen und kleinen und kleinsten Gassen. Links der helle Punkt ist der Freiheiter Durchbruch, der zum Altmarkt führte und die erste große Sanierungsmaßnahme in der Altstadt war.

Links die Fulda in Richtung Süden aufgenommen, die Fuldabrücke, das große Gebäude ist das alte Residenzschloss.

Ein Blick in die Altstadt, von Norden aus aufgenommen. Vorn die Lutherkirche, in der Mitte die Martinskirche.

Ein Luftbild, das zeigt, dass es die durch breite Magistralen eng abgegrenzte Innenstadt, wie sie Einheimische und Besucher heute kennen, in den dreißiger Jahren nicht gab. Die Aufnahme zeigt in der Mitte die von rechts kommende Obere Königsstraße, nach der Kurve beginnt die Wilhelmshöher Allee, die bis in den Bergpark mündet. Der Platz vorn links ist der Wilhelmshöher-Platz, später Adolf-Hitler-Platz und heute Brüder-Grimm-Platz: Dort war die Parteizentrale der NSDAP. Das Bild macht gut deutlich, wie sich die alte Bebauung Kassels aus der Altstadt in Richtung Westen fortsetzte. Erhalten sind heute im Wesentlichen nur eine Reihe von Bauten im Vorderen Westen.

Ein Blick aufs alte Kassel Richtung Norden. Neben dem Schloss (rechts) geht die Fuldabrücke Richtung Unterneustadt, der linke, obere Bildbereich zeigt die weitläufigen Anlagen der Firma Henschel – eines der Hauptangriffsziele der alliierten Bomber.

Unserem Ehrenbürger Adolf Hitler

Der Ehrenbürgerbrief der Stadt Kassel

phot.: Georg v. Eck.

Der Ehrenbürgerbrief der Stadt Kassel für den Reichs- und Volkskanzler Adolf Hitler ist in hervorragender künstlerischer Ausführung fertiggestellt worden. Für den Gesamtentwurf und die Ausführung zeichnete verantwortlich das bekannte Atelier „Die Bier". Beteiligt an der Ausführung waren bei den Buchbinderarbeiten Reccius jun.,

bei den Gravuren Graveur Schulze, bei den Pergamenten Volamalier Oberlinger. Der Ehrenbürgerbrief liegt in einer Saffian-Ledermappe mit einer sehr markanten Deckelprägung, die das Hakenkreuz darstellt, auf welchem das Kasseler Stadtwappen liegt.

Der Ehrenbürgerbrief ist für einige Tage in der Freihschmidhildhen Buch- und Musikalienhandlung, Obere Königstraße 8, ausgestellt. Zweifellos werden zahlreiche Kasseler Bürger sich gern diesen Ehrenbürgerbrief, der eine Glanzleistung alter Kasseler Handwerkskunst darstellt, einmal ansehen, bevor er dem Reichskanzler Adolf Hitler überreicht wird.

Angeist auf dem Scheiterhaufen

Der Nationalsozialistische Deutsche Studentenbund
verbrennt einige Tausend Bände Schundliteratur auf dem Friedrichsplatz

Letztes Ziel der nationalen Revolution, die wir in diesen Wochen und Monaten erleben, ist die Formung des deutschen Menschen in jeglicher Beziehung. Deshalb spielen in der ungeheuren für uns liegenden Aufbauarbeit die kulturellen Ziele wohl die Hauptrolle. Wir haben eine Zeit hinter uns, in der ein erstrebender Geist, der sich das Mäntelchen der Kunst umhing, die Seele des deutschen Volkes zielbewußt und ungestört vergiften konnte. Ein Neumarque durfte magistralt die Ehre des deutschen Soldaten besudeln und mit dem Erzeugnis seines undeutschen Geistes obendrein noch nichtswürdige Geschäfte machen. Zum Zeichen, daß diese Zeit ein für allemal vorbei ist, daß das deutsche Volk und vor allen Dingen die deutsche Jugend sich voller Abscheu von den „literarischen" Machwerken von Juden und Judengenossen abwendet, werden jetzt überall in Deutschland die

von einer nach Zehntausenden zählenden Volksmenge erwartet wurden. Schnell war in der Nähe des Denkmals ein Viereck gebildet, in dessen Mitte das Inhalt eines großen Zahl von mit tausenden von Bänden gefüllten Wäschekörben an einem großen Haufen aufgestapelt wurde.

Nach kurzen Begrüßungsworten des Sturmführers Constein vom NSDStB nahm zunächst

Schriftleiter Proffeler

das Wort: Die nationalsozialistische Revolution wäre nicht vollbändig, wenn sie sich nur auf die Politik erstrecke würde. Sie greift über auf alle Gebiete des menschlichen Lebens. Wirtschaft und Kultur können nur gewandelt werden, wenn der Mensch sich wandelt, wenn die Gesinnung, aus der heraus die

deutschen Volke nicht zum Vorteil gereichen. Mit dem Verbrennen der undeutschen Literatur ist aber nicht alles getan, was getan werden muß.

Wir Nationalsozialisten zerstören nicht nur, wir wollen auch aufbauen.

Dort, wo jetzt deutscher Art und deutschem Geist ins Gesicht schlagende literarische Machwerke beseitigt werden, sollen künftighin deutsche Bücher zu haben sein. Wir richten an alle die Aufforderung, undeutsche Bücher zu entfernen, wo sie anzutreffen sind, und wir bitten die Regierung um gesetzliche Bestimmungen, die das Betreiben einer Leihbücherei nach jedem gestatten, sondern sie von der Erteilung einer Konzessionspflicht abhängig machen. Wir Nationalsozialisten denken nur mit unserem Führer. Wir wissen, daß es im Kulturleben nur das wünscht, was dem deutschen Volke zum Wohle gereicht. Der Sieg unseres Führers bedeutet ein Erwachen der neuen deutschen Kultur, ein Erwachen des deutschen Geistes, ein Entstehen des deutschen Buches. So wollen wir in dieser Stunde des Führers und Volkskanzlers gedenken, indem wir ihm ein Siegheil zurufen. — Brausend schallt der Beifall der Menge und Nachthimmel empor. Nun ergriff

Gaugeschäftsführer Neuburg

das Wort. Er erinnerte an die Zeit vor einem Jahre, als Professoren der Marburger Universität sich dem Wunsche der nationalsozialistischen Studentenschaft entgegenstellten, die verlangt hatte, daß die undeutsche „Weltbühne" des Juden Ossietzh aus den Räumen der Universität verschwinde. Die judenübliche Jugend war sich von jeher bewußt, daß der Nationalsozialismus nie fei als eine Parteiangelegenheit, daß es berufen sei, einst das gesamte deutsche Volk zu erfassen. In diesen Wochen ist dem jüdischen Intellektualismus das Genid gebrochen worden, und die deutsche Jugend will sich ganz den neuen Geiste hingeben. Wenn wir heute überall in Deutschland einen Holzstoß aufgerichtet sehen, so beweist das, daß wir seit dem 30. Januar eine nationalsozialistische Revolution erlebt haben, die alle Gebiete des menschlichen Lebens erfaßt.

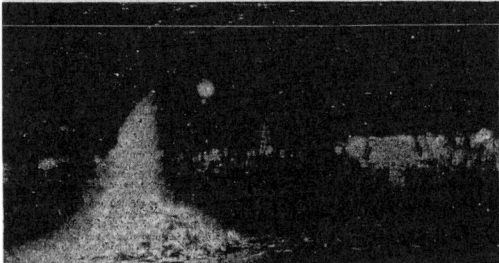

Auf den folgenden Seiten: Ausrisse aus zeitgenössischen Zeitungen.

236

„Nur nicht so drängeln...!"

Ein paar Stunden im Adolf Hitler-Haus — Mehr Rücksicht auf die Aufgaben der Gauleitung!
Eine Bekanntmachung des Gauleiters Weinrich

So entstand die Goethe-Anlage

Zur Eröffnung am Sonntag, den 28. Mai

239

Dem ersten Soldaten

des Dritten Reiches

Ganz Kassel ehrt das Andenken
des deutschen Freiheitshelden

Albert Leo Schlageter

Flammen zün grün um das Schlageterkreuz. — Rechts: „Zur Salve — hoch legt an!"   *Photos:*

Das Schlageter-Kreuz im Flammenschein

Gauleiter Weinrich

Die Ereignisse in Kassel im Jahr 1933

Eine Chronik

31. Januar Kassels Nazis feiern die Machtergreifung mit einem Fackelzug vom Friedrichsplatz zur Stadthalle. Gegendemonstranten werden verprügelt, die Polizei unternimmt nichts.

1. Februar In der Königsstraße überfallen Nazis eine Gruppe von Arbeitersportlern. Polizeipräsident von Kottwitz verbietet alle Versammlungen der KPD unter freiem Himmel.

2. Februar Der Versuch einer mit Spaten bestückten Gruppe von Nazis, durch die »rote Altstadt« zu marschieren, wird von den Bewohnern zurückgeschlagen.

4. Februar Presse und Versammlungen der KPD werden reichsweit verboten.

11. Februar Zum Auftakt des Reichstagswahlkampfes kommt Hitler nach Kassel und spricht auf dem Friedrichsplatz vor.
Am selben Tag wird das Adolf-Hitler-Haus eingeweiht.

12. Februar Der liberale Regierungspräsident Ferdinand Friedensburg wird beurlaubt, sein Nachfolger wird am 24. Februar Kurt von Monbart, der der DNVP nahesteht und später in die NSDAP wechselt.

15. Februar Massendemonstration der »Eisernen Front« (einem Zusammenschluss don Gewerkschaften, SPD, Reichsbanner Schwarz-Rot-Gold und Arbeiterkulturorganisationen). Das Singen von Kampfliedern wird den Demonstranten polizeilich verboten.

Karl Weinrich ließ als Gauleiter ein Porträt von sich an-
fertigen, das ihn in der Pose der hessischen Fürsten und
Landgrafen zeigt.

17. Februar Verbot des sozialdemokratischen »Kasseler Volks-
blatts« für eine Woche.

24. Februar Wahlkundgebung der »Eisernen Front« in der Stadthalle. Redeverbot für Arthur Crispien, SPD-Reichstagsabgeord-
neter.

27. Februar In Berlin brennt der Reichstag. Noch in derselben
Nacht werden führende Kasseler KPD-Funktionäre verhaftet.
Durchsuchungen und Beschlagnahmungen bei SPD und KPD.

3. März Das »Kasseler Volksblatt« wird endgültig verboten.

4. März Der Bezirkssekretär der SPD, Rudolf Freidhof, wird verhaftet.
Beim Überfall von SA und SS auf das »rote Dorf« Ochshausen wird ein SA-Mann von seinen eigenen Leuten angeschossen. Eine große Zahl Ochshäuser Bürger wird wegen Mordverdachts festgenommen. Am 31. März werden zwölf von ihnen zu hohen Zuchthausstrafen verurteilt.

5. März Reichstagswahlen, die NSDAP kommt in Kassel auf 48,4 Prozent der Stimmen.

6. März Die SA hisst auf dem Rathaus die Hakenkreuzflagge.
»Wir werden dafür sorgen. dass die roten Bonzen für immer verschwinden« (Gauleiter Karl Weinrich)

7. März Besetzung des Gewerkschaftshauses unter Führung von Roland Freisler.

9. März Boykottaktionen gegen jüdische Geschäfte, Kunden werden fotografiert.

12. März Wahlen zur Stadtverordnetenversammlung, Polizei und SA-Hilfspolizei besetzen und durchsuchen das Gewerkschaftshaus, Nazis zertrümmern Schaufensterscheiben jüdischer Geschäfte.

24. März Die SA besetzt die Ein- und Ausgänge des Rathauses. An der Spitze einer Gruppe von SA-Leuten dringt Freisler in das Rathaus ein und zwingt Oberbürgermeister Stadler zum Rücktritt. Als Nachfolger wird Gustav Lahmeyer (NSDAP) ausgerufen.
Den Nazis nicht genehme städtische Beamte und Stadtverordnete werden aus ihren Amtsräumen geholt. Einige von ihnen, darunter der Wohlfahrtsdezernent Dr. Haarmann, der Bürodirektor Sau-

Hermann Göring bei seinem Besuch in Kassel im Frühjahr 1933 auf
dem Weg vom Hauptbahnhof Richtung Innenstadt. Rechts neben ihm
Prinz Philipp von Hessen, daneben Gauleiter Karl Weinrich.

erland und der SPDS-Stadtverordnete Christian Wittrock, werden in den »Bürgersälen« misshandelt.

24./25. März Misshandlung der jüdischen Bürger Dr. Max Plaut,
Julius Dalberg, Strauß, Heinrich Ball, Adam Freudenstein und anderer in den »Bürgersälen«. Eine Woche später ist Dr. Max Plaut
tot.

26. März In der Baracke neben dem Karlshospital wird eine
»Schutzhaftstelle« – Vorform eines KZ – eingerichtet.

30. März Erste Sitzung der neu gewählten Stadtverordnetenversammlung. In Abwesenheit der gewählten kommunistischen und sozialdemokratischen Abgeordneten wird der Nationalsozialist Fritz Lengemann zum Stadtverordnetenvorsteher gewählt, und Adolf Hitler zum Ehrenbürger der Stadt Kassel ernannt.

31. März Roland Freisler veranlasst die jüdischen Richter Richard Neukirch und Heinz Arnthal am Oberlandesgericht Kassel zur »Einreichung eines Urlaubsgesuchs«.

1. April Allgemeiner Boykott jüdischer Geschäfte.

2. Mai Besetzung des Gewerkschaftshauses durch die Nazis. Die Freien Gewerkschaften gibt es nicht mehr.

3. Mai Errichtung der Gestapo-Stelle Kassel.

19. Mai Der Nationalsozialist Prinz Philipp von Hessen, SA-Gruppenführer, wird Oberpräsident der Provinz Hessen-Nassau. Er löst den Konservativen Ernst von Hülsen ab.
Auf dem Friedrichsplatz werden um 21.30 Uhr unter der Leitung des Nationalsozialistischen Deutschen Studentenbundes ca. 2.000 Bücher verbrannt.

Aus: Jörg Kammler, Dietfrid Krause-Vilmar (Hrsg.): Volksgemeinschaft und Volksfeinde, Kassel 1933-1945. Band 1. Eine Dokumentation. Fuldabrück, 1984, S. 51 ff.

Dieses Buch ist sieben Menschen gewidmet, die mir allesamt viel bedeuten, obwohl sie erst spät in mein Leben getreten sind: meinen (Halb-)Geschwistern, die ich, wie wirre Familiengeschichten es manchmal mit sich bringen, erst mit 30 Jahren kennengelernt habe. Jochen – der viel zu früh für immer von uns gegangen ist –, Manfred, Klaus, Martin, Volker, Hildegard und Gretel.

Dank

Danke sage ich all denen, die mir mit Rat und Tat zur Seite gestanden haben:

Frank-Roland Klaube – ohne den ich an der geschichtlichen Aufarbeitung jämmerlich gescheitert wäre.
Uschi Kubilas vom Stadtarchiv – für die Hilfe bei der mühsamen Suche nach Fotos.
Hans Germandi – der wie kein anderer die Erinnerung ans alte Kassel aufrechterhalten hat. Leider weiß das kaum jemand zu würdigen.
Hedda – wie immer die beste Ratgeberin in Sachen Psychologie.
Bernd – wie immer mein Privat-Kommissar.
Anne – die Geduldigste von allen.

Und den Testlesern: Günter, Willie, Claudio, Tine, Anne, Verena.

Und allen anderen, die immer einen klugen Ratschlag für mich hatten.

Und Danke natürlich an Biene.
Die Einzige halt.

Weitere Krimis von Horst Seidenfaden

Das brennende Gesicht

Weihnachten. Auf dem Dach eines Hotels in Kassel wird ein ermordeter katholischer Priester gefunden. Wenige Tage später, die zweite Leiche – wieder ein katholischer Priester. Keine Zeugen, keine Spuren nur ein vager Verdacht. Die unsichtbare Jagd auf ein Phantom beginnt.

176 Seiten, 14 x 22 cm, € 12,80, ISBN 978-3-936962-47-5

Rache für den Mörder

Der Prokurist einer Kassler Baufirma stürzt sich in den Tod. Einen Tag später wird der Eigentümer derselben Baufirma ermordet aufgefunden. Bei Ihrer Untersuchung stößt Kommissarin Anke Dankelmann auf Geldwäschegeschäfte und eine mysteriöse Fotografie. Doch wie hängt alles zusammen?

200 Seiten, 14 x 22 cm, € 12,80, ISBN 978-3-936962-66-6

Hadubrands Erbe

Mitten in der Nacht werden der Chef der Landesbibliothek und der Leiter der Handschriftensammlung entführt. Am nächsten Morgen findet man die Leichen der Männer – erstochen mit Eschenholzspeeren. Das Hildebrandslied – die älteste erhaltenen Handschrift in deutscher Sprache ist verschwunden ...

Mit Originaltext des Hildebrandsliedes und Übersetzung sowie einem Kommentar von Victor Millet.

216 Seiten, 14 x 22 cm, € 12,80, ISBN: 978-3-936962-61-1